现代史学家文丛

中国手工业商业发展史

校订本

童书业 著

童教英校订

中华书局

图书在版编目(CIP)数据

中国手工业商业发展史/童书业著. – 校订本. – 北京:中华书局,2005
(现代史学家文丛)
ISBN 7 – 101 – 04784 – X

Ⅰ.中… Ⅱ.童… Ⅲ.①手工业 – 工业经济 – 经济史 – 中国 – 古代②商业史 – 中国 – 古代
Ⅳ.F426.899②F729

中国版本图书馆 CIP 数据核字(2005)第 088765 号

责任编辑:李解民

现代史学家文丛
中国手工业商业发展史
(校订本)

童书业 著

童教英 校订

＊

中 华 书 局 出 版 发 行
(北京市丰台区太平桥西里 38 号 100073)

http://www.zhbc.com.cn
E – mail:zhbc@zhbc.com.cn

北京市白帆印务有限公司印刷

＊

850×1168 毫米 1/32·11¾ 印张·300 千字
2005 年 9 月第 1 版 2005 年 9 月北京第 1 次印刷
印数:1 – 4000 册 定价:28.00 元

ISBN 7 – 101 – 04784 – X/K·2057

校订说明

　　童书业先生,字丕绳,号庸安,别名吴流、冯鸿、冯梅、友梅、章卷益、卷益、童疑,1908年5月26日生于安徽芜湖。原籍浙江鄞县,清末,其祖任安徽道员,举家迁居芜湖。辛亥革命后迁居上海。1949年后北上,1968年1月8日卒于山东济南。

　　童先生是我国现代著名的历史学家,在古史和古籍的考辨,古代地理的研究,中国美术史的研究,历史理论的探讨,古代经济史的研究,先秦思想史的研究,心理学与精神病学的研究诸领域皆硕果累累。《中国手工业商业发展史》即其经济史领域中通史性质的研究成果。

　　1953年在山东大学历史系,童书业先生承担了开设《中国手工业商业发展史》(鸦片战争前)专门化课目的任务。开设这门课的艰辛是难以言表的。中国封建社会统治者向来重本抑末,歧视手工业者和商人。封建社会历代文人,修史作书,往往重政治、重文化、重周边关系而少写经济,更少论手工业商业,翻开古籍,经、史、子、集各部论及手工业和商业的资料寥若晨星,而当时考古事业还未长足发展,地下资料也少得可怜。要研究手工业商业,除经、史、子、集外,还须从野史、笔记、小说、方志及当时少量出土的简帛、文物和更少量翻译的国外学者的著作中,比勘剔抉,以时代发展的眼光去伪存真,撷取尽可能多、尽可能真实的资料,才能梳理成一部思路清晰的发展史。

　　童先生不知看了多少书,才将中国手工业商业发展轨迹探寻出来。写作的艰辛可从其写作的时间表看出:向以写文章出手快著称的童先生至1955年才完成讲义初稿,但他对此稿并不满意。1956年之后,继续收集资料,进行修订,至1959年底才将此讲义修订完成。1962年中华书局上海编辑所欲出版修订本讲义,后因经费困难而未能如愿。

　　"文革"后,庞朴先生将此稿交齐鲁书社,我希望请王仲荦先生写一序言,王先生请史学通先生将全书引文复核并以王先生名义代作序。史先生治学一贯严谨,复核工作作得非常细致。此书于1981年11月出版,翌年即被台湾书商盗印。

　　《中国手工业商业发展史》的特征在于自成体系,不仅纵向发展条缕清晰,而且横向各节内容也有机交织。童先生在1966年12月31日所写的一篇后记中说:

　　　　然中华书局同志提议分为《手工业史》、《商业史》二书,
　　　方法似欠辩证,以手工业、商业二者互有密切之关系。在本书
　　　中看似分叙(因如此眉目可以比较清楚),其实处处照顾各方
　　　面之相互关系(如手工业与商业、商业与交通、城市、货币、高
　　　利贷等之关系),并未十分割裂也。

　　同时,如同童先生在一切研究领域的思路一样,本书也是将工商业发展史上每一个概念,例如"雇"、"佣"、"雇主"、"雇工"、"雇佣关系"、"行会"、"市民"、"市民运动"等等,在不同历史时期内涵之变化分析得非常清晰。

　　值得注意的是童先生对中国资本主义萌芽和资本主义生产关系的看法:他认为鸦片战争以前中国的封建社会并未走到尽头,中国并无真正的资本主义生产关系。但中国明代中后期及此后是有

资本主义萌芽的,它是中国资本主义生产关系的前驱和过渡,但它是微弱的,就是这样也还是长期缓慢发展才形成的。他在中国手工业商业发展进程中一直关注着此问题,尽量剖析以防误判。此类细致的分析和评判对分析复杂的当今社会当仍会有所裨益。

"文革"后考古成果日丰,研究中国古代手工业、商业的著作时有所见,但童先生所著《中国手工业商业发展史》以其资料之丰富扎实、分析之细致入微、逻辑之清晰严密,仍受学界重视。蒙中华书局慧眼,命我全面重校后再版。

此次重校,得益于史学通先生前次细致的校订及1998年赐还其所持有的童先生部分手稿处颇多。我仅作了以下工作:

一、通读原书全文,凡发现之印刷错误处皆改正。

二、将书内全部引文复核。凡文意有疑处皆取不同版本比较,取合理之文存之且尽量将出处补充完善,以便读者引用时查核更便捷。

三、复核时,考虑到版本问题,只要文字通达,则尽量不改动原文。

四、在附录中加了一篇《中国资本主义萌芽问题》,此文大约作于1963年,未曾发表过。

童书业先生遗作蒙李解民先生热情关注,中华书局鼎力支持,得以在中华书局连续出版,对于他们在保存、弘扬中华民族文化遗产上所作的努力与贡献,我一向感佩之至,借此书行将面世之际,再次致以深深的谢意!

童教英

2005年6月于杭州

初版序言

《中国手工业商业发展史》(鸦片战争以前)是童书业教授的遗著。童先生是国内知名学者,也是一位造诣很深、有所建树的史学家。他从1934年开始发表学术论文,包括这部《中国手工业商业发展史》在内,一生给我们留下了三百多万字的学术著作。这部《中国手工业商业发展史》原来是他50年代的授课讲义,以后又续加修订,于1960年初最后完成。这部书付印前由童先生的学生、现在《文史哲》杂志编辑部工作的史学通同志进行了加工整理,对引用资料作了核对。

早在1949年8月,青岛解放不久,童先生就由上海博物馆转到山东大学历史系工作,直到1968年1月8日去世,我们在一起共事近二十年之久。山大由青岛迁来济南以后,我们是上下楼邻居,时时过从,切磋琢磨,共同讨论大家对之都有兴趣的问题。童先生热爱祖国,拥护党的领导和社会主义制度,努力学习马列主义毛泽东思想,认真进行思想改造,对社会主义事业充满信心。多年来,他满腔热忱,不惮辛苦,积极主动地承担繁重的教学任务,他常常一个人同时开设两三门课程。从1949年到1956年,他先后开设过世界古代史,古代东方史,中国古代史、近古史、近代史,以及古代史专门化课程——中国土地制度史和中国手工业商业发展史,依我所知,累计起来不下十余门之多。

　　童先生忠诚于党的教育事业。他不仅以其深厚的学识对所讲授的课程内容有着深入的理解，而且又以极其认真负责的精神和超人的记忆力，对开设的每一门课程都能做到熟烂胸中，背诵如流。他讲究教学效果，注重教学质量，在教学上享有很高的声誉。他孜孜不倦，勤奋好学，从不满足已有的成就；他治学谨严，一丝不苟。可以说：童先生把自己的毕生精力和全部心血献给了祖国的历史科学事业。

　　童先生学问精博，兴趣广泛，在史学领域的不少方面都有所成就，而尤精于先秦史之研究。现在出版的这部《中国手工业商业发展史》，虽不及他的代表作《春秋史》、《春秋左传研究》那样成熟，但也体现了童先生在学业上的深厚功力和创造精神。在科学研究的实践中，童先生坚持理论与史料的结合，在马克思主义立场观点的指导下，从我国的历史实际出发，在大量占有资料的基础上，通过自己的钻研，力图对我国历史上的有关问题提出个人的见解。他对我国手工业商业发展史的看法也是自成体系，并与他对古史分期问题的观点相呼应。他认为西周春秋时代虽然已经有了自由的工商业者，但当时社会经济的水平还比较低；从整个社会发展的总趋势看，直到战国时代才出现了农业与手工业的分离，才出现社会第三次大分工。在论及明清时代的社会经济状况时，童先生认为资本主义萌芽的产生除需要具备商品经济的一定发展及市场的扩大等条件外，他还指出匠户制度的逐步解体也是一个很重要的条件。因为只有废除了匠户制度，手工业的作坊主和从事手工业劳动的人才能完全取得自由人的身份。在这样的前提下才能逐渐产生资本主义的生产关系。他指出匠户制度的破坏，始于明代中叶以后，而完成于清代康熙年间，这与通常说的资本主义生产关系的萌生期基本上是相一致的。然而，在童先生看来，正式的资本主义生产关系在鸦片战争以前并不曾出现。我觉得童先生在对我国工商业发展的历史作了系统的考察之后提出的这种看法是审慎的,并可启发人们作进一步的思考和研究。

有关我国工商业经济的史料零碎而又分散,数量又多,搜集颇为不易,早在二十多年前童先生就完成这部著作,的确是难能可贵的;当然它还无可避免地存在着某些缺点和不足之处。比如,对考古和文献资料的搜集不够广泛,个别章节和问题还不够充实、精细。但在我国现在还没有一部完整的手工业商业发展史的情况下,童先生这部著作的出版,对当前的教学和今后的进一步研究和提高,均具有重要的价值和意义。

王仲荦

1981 年 6 月 1 日

目　录

第一篇

西周春秋时代的手工业与商业

殷商以前的历史,我们知道得比较模糊,那还需要大规模的考古发掘和研究,才能正确地解决问题。所以我们对于那时代的手工业与商业,只能根据很不够的考古资料来推测。这样得出来的结论,当然是不十分可靠的。西周以后,文献材料比较完整而丰富,我们根据地下和纸上两重证据,慎重地分析研究,就可得出比较可靠的结论来。本篇的范围,包括"史前"至春秋末叶的手工业与商业,而标题只列"西周春秋",就是因为这两个时代的史料比较充足,可以叙述得详细些,而且这两个时代又是属于同一社会阶段的(就是领主制封建时代),合并起来研究,比较方便。

一 太古至殷商的手工业与商业

这一部分的叙述,只举其大要,以见西周、春秋时代手工业、商业的来源。根据考古发掘和考古家的研究,约当四五十万年前,生活在现时北京附近周口店山洞的"中国猿人",已知道制造粗糙的石器和骨器;他们选取砾石,加以打击使一边现出薄刃,或将石英打击成有棱角的石片,当作工具使用。这种石器,考古家称为"初期旧石器",也就是最早的"手工业"制品。河套等地方又曾发现比较进步的石器和骨器,石器是些尖状器和刮削器,考古家认为属于"中期旧石器"。在周口店猿人洞穴的山顶洞穴里，发现火石、石英、石核制的刮削器和斧状器、尖状器、刃器等，与西欧"晚期旧石器"的制品大致相似。此外又有用兽骨制成的各种骨器，以骨针为最重要，大概这时已有简单的缝纫。另有穿孔的骨制装饰品和用赤铁矿染红的石珠等，似乎这时人已有爱美的观念。以上都是旧石器时代的手工制品，其中最晚的制品的年代也在十万年以前。

在东北等地，曾有原始新石器（中石器）的发现：有些石器已经研磨过。同时出土的还有种类繁多的骨器，制作技术也相当高明。这些石器和骨器，表现原始"手工业"的初步发展。直到"历史时期"，还有周武王克商后，东北部族"肃慎氏贡楛（木名）矢石砮（镞），其长尺有咫（八寸）"的传说，见《国语·鲁语》。

长城外东北、内蒙古、新疆等地，曾发现用燧石制的细小而锐利的石器，嵌在骨刀或骨枪上，这种石器被称为"细石器"。早的属末期旧石器或"中石器"，晚的属新石器。随同出土的还有粗制的陶器。这些器具中有渔猎和农耕的工具，它们大概都是兄弟民族祖先的遗物。

河南、山西、陕西、甘肃、青海等地的"仰韶文化"遗址中，出现许多新石器、骨器、陶器等手工制品，石器有磨光的刀、斧、锄、杵、镯、镞和纺织用的石制纺轮等，骨器有缝纫用的针和锥等。陶器有钵、鼎等，陶器有表面红色、磨光加彩绘的，称为"彩陶"，为"仰韶文化"的特征。陶器制作的精美和纺织工具、缝纫工具的普遍出现，足见当时的"手工业"已有相当的发展（在西阴村遗址中发现半个蚕茧，可见养蚕业也已开始），而且已有比较专门从事手工制造的人，无疑当时出现了氏族分工，这种"氏族工业"，可能就是后来"工官"制度的先驱。在西方甘肃遗址中发现玉器和海贝，玉可能是从新疆来的,贝是从沿海地区来的,又足证那时交换地区的广远,原始"商业"已在萌芽、发展了。"仰韶文化"的时代,距离现时约四五千年。

　山东济南附近龙山镇的城子崖等地,曾发现更进步的新石器、骨器和陶器等。陶器最精美的是种"黑陶",漆黑发光,薄如蛋壳,而又坚硬,这种"黑陶"为"龙山文化"的特征。还有一种表面漆黑、里面红色的陶器,也很精致。陶器种类的繁多和制陶技术的精工,以及骨梭和陶制纺轮的应用,都说明"手工业"更进步,"氏族工业"更发展了。"龙山文化"的时代,也在殷商之前。

　南方福建、四川、广西、香港等地,也曾发现新石器和陶器,但这些遗物的年代,还不能完全确定。

　以上所叙都是石器时代的遗迹,包括旧石器的初、中、晚三期,中石器和新石器时期。我们知道:人类经济和文化的演进,首先是从生产工具开始的,原始生产工具就是手工制品。所以我们甚至可以说:手工业的发生,是人类文化发展的前奏。我们又知道:人与其他动物的不同,主要是在人能制造工具,而其他动物不能,那末说"手工业的出现,就是人类的出现,手工业是与人类同时产生的",也无不可。

　金属器的出现,是比较晚近的事。一般说:铜器在世界史上最早的出现,大约在公元前五千年代至前四千年代,或许更早些。青铜器的出现,一般说在公元前四千年代至前三千年代;到公元前二千年左右的时候,才达于全盛。在中国,铜器不知是什么时候开始有的;最早的"铜器文化"的遗址还不曾发现。殷代已达青铜器的全盛时期。殷代的青铜器,有矢镞、勾兵、戈、矛、刀、削、斧、锛等工具和武器,以及觚、爵、鼎、鬲等礼器和各种日用器具;还有各种铜范。制器的技术已极高明,如殷墟出土的"司(祠)母戊鼎",重约一千四百斤，高一百三十七公分，长一百一十公分，宽七十七公分，鼎上花纹很是精致；像这样的铜器，是足以震惊全世界的。殷代的手工业生产工具大概已多用铜制，但农业生产工具还用木、石等制造（有无铜制的，还不能确定）。

除铜器和铜工场外，殷墟还发现精致的石器、玉器、骨器、陶器等和这类器具的制造工场。骨器主要有骨镞。石器、玉器多是艺术品和所谓"礼器"。陶器主要的为一种白色陶器，特色是敷釉技术的发明。据说殷墟的带釉陶器，就是中国瓷器的远祖。此外如皮革、酿酒、舟车、土木营造、蚕丝、织布、制裘、缝纫等工业，都见于甲骨文和遗物。

根据传说，殷代的祖先相土创作"乘马"，王亥创作"服牛"。王亥似乎曾驾牛车到黄河北岸去经营贸易。殷墟中发现海贝和玉等，都是远方的产物。《商书·盘庚》中说"具乃贝、玉"，贝、玉也就是所谓"货宝"，大概都是交易得来的。贝、玉可能已成原始的货币。看殷代手工业已经这样发达，比较正式的商业也必然已经开始兴盛。有人认为"商人"的"商"即是"商代"的"商"，其说法也不无理由。

在殷代，至少有一部分奴隶从事于手工业生产，应当也有自由人从事于手工业的。商业也许已使用奴隶，但自由人经商的应当更多。除掉国王、贵族们所用的手工业制品和为国王、贵族们服务的商业外，一般的民间手工业大概是与农业相结合的，民间商业大概也只是农民、手工业者的副业。这些自然多属推想，尚待丰富的考古资料来证明。

马克思说："古代人一致认为农业是适合于自由民的唯一的事业，是训练士兵的学校。从事农业，使民族的古老部落基础得以保存；而在那居住外来商人和工业者的城市里，民族便起了变化，同样,原来土著的居民也被吸引到那有利益诱惑的地方去。凡有奴隶制的地方,被释放的奴隶总企图用他们后来往往因以积蓄大量财富的那种职业来保证自己的生存:所以在古代,这种行业常常落在他们手里,因而便被认为不适合于公民之事;因此就有允许手工业者获得全权公民身份是一件冒险的事的意见。……"(《资本主义生产以前各形态》,中译本12—13页)这段精辟的话,乃是我们研究古代手工业者与商人社会地位的无比重要的指导文献。根据这段话看来,古代社会的手工业和商业应当本是"外来人"和解放的奴隶所经营的,后来因为有利可图,自由民才逐渐参加这类事业。所以在古代,工商业者的社会地位本是低于农民的,到后来才逐渐上升,最后他们成为新兴富人。至于东方封建社会中贱视工商的政策,那是另有原因的,而且也只是古代意识的残余罢了。

二　西周时代的手工业与商业

西周还是青铜时代,铁器虽可能已有,但考古学上还不曾发现证据。根据考古的发现,西周铜器流传很多,大小贵族常因纪念小事而制造彝器,铜器的铸作技术和花纹装饰,都很精美,它们多是用具、礼器和武器,生产工具则少见。但根据古书的记载,那时的农具如"钱"、"镈"、"铚"(均见《诗经》)等字,都是从"金"旁的,如果不是后人传写所改,那末西周的时代农具大概已有用金属铸造的了。看《诗经》中形容农具的话,如"以我覃耜"(《小雅·大田》),"有略其耜"(《周颂·载芟》),"畟畟良耜"(《周颂·良耜》),据古注"覃"和"略"、"畟畟"都是形容锋利,那末这些农具也许确是金属所制。铜制农具在世界考古学上是较少发现的,则这些金属农具或都是铁器,也未可知。如农具已多用铜制或铁制,则手工业工具自然更多用铜制或铁制。

西周时代的手工业，有金属工（铜工、铁工〔?〕等）、木工、玉石工、陶工、纺织工、皮革工、营造工、武器工等极多的门类，各门工人统称为"百工"。所谓"百工"，主要是指有官长率领的官府手工业者。但最主要的手工业，还是与农业相结合的家庭纺织业，多是由家庭妇女担任的。"男耕女织"的情况，在那时早已普遍形成了。《诗经》上有下列的文句：

> 葛之覃兮……是刈是濩，为绤为绤，服之无斁。（《周南·葛覃》）

> 不绩其麻，市也婆娑。（《陈风·东门之枌》）

> 女执懿筐，遵彼微行，爰求柔桑。（《豳风·七月》）

> 蚕月条桑……八月载绩，载玄载黄，我朱孔阳，为公子裳。（同上）

> 取彼狐狸，为公子裘。（同上）

> 萋兮斐兮，成是贝锦。（《小雅·巷伯》）

> 小东大东，杼柚其空。（《小雅·大东》）

> 跂彼织女，终日七襄，虽则七襄，不成报章。（同上）

> 妇无公事，休其蚕织。（《大雅·瞻卬》）

这些文句里面包括葛布、麻布、蚕丝、皮裘等的纺织。妇女是不应"休其蚕织"的，更不应在"市"上作"婆娑"之舞，连天上的"织女"星，也被认为应当做纺织工作。一般民家妇女所制染色的纺织品，是做"公子裳"用的；男子们打猎打得的狐狸，也把皮交给妻女，去替"公子"制"裘"。那时东方的妇女被西周贵族们剥削得"杼柚其空"；统治的贵族阶级不但剥削耕男，而且剥削织女；剥削本土的民众外，剥削被征服地的民众，更是厉害。

远在灭商之前的公刘时代，周人已经懂得"取厉取锻"（《诗·

大雅·公刘》),会磨制石器和锻炼金属器(《正义》"锻者,治铁之名",未知确否)。周代制作骨器和玉器等,有"切"、"磋"、"琢"、"磨"等方法(参《诗·卫风·淇奥》),以"石""为错",用来"攻玉"(参《诗·小雅·鹤鸣》)。

最值得研究的,是西周手工业者的社会身份,他们是自由人,还是奴隶,还是两种身份都有呢?如果两种身份都有,以哪一种身份占多数呢?根据比较可靠的文献看来,我们认为西周的手工业者多是"自由人",但其社会地位较低于普通人民。奴隶大概也有从事手工业的,但似乎不占多数。我们先看金文:

> 明公朝至于成周,俎令,舍三事令,及卿事寮,及诸尹,及里君,及百工,及诸侯:侯、田(甸)、男,舍四方令。(令彝铭)

> 令汝及舀粜足对各,死司王家外内,毋敢有不闻。司百工,出入姜氏令。"(蔡毁铭)

> 余命女死我家,耤嗣我西隔、东隔仆驭、百工、牧、臣妾。(师詻毁铭)

> 王呼命尹封册,命伊歔官司康宫王臣妾、百工。(伊毁铭)

看"百工"与"仆驭"、"牧"、"臣妾"等分列,则"百工"似非奴隶;看"百工"与这些奴隶身份的人并举,又足见他们的社会地位不高。再看"百工"列在"里君"(小地方官)之下,居于内官之末,足见是"自由人"身份。看"司王家外内"的官也"司百工",更足见这些"百工"是属于王家的官府的。再看《书经》:

> 侯、甸、男、邦、采、卫、百工播民和,见士于周。(《康诰》)

> 越在内服:百僚、庶尹、惟亚、惟服、宗工、越百姓里居……

> 越献臣百宗工……又惟殷之迪诸臣,惟工乃湎于酒,勿庸杀之,姑惟教之。(《酒诰》)

> 予齐百工，伻从王于周……乃汝其悉自教工……惟以在
> 周工往新邑……监我士师工。……（《洛诰》）

上文许多"工"字，旧注多不解为手工业者，但与金文互勘，似应作
工人解。"宗（族?）工"与"百僚"等并列，"工"与"士师"并列，都
可看出所谓"百工"是"自由人"的身份。殷国工人"湎于酒"，得
到"勿庸杀之，姑惟教之"的特别待遇，足见他们不会是奴隶身份。
《逸周书·作雒》说：

> 凡工贾胥市，臣仆州里，俾无交为。

这里也把"工贾"（商）与"臣仆"并举而分列（引文意义不详），可
以作为上面的结论的旁证。又《程典》说：

> 士大夫不杂于工商……工不族居，不足以给官；族不乡
> 别，不可以入惠；……工攻其材，商通其财。

这篇书虽晚出，尚可窥见古代的情况。"士大夫"不与"工商"相
"杂"，可见"工商"的身份贱；但他们是"族居"而"乡别"的，所以
也不是奴隶，而是"庶民"（低级自由人）身份。他们属于官府，以
"给官"为任务，所以身份又较一般"庶民"稍低。又《月令》说：

> 命工师令百工审五库之量：金、铁、皮革、筋、角、齿、羽、箭
> 干、脂胶、丹漆，无或不良；百工咸理，监工日号，无悖于时，无
> 或作为淫巧，以荡上心。
>
> 工师效功，陈祭器，案度程，无或作为淫巧，以荡上心。必
> 功致为上，物勒工名，以考其诚，工有不当，必行其罪，以穷其
> 情。

"百工"属"工师"管辖（扬殷铭有"司工"、"司工事"的官），工师是
监工者，他负考察工人之责。"工有不当，必行其罪"，足见"百工"
是官府的隶属，并非完全自由的人。

这种"百工"的前身，我以为出于氏族手工业者，所以他们"族

居"，还保持着氏族的组织。《考工记》说："知者创物，巧者述之，守之世，谓之工。"后面郑注说：

> 其曰某人者，以其事名官也；其曰某氏者，官有世功，若族有世业，以氏名官者也。

汉人去古虽已远，但还了解些古时的情况。上古的"氏族工业"都是世袭的，例如"有虞氏上陶"（《考工记》），而"虞阏父为周陶正"（《左传》襄公二十五年）。"氏族工人"及其领袖（族长），到了阶级社会，就成为"百工"和工官，替统治氏族服务，如春秋时薛国的"皇祖奚仲"也曾"居薛，以为夏车正"（《左传》定公元年）。周代虽是封建社会，但其"百工"和工官，似是沿袭前代制度的。这些"百工"和工官大概有些出于本部落的某些氏族，有些来自依附的和被征服的部落的氏族；由于其中外来人较多（甚至有奴隶在内），所以"百工"的身份比起一般"自由人"来稍低。

西周时代的商人，也与手工业者一样，隶属于官府，看上文和春秋时代的记载（详下），自可明白。商人大概也多来自外族，所以其身份也低于一般"自由人"，但非奴隶（可能有些前身是奴隶）。殷、周时代似乎已有自由商业的萌芽，如《书经·酒诰》说：

> 肇牵车牛远服贾，用孝养厥父母。

《易经·旅卦》说：

> 旅即次，怀其资，得童仆贞。
>
> 旅焚其次，丧其童仆贞，厉。
>
> 旅于处，得其资斧。

这些大概都是说的自由商人（这些商人可能多不是专业商人，与后来的自由商人尚有不同）。《国语·郑语》载周宣王时有制造"檿弧箕服"而自行出卖的夫妻二人，这当是小自由商人兼小自由手工业者，就是所谓"贩夫贩妇"。

　　西周末年商人已有致富而上升的，连贵族都羡慕他们起来，《诗经》上说：

　　　　如贾三倍，君子是识。（《大雅·瞻卬》）

做买卖利市三倍，贵族们也懂得了。

　　殷代大概已用装饰品贝壳等作货币。西周金文中屡见锡贝的记载，少的"锡贝五朋"（如趞尊等铭）或"十朋"（如小臣单觯，令毁，旅鼎，庚嬴卣，庚嬴鼎，史臣彝，录或卣，师遽毁等铭），多的"锡贝廿朋"（如效卣，匽侯旨鼎等铭）、"卅朋"（如吕齋，剌鼎，稽卣等铭）或"五十朋"（如小臣静彝，效卣，敔毁等铭）。这些贝大概也兼具装饰品及货币的功能。《诗经·小雅·菁菁者莪》："既见君子，锡我百朋。"笺云："古者货贝，五贝为朋。"睘卣铭载：

　　　　尸白傧睘（尊铭"睘"作"用"）贝布。

战国时有一种铜制的货币，叫做"布"，像农具形，这里所说的"布"，可能也是一种金属币（也许只是实物布匹），所以与贝并举。如果这个假定不错，那末西周时已有原始的金属铸币，足见商业已经兴盛。《易经·损卦》六五："或益之十朋之龟，弗克违，元吉。"《益卦》六二："或益之十朋之龟，弗克违，永贞吉。"这龟可能也是货币（参看《汉书·食货志》）。此外金文中又见"锡金"若干"寽"的记载（如禽毁铭），还有"取遗"若干"寽"的记载（如趞鼎，扬毁，䲧毁，番生毁，毛公鼎，截毁等铭），"遗"不知是何字，"寽"是一种重量单位。《书经·吕刑》记载周穆王（？）作"赎刑"，罚金以"锾"计，"锾"即"寽"字。金文中载：

　　　　讯讼，取遗五寽。（扬毁铭）

　　　　讯讼罚，取遗五寽。（䲧毁铭）

似乎就指"赎刑"的罚金。师旅鼎铭说：

　　　　白懋父迺罚得夏古三百寽，今弗克厥罚。

足见罚金是以"守"计算的。舀鼎铭载:

> 用遗诞鬻兹五夫,用百守。……丝三守,用致兹人。

货价也以"守"计算。可惜"守"的重量已难确考了(旧说均有问题)。

货币的出现是商业发展的征象。西周时已有原始货币,是无疑问的(《易·旅卦》称"得其资斧",《巽卦》称"丧其资斧",可能古代还以斧斤为货币)。

三　春秋时代手工业与商业的发展

春秋时代青铜器的使用更加普遍,郭沫若先生说:

> 宗周盛时列国之器罕见,东迁而后,王室之器无征:此可考见两周之政治情形与文化状况之演进矣。(《两周金文辞大系考释·序》)

这个现象说明春秋时代地方经济和文化的发展。大概在西周时,地方经济和文化已有初步发展,这就使周室逐渐丧失惟一中心的地位,到西周灭亡以后,控制者的压力一去,又促使各地方的经济和文化更普遍发展。春秋以后的青铜器逐渐精巧玲珑,花纹工细,超过以前的制作;春秋时青铜器的应用一定比西周时更加普及(但在某些方面说,春秋铜器不及西周,这是因为铜器时代已将终结的缘故)。

铁器至少在春秋前期已经出现,《诗经·秦风·驷𫘦》说"驷𫘦孔阜","𫘦"一本作"铁",这是说马色如铁。《驷𫘦》虽未必是秦襄公时的诗,总是春秋前期的作品,足见春秋时代之前已经有铁。《国语·齐语》说:

> 美金以铸剑戟,试诸狗马;恶金以铸鉏夷斤欘,试诸壤土。

有些史学家解释"美金"为青铜，"恶金"为铁，那末至少春秋前期，已用铁铸造农具了。然另外一些史学家不以为然，认为"美金"只是好金属，恶金只是劣金属，不专指铜铁。看《考工记》载："攻金之工""段氏为镈器"，"金"指青铜，则春秋后期以前，金属农具恐怕还是青铜制的。但也有人认为"段"就是冶铁，把这条史料当作春秋时已有铁制农具的证据。我们知道，《齐语》和《考工记》的著作时代，都是有问题的，本不能据为最可靠的史料来用。我们只能暂时假定：春秋时代已有铁制农具。

最早记录铁器的文献，比较可靠的是昭公二十九年的《左传》：

> 晋赵鞅、荀寅帅师城汝滨，遂赋晋国一鼓铁，以铸刑鼎，著范宣子所为刑书焉。

能用铁铸造铭刻刑法的鼎，足见冶铁的技术已很高，决不是这时才开始有铁。此外哀公二年《春秋》经传又有"铁"的地名。

铁器的普遍应用，必定大大提高生产力。我们知道，铜器不能完全排挤石器，只有铁器才能完全代替石器，所以铁器的出现，一定使社会经济发展一大步。冶铁术的发明，确是历史上应该大书特书的事。

根据《考工记》的记载，当时手工业的分工已经相当细：

> 凡攻木之工七，攻金之工六，攻皮之工五，设色之工五，刮摩之工五，搏埴之工二。攻木之工：轮、舆、弓、庐、匠、车、梓；攻金之工：筑、冶、凫、㮚、段、桃。攻皮之工：函、鲍、韗、韦、裘。设色之工：画、缋、钟、筐、㡛；刮摩之工：玉、栉、雕、矢、磬；搏埴之工：陶、瓬。

各地方都有专精的手工业：

> 郑之刀，宋之斤，鲁之削，吴、粤之剑，迁乎其地而弗能为

良。

这些都是金属器手工业。还有某种手工业在某地方特别普及：

> 粤无镈，燕无函，秦无庐，胡无弓车（注：此四国者，不置
> 是工也）。粤之无镈也，非无镈也，夫人而能为镈也；燕之无
> 函也，非无函也，夫人而能为函也；秦之无庐也，非无庐也，夫
> 人而能为庐也；胡之无弓车也，非无弓车也，夫人而能为弓车
> 也（注：言其丈夫人人皆能作是器，不须国工）。

所谓"无"，就是不设专业、专官的意思，某地方某种器具人人都能
制造，就没有设专业的必要了。

《考工记》的著作时代虽然较晚，但这里所说，至少有一部分
可以反映春秋以上的手工业情况。

比较可靠的文献里，还有些春秋时代的手工业史料，如齐侯钟
铭载齐灵公对宠臣叔弓（可能是晏弱）说：

> 余命汝司予莱，陶铁徒四千，为女（汝）敌寮。

"陶铁徒"三字根据唐兰先生的考释，张政烺先生说："陶即作范，
古书里常见'陶铸''陶冶'，现在叫做翻砂。齐灵公十五年十二月
灭莱，十六年五月戊寅赏给功臣叔夷（弓——笔者）莱地三百县，
莱仆三百五十家。……又命他管理着莱地的陶铁徒四千；这份矿
产当然属于齐灵公，不过由叔夷（弓——笔者）来直接指挥。"（《汉
代的铁官徒》，《历史教学》创刊号）如果唐、张两先生的考证确实
的话，则春秋后期冶铁工业的确已经很发达了。

《左传》成公二年载楚人伐鲁，鲁国以手工业者当作贿赂品，
藉求和平：

> 孟孙请往赂之，以执斲、执针、织纴，皆百人。

这足见鲁国的手工业是相当发达的（春秋末年，鲁国巧匠有公输
般，能制手工机器，见《礼记·檀弓》）。它的手工业者为楚国所羡

慕，所以被当作了贿赂品。《晋语》七载晋人伐郑，郑人也"纳女工妾三十人"以求和。"女工妾"当是"织纴"的女奴，足见郑国的家庭手工业也是相当发达的。

春秋时代的商业，要到后期才逐渐发展。春秋前期，货币是不很行用的，全部《左传》几乎都不见货币的痕迹。《诗经》上载"握粟出卜"（《小雅·小宛》），用粟米当钱求卜，不用货币。又载"抱布贸丝"（《卫风·氓》），也是物物交换。货币不流行是商业不发达的征象。直到春秋后期，才有周景王铸大钱的故事，《国语·周语下》载：

> 景王二十一年，将铸大钱，单穆公曰：不可！古者，天灾降戾，于是乎量资币，权轻重，以振救民。民患轻，则为之作重币以行之，于是乎有母权子而行，民皆得焉。若不堪重，则多作轻而行之，亦不废重，于是乎有子权母而行，小大利之。今王废轻而作重，民失其资，能无匮乎？……且绝民用以实王府……其竭也无日矣。……王弗听，卒铸大钱。

这段记载如果可靠的话，似乎春秋以上确已有"铸币"，而且有膨胀通货、紧缩通货的方法，以调剂财政。周景王铸"大钱"是"废轻而作重"，目的在"绝民用以实王府"，似是采取膨胀通货的办法，以掠夺人民财产，所以说"民失其资"。此后不但"钱"币通行，而且渐渐行用黄金，到战国时，用金量已达高峰了。（《史记·循吏列传》载：楚"庄王以为币轻，更小以为大，百姓不便，皆去其业。市令言之相……相言之王……王许之，下令三日，而市复如故"。事与周景王略同，不知可信否。）

根据我们初步的意见：春秋时代商业最发达的国家是郑国，《左传》中记载三件商人的故事（详下），都属于郑国。郑国地处中原，西到周、秦，南到楚，北到晋，东到齐，都有郑国商人的足迹；郑国商人是走遍当时的"天下"的。因为郑国商业比较发达,所以"郑声淫",我们知道,在古代所谓"淫乱"的风俗,是与商业的发展有关系的,例如传说:齐桓公"宫中七市,女闾七百"(《战国策·东周策》)。《商君书·垦令》说:"令军市无有女子……则农民不淫。"古代商业发达的地方,开始出现了娼妓业(商业发达次于郑国的,还有卫、齐二国,《诗经》中的卫风,也是被认为"淫乱"的)。又当时远地货物的交流似乎已盛,《左传》僖公二十三年载晋文公对楚君说:"子女玉帛,则君有之;羽毛齿革,则君地生焉;其波及晋国者,君之余也。"襄公二十六年也说:"晋卿不如楚,其大夫则贤,皆卿材也,如杞梓皮革,自楚往也,虽楚有材,晋实用之。"可见楚国的物资大量流入晋国,这至少大部分是通过商业交换的。

春秋后期,商业的发展比较普遍,古书载:

夫绛之富商……能金玉其车,文错其服;能行诸侯之贿。……(《国语·晋语》八)

子贡……废著鬻财于曹鲁之间,七十子之徒,赐最为饶益。……子贡结驷连骑,束帛之币,以聘享诸侯。……(《史记·货殖列传》)

此外还有所谓"陶朱公"者,经商致富,曾"三致千金"(同上),这些已显露出战国时代的景象了。

四　春秋时代的都市与工商业者的组织

都市在中国的起源是很早的,但发展则比较迟缓。根据传说:《易·系辞传》称神农氏:"日中为市,致天下之民,聚天下之货,交易而退,各得其所。"这是一种"定时贸易",就是后世所谓"赶集"。但"日中为市"可能已有每日设市的事,不像最原始的情况。"神农作市"的传说反映了太古时期农业氏族、部落的交换形态。从这种原始市集发展下去，就逐渐有了正式的常设市集。古代的常设市集，往往与部落人民定居的处所相结合，这就产生了原始都市。中国古代所谓"国"，就是从原始都市发展来的。中国古代的"国"，实在是一种"城市国家"。殷代以上的城市，限于史料，我们不大清楚。西周、春秋时代的城市，我们还能根据史料来叙述。

《考工记》说："匠人营国，方九里，旁三门……左祖右社，面朝后市。"这就是大的"城市国家"的规模。"国"之外有些较大的"邑"（较国都小的城镇），也有"市"，但较小的"邑"就未必都有常设的"市"了。根据较晚的记载《管子》看，"方六里命之曰暴，五暴命之曰部，五部命之曰聚；聚者有市，无市则民乏"（《乘马》），则"市"的设立是相当普遍的。但据《战国策·齐策》说"通都、小县，置社有市之邑，莫不止事而奉王"，可见"邑"也有无"市"的。"国""邑"以外，乡间似也有"市"，《孟子·公孙丑》说："有贱丈夫焉，必求龙断而登之，以左右望而罔市利。"赵注："龙断，谓堁断而高者也；左右占视，望见市中有利，罔罗而取之。"这大概就是描写的乡间市场的情况。《公羊传》何休解诂说"因井田以为市"（宣公十五年），这记载如果还可靠的话，那末"市"在乡间也很普遍。

都邑市面买卖的情况，据《周礼》"司市"说："大市：日昃而市，百族为主；朝市：朝时而市，商贾为主；夕市：夕时而市，贩夫贩妇为主。"这还具有市集的性质，不过是否这样规律化，自然很成问题。《周礼》又载有司市、质人、廛人、胥师、贾师、司虣、司稽、胥、肆长、泉府等官吏，以管理防守市场。更有所谓"市刑"，以制止犯罪。这些记载虽不能说完全可靠，但至少有一部分是根据古制编排的。市场以外，大概还有货栈，《礼记·王制》说"市廛而不税"，郑注："廛，市物邸舍；税其舍，不税其物。"至于当时有没有正式的店铺，还待考证。(《论语·乡党》说:"沽酒市脯不食。"似乎当时已有卖饮食品的店铺了。)

以上所述,虽然比较有系统,但根据的多是晚出的史料,未必完全可靠。现在再从较古的文献中寻求史料,以资证明。这些史料虽然零碎,但可靠性却强得多。

《左传》庄公二十八年载楚人伐郑:"众车入自纯门,及逵市。""逵市"就是大街市场,位置在城内或郭内。文公十八年载鲁国夫人哀姜被绝回娘家齐国:"将行,哭而过市……市人皆哭。"这也是城中的"市","市"中有"市人",就是最早的"市民"了。宣公八年载"晋人获秦谍,杀诸绛市",是晋的国都也有"市"。成公十三年载郑国公子班作乱:"求入于大宫,不能……反军于市。""大宫"是城中的宗庙,这"市"自然也在城中,"市"可以"军"(列军阵),场所一定是相当大的。襄公三十年载郑国大贵族"伯有死于羊肆……敛而殡诸伯有之臣在市侧者"。"羊肆"就是卖羊的市场,大贵族死在"羊肆",他的家臣有住在"市侧"的,足见市场与贵族的住所相邻近,定在城内热闹之处。昭公三年载齐国晏子说:"国之诸市,屦贱踊贵。"又载:"景公欲更晏子之宅,曰:'子之宅近市,湫隘嚣尘,不可以居,请更诸爽垲者。'辞曰:'……小人近市,朝夕得所求,小人之利也'。……"足见大都邑的"市"不止一处,所以称为"诸市";市上不但有卖鞋子的,甚至有卖刖足之人所用的假脚的,大贵族如晏子的"宅"也"近市",而市是"湫隘嚣尘"的处所,就是烦杂的处所;"近市"可以"朝夕得所求",这就是人们喜欢住在城中市街上的原因。昭公十八年载郑国火灾,"三日哭,国不市",可见只有遇到非常事变,"国"中才不设"市",平时"国"中应是经常设"市"的。昭公十九年载俗谚说"谚所谓室于怒,市于色者","室"与"市"对举,可见室外就是"市"。哀公十六年载楚国

"市南有熊宜僚者"，"熊"是楚王室的氏，熊宜僚是个贵族，也住在楚国都城的"市南"。《国语·吴语》载"市无赤米"，可见吴国是有米市的（春秋时市场上所卖的东西，范围很广，食物有米谷、果实、酒、肉等，衣服有原料、成衣等，其他舟、车、木料、皮革、家畜、鱼、盐、海物、用具、武器、珍宝、奴隶等，几乎应有尽有）。此外古代犯大罪遭杀戮的人，要把尸首陈列在"市"或"朝"上，以警群众。《论语》说"吾力犹能肆诸市朝"（《宪问》）。"市""朝"连称，可见上引《考工记》的记载，大致可信。

西周、春秋时代的城市，一般是很狭小的（根据考古发掘和文献记载可知），只有周室的王都较大（见《逸周书·作雒》）。《左传》隐公元年说："都城（国都以外的城市）过百雉（三百丈），国（国都）之害也；先王之制：大都（大城市）不过参（三）国（国都）之一，中五之一，小九之一。"《战国策·赵策》说古时："城虽大无过三百丈者，人虽众无过三千家者。"根据可靠的记载（《左传》、《论语》等书），春秋时代的大"邑"不过千室，较小的大概几百家，最小的只有十家（所谓"十室之邑"）。春秋末年，孔子到卫国去，看见卫国的人口，不由得赞叹道"庶矣哉"（《论语·子路》）。但在春秋前期，卫国被狄人所破时，国都的遗民只有"男女七百有三十人，益之以共、滕之民，为五千人"（《左传》闵公二年）。孔子时卫国国都的人口，当然决不止五千，但也不会远超过三千家的，足见春秋时都市的小和人口的少。这是工商业还不很发展的征象。

根据上面的考证，我们得到的结论是：西周春秋时代的"国""邑"就是大小城市，这种城市是较原始的城市，由贵族统治，他们以城市统治乡村，而城市与乡村相结合，并不是以乡村统治城市的。但那时的城市面积很狭小，人口也不多，足见工商业还不甚发达。

　　春秋时工商业者的组织,史料很少,大体仍是聚族而居的。
《论语》说"百工居肆以成其事"(《子张》),"肆"大概是工场,可能
也兼店铺(据《正义》:"肆谓官府造作之处也。"此说尚待考证),
足见春秋末年,百工还是聚居在一起的。《国语·齐语》载管仲的
话:

> 四民者勿使杂处,杂处则其言咙,其事易……处工就官
> 府,处商就市井。……

据说"士农工商"都是"群萃而州处"的。《齐语》载管仲:

> 制国以为二十一乡,工商之乡六,士乡十五。(注:"唐尚
> 书云:士与农共十五乡。")

> 工立三族,市立三乡。

所谓"国"就是国都,"士"是武士和近郊的自由农民;国都内分为
二十一个乡,"工"、"商"居六个,"士"居十五个,足见武士和自由
农民的人数是超过"工"、"商"甚远的。"工"之中立"三族",商
"市"之中立"三乡","三族"、"三乡"合起来,大概就是上文所说
的六乡。《齐语》的记载虽较晚出,但所说似尚有根据,可以代表
春秋前期的现象(不过"四民"之称可能是晚起的)。"氏族工业"
与工官制度,春秋时代还大体保存着。统治阶级对手工业者和商
人都设有专官统率,工官叫"工正"或"工师"、"匠师"(楚国的大
工官叫"工尹",工尹的地位颇高,可以带兵);所谓"百工",一般就
指工官及其所属的手工业者。普通的商官叫做"贾正"(见《左传》
昭公二十五年)。

　　春秋时大概已有较自由的商人,如弦高、子贡、陶朱公等,似乎
都是经商的贵族,与普通商人不尽相同。又商人奔走四方,不比手
工业者容易拘束,所以商人不一定都聚居于一处,而且经商发财的
人,到春秋末期土地逐渐自由买卖后,又可以买土地成为地主,地

主更与领主相对立，不受领主的拘束。

五　春秋时代手工业者与商人的地位

春秋时代的手工业者与商人，除小部分可能是工奴与商奴外，大体都是"自由民"身份，可靠的史料充分证明了这点：

> 故天子建国，诸侯立家，卿置侧室，大夫有贰宗，士有隶子弟，庶人工商各有分亲，皆有等衰。（《左传》桓公二年）

> 是故天子有公，诸侯有卿，卿置侧室，大夫有贰宗，士有朋友，庶人工商，皂隶牧圉，皆有亲昵，以相辅佐也。（《左传》襄公十四年）

> 公食贡，大夫食邑，士食田，庶人食力，工商食官，皂隶食职，官宰（家臣）食加。（《国语·晋语》四）

> 庶人工商，各守其业，以共其上。（《国语·周语》上）

> 大夫规诲，士传言，庶人谤，商旅于市，百工献艺，故夏书曰：……官师相规，工执艺事以谏。……（《左传》襄公十四年）

> 百工谏，庶人传语。（《国语·周语》上）

> 克敌者：上大夫受县，下大夫受郡，士田十万，庶人工商遂，人臣隶圉免。（《左传》哀公二年）

"庶人"、"工商"是有所谓"分亲"的，并且有"等衰"（差），这说明他们与贵族一样有"宗法"组织，是"自由人"身份；"工商"与"庶人"并举，列在"皂隶牧圉"（奴隶）之上；他们又与大夫、士、庶人一样，可对统治者进谏言：这都证明他们不是奴隶的身份。最显明的是"庶人工商遂，人臣隶圉免"两句话，"遂"是得仕进为官，"免"是免除奴籍，这更可证实"工商"与"庶人"属同一等级，而与奴隶有别。《晋语》把"工商"列在"庶人"和"皂隶"（官府贱民或奴隶）之间，又证明了他们虽是"自由民"，却较低于"庶人"；同时又证明他们是受官府养活的（所谓"食官"），是服属于官府的执事人员（《逸周书·文政》载"商工受资"，也是这种"商工"）。《左传》襄公九年说"商工皂隶，不知迁业"（昭二十六年传"工贾不变"），这"皂隶"大概只是贱民，因为奴隶是不能"迁业"的。"商工"与"皂隶"并列，足见他们的身份是比较低贱的，虽然仍是"自由民"。

　　鲁定公八年，卫君将要叛晋，他先恐吓诸大夫说：晋国要求把诸大夫的儿子送去做押当，大夫答应了，卫君亲信的大夫王孙贾进一步说"苟卫国有难，工商未尝不为患，使皆行而后可"（《左传》）。这是说卫国如有国难，工商也未尝不以为患，也要受到损失，所以他们也该跟去做押当。"公以告大夫，乃皆将行之"（同上），于是激怒"国人"，大家赞成叛晋，卫君就达到了目的。这说明工商与统治者在对外方面说（即对外国人侵说），有共同的利害，这只有自由人才有这种立场，至于奴隶，则不会如此。

　　鲁昭公十六年，晋卿韩起去聘问郑国，他藏有一只玉环，另一只在郑国商人手里，他向郑君索取，郑国执政子产不允，答道："非官府之守器也，寡君不知。"韩起私下向郑国商人讲好交易，商人说："必告君大夫（子产）。"韩起又向子产请求，子产答道："昔我先君桓公，与商人皆出自周，庸次比耦以艾杀此地，斩之蓬蒿藜藿，而共处之，世有盟誓，以相信也，曰：尔无我叛，我无强贾，毋或匄夺；尔有利市宝贿，我勿与知：恃此质誓，故能相保，以至于今。今吾子以好来辱，而谓敝邑强夺商人，是教敝邑背盟誓也，毋乃不可乎！"（《左传》）结果韩起就把这事作罢。这是极重要的一段史料，根据这段史料，我们可以知道下列两件事实：（一）郑国的商人是与国君世代立有盟誓的：商人不得背叛国君，国君不得强买或掠夺商人的货物,国家对于商人采取比较放任的态度。(二)郑国的商人与国君同来自王室,共同开发新迁的土地,因此利害有共同之处,国君优待商人,商人也对国君尽忠,对外的事情不自己做主,要向当局请示,这说明郑国的商人不但是"自由人"身份,而且地位较高。不过商人与国君需依靠盟誓,才能"相保"。根据古代世界史上许多事实,我们知道:古代各国本族人民往往本来不经商,最早经商的多是外来人(参看第一节所引马克思的话),或是被征服的种族(如古代巴比伦与斯巴达等国),周代的商人还具有非"国民"性质的残余,我们可以推想:中国古代也有类似古代其他各国的情况。有人说:殷商人民长于经商,"商人"的商就是"殷商"的商,周代的商人可能多是殷商人的后代,这也可备一说。

郑国的商人因为比较自由,所以也很活跃,下举两件故事可以说明郑国商人的才智。鲁僖公三十三年,秦国起兵偷袭郑国,在路上遇到郑国商人弦高,《左传》记载说:"郑商人弦高,将市于周,遇之,以乘韦先,牛十二,犒师……且使遽告于郑。"弦高料知秦兵是来攻打本国的,就把自己的商品当作犒师之物,假装使者去犒师,并派急足报告本国,使有防备。后来秦兵果然因此退了回去。像这样的商人决不会是奴隶,还可能是贵族。成公三年《左传》载晋国大将荀罃被俘在楚国,"郑贾人有将寘诸褚中以出,既谋之,未行,而楚人归之。贾人如晋,荀罃善视之,如实出己。贾人曰:吾无其功,敢有其实乎? 吾小人,不可以厚诬君子,遂适齐"。这个商人足迹遍于四方,活动的能力大概也很强,且有相当的品德,不愿无功受赏,这反映新兴的商人阶级尚有一定的向上性。但他自称"小人",说"不可以厚诬君子",足见他不是个贵族,可能是个自由商人。

春秋后期,不受官府束缚的新兴自由工商业者确已出现了。

《论语》说："百工居肆,以成其事。"(《子张》)"肆"可能是工场兼商店的制卖所,这种"百工"可能已是新兴的自由手工业者。《左传》昭公十三年说:"同恶相求,如市贾焉。"以商贾为比喻。《论语》载:"子贡曰:有美玉于斯,韫椟而藏诸,求善贾而沽诸? 子曰:沽之哉,沽之哉! 我待贾者也。"(《子罕》)可见春秋后期,商业的观念已很普遍,自由商人必然兴起;子贡就是个自由商人。又像前文所举的"绛之富商"和陶朱公等人,大概都是新兴的自由商人(所谓"不受命而货殖焉")。至于像《诗经·卫风》所载"氓之蚩蚩,抱布贸丝"的"氓",他的妻子"自我徂尔,三岁食贫",那还是如西周时代"肇牵车牛远服贾"的"商人",似乎都是以商业为副业的农民。即使是专业的商人,也是与农民差不多的小商人,虽比"食官"的商人要自由些,然不能算作新兴的自由商人,因为新兴的自由商人与自由手工业者已是"中间阶层"的原始"市民",他们就是后来"商人地主"的前身。(《诗经·邶风·谷风》"既阻我德,贾用不售";这首诗中的男主角,可能也是个小商人,足见卫国一带,商业确较发展。)

春秋时代的工奴,材料比较少,如前文所举齐国的"陶铁徒",鲁国略楚的工人和郑国略晋的"女工妾"(还有所谓"蚕妾"之类),大概都是工奴,然齐国的"陶铁徒"和鲁国略楚的工人,也可能不是工奴,或工奴中还有"自由人"在内。至于商奴,更少证据,不过战国以后是有商业奴隶的,因之推想春秋以上也有商奴存在,这不过是个假定而已。

六　春秋时代统治阶级的工商政策
与手工业者起义

　　春秋时代统治阶级的工商政策，与战国秦汉时代统治阶级的工商政策，是颇有不同的，关于后者，不在本篇范围之内，当另外叙述。关于前者，现在分两方面叙述如下：

　　第一，是比较好的方面，就是所谓"通商惠工"的政策。春秋初期，卫国为狄人所破，卫文公厉行节俭，并且"通商惠工"（《左传》闵公二年），以使卫国富庶，果然卫国就逐渐复兴起来。齐桓公用管仲的办法："通齐国之鱼盐于东莱，使关市几而不征，以为诸侯利，诸侯称广焉。"（《国语·齐语》）晋文公创霸业，也"轻关易道，通商宽农"；"利器明德，以厚民性（生）"；结果"政平民阜，财用不匮"（《晋语》四）；"民易资者，不求丰焉，明征其辞"（《左传》僖公二十七年）。齐国强宗陈氏企图收买民心，施行贱卖政策，使他所掌握的财源："山木如市，弗加于山；鱼盐蜃蛤，弗加于海。"（《左传》昭公三年）这虽是给人民以便宜，但实际上最得便宜的乃是商人，普通人民是无力吸收大量物资的。"通商惠工"的政策，主要是招徕工商，以富实自己的国家或领邑。《逸周书·大匡》说："告四方游旅，旁生忻通，津济道宿，所至如归。"《大聚》说："工匠役工，以攻其材；商贾趣市，以合其用；外商资贵而来，贵物益贱；资贱物，出贵物，以通其器；夫然，则关夷市平，财无郁废；商不乏资，百工不失其时。"又说："关市平，商贾归之。"《月令》说："易关市，来商旅，入货贿，以便民事；四方来集，远乡皆至，则财物不匮，上无乏用，百事乃遂。"《礼记·中庸》说："日省月试，既（饩）廪称事，所以劝百工也。"这些虽是较晚的记载，但与春秋时代的情况和思想,大体还相去不远。(《史记·货殖列传》引《周书》说:"农不出,则乏其食;工不出,则乏其事;商不出,则三宝绝;虞不出,则财匮少。"这种思想重视工商,也与后来的"重本抑末"政策不符。)

第二,是坏的方面,就是虐工征商的政策。春秋时代的贵族们不但严重地剥削农民,也严重地剥削工商业者。例如卫国君主就有"使匠久"的事(详下)。齐国君主实行专利政策:"山林之木,衡鹿守之;泽之萑蒲,舟鲛守之;薮之薪蒸,虞候守之;海之盐蜃,祈望守之。"(《左传》昭公二十年)这对于工商自然极不利。此外还有"逼介之关,暴征其私;承嗣大夫,强易其贿;……内宠之妾,肆夺于市"(同上)等事,这竟是掠夺商人了。经晏子的劝谏,齐君才"使有司宽政,毁关,去禁,薄敛,已责(债)"(同上)。春秋各国一般都行"征商"的办法,其见于可靠记载的,除上所举者外,如《诗经·卫风·氓》有"复关",即是收商税的处所。《左传》文公二年有"废六关"的话,文公十一年载:"宋公于是以门赏耏班,使食其征,谓之耏门。""征"就是商税。《礼记·王制》说:"市廛而不税(注:"税其舍,不税其物"),关讥而不征。"这是根据孟子的话"市廛而不征,法而不廛";"关讥而不征"(《公孙丑》)。孟子又说:"古之为关也,将以御暴;今之为关也,将以为暴。"(《尽心》)"古之为市也,以其所有,易其所无者,有司者治之耳;有贱丈夫焉,必求龙断而登之,以左右望而罔市利,人皆以为贱,故从而征之,征商,自此贱丈夫始矣。"(《公孙丑》)大概商业初兴的时候,利息不大,统治阶级不当它是个大利源,所以可能有不征税的事。到了后来,商业发展起来,利益多了,统治阶级就不肯放过这个大利源,"征商"之事就由偶然而经常,由轻而重,便有所谓"逼介之关,暴征其私"等情况发生。总之,在春秋时代,各国一般都已实行"征商"了。税率据较晚的记载《管子·幼官》说："市赋百取二，关赋百取一。"《大匡》说："弛关市之征，五十而取一。"实际税率当不止此。

此外，春秋时代频繁的兼并战争也破坏工商业，如《左传》宣公十二年说楚国"荆尸而举，商农工贾，不败其业"，足见一般兼并战争是要使"商农工贾""败其业"的了。定公八年《左传》也说："苟卫国有难，工商未尝不（以）为患。"又春秋末年，商人地位固已增高，但是如"绛之富商"，虽已"能金玉其车，文错其服，能行诸侯之贿"，却"无寻尺之禄"，"而韦藩木楗，以过于朝"（《国语·晋语》八），足见商人的势力还不很发展，还不曾打进政治界，贵族们还不会感到商人的威胁。商人兼并土地，与贵族们争夺土地人民，那是后来的事；这时商人基本上还不兼"地主"，还是普通平民，所以统治阶级对他们也还不必实行所谓"重本抑末"的政策。

然而，贵族与平民总是对立的，西周末年以来，贵族们的横暴，对于正在萌芽发展的工商阶层，压力很大，工商们不能没有反抗，作为推进古代封建社会向前发展的主力的无数次的"国人"起义（见《左传》、《国语》等书）中，一定有不少工商阶层参加着。有的史学家认为"国人就是工商业者"，这我不能完全赞同，因为：第一，我认为"国人"是指国都及其近郊的人民（另有专文考证），包括农民和某些贵族在内，并不单指工商业者。第二，在东方国家，不论是封建社会，或是奴隶社会，推进社会发展的主力，都是农民起义；单纯的工商业者的起义，就能促使东方封建社会或奴隶社会向前跃进，是不可想象的事。所以我不把"国人"起义划入本篇范围，而划归农民战争史的范围内。但是"国人"中也包括工商业者，却是无可怀疑的事实。

在春秋史上，以商人为主的起义，我还不曾找到可靠的史料，可是作为劳动人民之一的手工业者起义,春秋后期却有三次。

第一次在鲁昭公二十二年:"(周)王子朝因旧官、百工(旧注"百工,百官也",非是。"百工"似指工官及其所属手工业者)之丧职秩者,与灵景之族以作乱。""单子使王子处守于王城,盟百工于平宫……百工叛;己巳,伐单氏之宫,败焉(注"百工伐单氏");庚午,反伐之(注"单氏反伐百工");辛未,伐东圉(注"百工所在")。"(《左传》)这次战争本是周室贵族争位的内乱,但贵族领袖之一的王子朝却联合了"百工","百工"所以起义,是因为"丧职秩",即失其官府职业,可见工官制度已在解体。贵族的另一方面也争取"百工",与"百工"订盟誓,结果"百工"还是反叛了他们。这次战争的结果是王子朝失败了,大概"百工"是遭遇到镇压的。

第二次手工业者起义在鲁哀公十七年:"(卫)公使匠久……石圃因匠氏攻公。……"(同上)这次起义发生在工商业比较发达的卫国,起义原因是统治阶级剥削他们太甚,发动他们起义的也是一个贵族。

第三次在鲁哀公二十五年:"(卫)公使三匠久……故褚师比……因三匠与拳弥以作乱,皆执利兵,无者执斤……噪以攻公。"(同上)这次也在卫国,时间只相隔八年,起义原因相同,发动者也是贵族。手工业者拿着自己所制造的锐利兵器和生产工具斧斤,大举向统治者进攻。

卫国这两次起义,都有相当的收获,前一次国君失败被杀,后一次国君失败被逐,这说明手工业者已有相当的力量,同时也说明工官制度在崩溃了。

手工业者起义,也属于"国人"起义的范畴,但因为这是以手工业者为主力的起义,所以我们述于本篇之内。

第二篇

战国秦汉时代的手工业与商业

一 战国时代的手工业与商业

秦汉帝国朝代是中国古代史上一个辉煌的时代,但秦汉时代的经济史只是战国经济史的继续发展,中国古代封建社会,以春秋、战国之际为一大分界线,春秋以上是第一阶段,战国秦汉是第二阶段。不过战国经济史料比较缺乏而零碎,一时不易搜集,所以本篇对于战国部分,只根据近人的研究成果,作个引论式的叙述,其详细的研究,留俟异日。

战国时代的生产工具比前更为进步,《山海经·中山经》载"出铁之山三千六百九十"(一无"十"字,《管子·地数篇》同),可见当时发现的铁矿已很丰富。一般说:铁工具已普遍应用,《孟子·滕文公》说:"以铁耕乎?"铁耕该早就普遍。近日河南辉县出土战国时代的铁耕具,其中有犁,足见不但铁耕,连牛耕也可能普遍了。

河北兴隆出土战国时代铸造工具的铁范七十件,重三百八十斤,这地区已是当时中国的边疆,铁器的铸造尚且这样兴盛,何况中原。又不但铁工具盛行,战国时代的武器也已多用铁制造,如楚国的兵器有"宛钜铁釶"(《荀子·议兵》)、"铁剑"(《史记·范雎蔡泽列传》），中山的兵器有"铁甲"、"铁杖"（《吕氏春秋·贵卒》），韩国的战士备有"铁幕"（《战国策·韩策》一及《史记·苏秦列传》），刺客所用的利器有"铁椎"（《史记·魏公子列传》），近日河南辉县也有战国铁兵器出土。由于铁的普遍使用，冶铁的手工业自然大为繁荣，企业家如邯郸郭纵，以铁冶成业，富埒王者；赵国卓氏，冶铁致富；魏国孔氏，鲁国曹邴氏，都以冶铁起家：这已开秦汉时代铁工业全盛的先声了。

战国虽已临铁器时代的开始时期，但这时的青铜器制造技术却发展到最高峰。这时的青铜器，形制轻薄灵巧，花纹细致繁复，每用同一印模反复印成，鸟兽形的图案花纹曲折飞舞，又有描写车马狩猎图像的，更有用立体的鸟兽像作装饰，也有用金银丝镶嵌成图案和美术字的。《荀子·强国》说："刑（型）范正，金锡美，工冶巧，火齐（剂）得，剖刑而莫邪已。"可见那时对于金属器制造的讲究了。

木工方面，除了用铁工具和规矩以外，已发明一种矫正木料曲直的工具，叫做"檃栝"，可以把曲木弄直，或把直木弄曲（见《荀子》的《性恶》及《大略》、《韩非子·显学》）。木工的主要业务是建筑房屋和制造车舟等交通工具以及棺椁等。这时制盐业较春秋时更为发达，以盐业致富的名人有猗顿。此外陶器业、漆器业、纺织业等，也是有发展的。《孟子·滕文公》说："百工之事，固不可耕且为也。"可见当时的手工业已初步与农业分工了，所以种田的许行要"纷纷然与百工交易"。

我们从战国时代墓葬中所发现的陪葬品，就可以看出这时手工业品的质和量都有显著的提高。例如近年来山西浑源县李峪村、河南洛阳金村、河南辉县、安徽寿县和湖南长沙等地出土的战国时代各种手工业品，都是数量众多而制作精巧的。又《墨子·

鲁问》载鲁公输般为楚人作"舟战之器"，"钩强（拒）之备"，"亟败越人"；"削竹木以为鹊（鹊），成而飞之，三日不下"。《公输》载公输般为楚造"云梯之械，成，将以攻宋"；墨子至楚，"解带为城，以牒为械"，"公输般之攻械尽"，"墨子之守圉（御）有余"。这些传说，都可见战国时手工业技巧的发达。

战国时代手工业者的身份，约有自由小生产者、雇工、依附或隶属工人、刑徒、奴隶等。《墨子·尚贤》上说："虽在农与工肆之人，有能则举之。"这似指自由小生产者。战国器铭上有所谓"铸客"，似指雇工。根据《考工记》等记载，当时似尚存在着前一时期的"工官"制度，则必有隶属性的工人（私家可能还有依附性的工人）。根据《墨子》等书，当时刑徒、奴隶等也有从事手工业的。

农业和手工业的发展，必然引起商业的成长，这时已产生较正式的商品经济了，它的基础是建筑在手工业生产品和卷入交换中的农业生产品之上的。

山林薮泽是木材、矿产、水产和鸟兽等物资出产的地方，在春秋以前，贵族设有"虞官"来管理，禁止人民自由开采。到了春秋后期，人民由于生活的逼迫，纷纷进入禁地，从事开发利源。这些进入禁地开发的人，贵族诬蔑他们为"寇盗"，往往派兵攻杀，但时势已不允许贵族独占山泽的利源了，所以攻杀也制止不了，贵族们不得已，就用征税的办法加以限制。《墨子》上说"外收敛关市山林泽梁之利"（《非乐》上）。到了后来，政府就逐渐把这些禁地自动开放，例如梁惠王就曾"发逢忌之薮以赐民"（《汉书·地理志》河南郡开封县臣瓒注引汲郡古文）。由于山泽的开发，资源逐渐丰富起来。

由于资源的丰富，至少战国时代各地的土特产已在开始交流了：南方的土产有木材、姜桂、金属、丹砂、犀牛、玳瑁、珠玑、兽皮、鸟羽、象牙等；东方的土产有鱼、盐、漆、织物等；西方的土产有玉石、皮革、竹木等；北方的土产有家畜、皮毛、筋角、铜铁等（见《荀子·王制》及《史记·货殖列传》）。

这时商人已在到处奔走，贩运货物，《墨子·贵义》说："商人之四方，市贾倍蓰，虽有关梁之难，盗贼之危，必为之。"大商人已开始垄断市场，有所谓"长袖善舞，多钱善贾"的俗话（《韩非子·五蠹》）。例如梁惠王的大臣白圭，就是个有名的投机家，他用"人弃我取，人取我与"的办法，遇到熟年，收取谷物，售出丝漆；遇到荒年，售出粮食，收进帛絮（《史记·货殖列传》）。他专在粮食和衣着等人民生活必需品上打算盘，这也说明了这时商品经济的基础是建立在农业生产和一般手工业生产之上的。《史记·货殖列传》载计然说："积著之理，务完物，无息币。……货勿留，无敢居贵，论其有余不足，则知贵贱：贵上极，则反贱；贱下极，则反贵；贵出如粪土，贱取如珠玉，财币欲其行如流水。"《战国策·赵策》三载希写说："夫良商不与人争买卖之贾，而谨司时：时贱而买，虽贵已贱矣；时贵而卖，虽贱已贵矣。"这样的讲究掌握时机和迅速流转资金的经商方法，是只有在商品经济比较活跃的情况下才可能出现的。

战国时代商人的身份，一般是自由的，但也有人使用奴隶于商业（如白圭，见《史记·货殖列传》）。

随着商品经济的发展，货币的使用日盛；战国时代的铸币，已有实物证明。当时各大商业城市多曾铸造货币，往往在货币上铸有地名。现在已发现的战国货币就有几百种之多，主要的有下列四种形式：一种叫做"刀"，形式像刀，主要的流行地区是齐和燕，也流行到赵：齐有"齐法化（货）"刀、"即墨之法化"刀等；燕有"明"刀；赵有"甘丹（邯郸）"刀等。一种叫做"布"，"布"即农具

"镈"的假借字，形状如农具的镈，主要的流行地区是三晋：赵有"晋阳"、"中都"等布；韩有"屯留"等布；魏有"安邑"、"梁"、"平周"等布，魏的布大小轻重不等，有些布有"六釿"、"二釿"等字样。一种叫做"钱"，圆形方孔或圆孔，主要的流行地区是秦、东西二周和魏、赵的沿黄河地区：秦在惠文王二年"初行钱"（《史记·秦始皇本纪》），以"一两十二朱（铢）"、"半两"等为单位；东西周的钱铸有"东周"、"西周"字样；赵钱有"离石"等；魏钱有"垣"、"共"等。一种是铜贝，形式像贝，主要的流行地区是楚：上面或铸有"各六朱"等字。此外战国时代又大量使用黄金为货币，一般以"镒"、"斤"等重量计。楚国的都城郢、陈、寿春，更曾铸一定形式的黄金货币，作四方形，往往十六小方合成一大方（这可能是按照十六两为一斤的原则）。但这时珠玉等似尚为货币，如《管子·国蓄》说："以珠玉为上币，以黄金为中币，以刀布为下币。"

黄金只用于大量交易或赠赐等，一般买卖似多使用铜币，那时的主要物资，例如谷米的价格，多用"钱"计。《韩非子·外储说左》上说那时已用"钱"、"布"作为佣客的工资；《荀子》的《富国》、《王霸》说那时已有"刀布之敛"；《韩非子·显学》也说"征赋钱粟，以实仓库"，即是说已在征收货币的赋税了。《荀子·荣辱》说："今人之生也……余刀布，有囷窌。"足见那时节储刀布等货币也已作为积累财富的手段了。

手工业、商业的兴盛，使人口集中的大都市出现，这时"千丈之城，万家之邑相望"（《战国策·赵策》三）；"三里之城，七里之郭"（《墨子·非攻》中，《孟子·公孙丑》），已成普遍的现象。比较大的城市，如韩的大县宜阳，"城方八里，材士十万，粟支数年"（《战国策·东周策》）。至于齐的都城临淄，更为繁华：

　　临淄之中七万户……甚富而实，其民无不吹竽鼓瑟，击筑弹琴,斗鸡走犬,六博蹹踘者;临淄之途,车毂击,人肩摩;连衽成帷,举袂成幕,挥汗成雨,家敦而富,志高而扬。(《战国策·齐策》一)

这个描写虽然不免夸张,但也决非凭空乱说。此外,齐的即墨、莒、薛,赵的邯郸、蔺、离石,魏的安邑、大梁,韩的郑、阳翟,东周的洛阳,楚的郢、陈、寿春,宋的定陶等,都是当时的大城市。《史记》的《货殖列传》说洛阳:"东贾齐、鲁,南贾梁、楚。"《吕不韦列传》说吕不韦:"封为文信侯,食河南洛阳十万户。"可知洛阳商业都市的繁盛。《苏秦列传》记苏秦为洛阳人,其家人曾说:"周人之俗,治产业,力工商,逐什二以为务。"大概东周洛阳一带,手工业、商业是极盛的,所以有洛阳这样的大都市。

这时城市里已店铺林立,如有"鬻金者之所"(《吕氏春秋·去宥》),也有"县(悬)帜甚高"的"酤酒者"(《韩非子·外储说右》上),连金店、酒店都有,别种店铺自然不用说了。这时的市区一定已有相当规模,《周官》的记载似多反映这时的情况。据《韩非子·内储说》上的记载:这时"市"的四周立有"市门",设"市吏"管理,但也还有"朝则满,夕则虚"的不固定的"市"(《战国策·齐策》四)。

商业与货币的发展,又必引起高利贷的盛行,商人一方面对农民作不等价的交换,从而剥削农民;一面又趁农民的穷困,进行高利贷的剥削。同样,地主、官僚一方面向农民征收高额租税,从而剥削农民;一方面又趁农民的穷困,进行高利贷的剥削。《孟子·滕文公》说:"使民盼盼然,将终岁勤动,不得以养其父母,又称贷而益之,使老稚转乎沟壑。……"所指的就是这种情况。如齐湣王的相国孟尝君田文,就是一位大高利贷者,曾在他的封邑薛地大放高利贷,用来供养食客(见《史记·孟尝君列传》)。

这时手工业者和商人多半都是自由民，已非官府所能完全控制。他们比较容易谋生和发财，如《管子·治国》说："今为末作奇巧者，一日作而五日食；农夫终岁之作，不足以自食也：然则民舍本事而事末作。"尤其是手工业大企业家和富商高利贷者，都变成所谓"素封"之家（无封邑的封君）。他们富比王侯，剥削农民、奴隶，兼并土地，使农民沦为他们的佃农、雇工和债务奴隶，这样就使阶级矛盾尖锐化，同时这也就是与政府争夺土地人民。又这些人抬头之后，要求政权，他们之中的有些人确已进入政界，甚至成为政治舞台上的重要人物（如战国后期的吕不韦），在这种情况之下，贵族与地主官僚的政府就不能不和他们展开斗争，有名的"商鞅变法"（战国前期），就以后来的所谓"重本抑末"为一重要政策，替汉武帝、王莽等人开了先路。其实商鞅的老师魏国宰相李悝所施行的平籴政策，就已经含有抑制商人的用意了。不过，我们不可忘记：不论贵族、官僚或富人，都是剥削阶级，在剥削农民和奴隶上，他们的利害终是一致的。（以上主要采用杨宽先生《战国史》的材料，核对原书，略加订补。）

二　秦汉时代手工业的发展

秦汉时代手工业继承战国时代的趋势而更发展，这与商业的发展是互为因果的：手工业促进商业，商业又倒转来刺激手工业，同时手工业的发展与矿产等原料的丰富也分不开。战国以来，山泽等物资出产地逐渐开发，到秦汉时代，仍继续开发着，最重要的，是矿产尤其是金属矿产的开发，《史记·货殖列传》上所载的大富人，许多是铁业家（如蜀卓氏、程郑，宛孔氏等）。《盐铁论·复古》说：

> 浮食豪民，好欲擅山海之货，以致富业，役利细民。
>
> 往者豪强大家，得管山海之利，采铁石鼓铸煮盐，一家聚众或至千余人，大抵尽收放流人民也，远去乡里，弃坟墓，依倚大家，聚深山穷泽之中，成奸伪之业，遂朋党之权。……

这可见盐、铁正式官营以前，民间盐、铁业之盛。这种大企业"一家聚众或至千余人"，其规模之大，真足惊人。盐、铁二业中铁业尤盛，因为生产工具和许多用具、武器等都需要它。秦汉地主政府曾特设管理和收税的专官，叫做"铁官"（盐也置官，叫做"盐官"）。司马迁的上祖司马昌就充任过秦王的铁官（见《汉书·司马迁传》）。汉代的铁官很多，几十郡中有几十个，一般郡国出铁的就设立铁官，便是不出铁的地方，也设置小铁官，使属所在的县。铁官外还有铜官，据《汉书·地理志》的记载，只有丹阳郡有一个。此外豫章郡鄱阳县还有"黄金采"，是采取黄金之处，也见于《地理志》。

汉武帝起，实行盐、铁官营政策，对于盐："募民自给费，因官器作煮盐，官与牢（价值）盆（煮盐盆）。"（《史记·平准书》）铁则使用奴隶性的徒卒来采取冶铸，这就是所谓"铁官徒"。《汉书·贡禹传》说："今汉家铸钱及诸铁官，皆置吏卒徒，攻山取铜、铁（案：这可见铁官也兼采铜），一岁功十万人已上。"《盐铁论·水旱》说："卒徒作不中程，时命（民）助之，发征无限，更繇以均剧。"这可见工程的浩大了。但是当时地主政府官营的盐、铁业颇有流弊，《史记·平准书》说：

> （卜）式为御史大夫，式既在位，见郡国多不便县官作盐铁，铁器苦恶，贾贵，或强令民卖买之。

《盐铁论》也说"今县官作铁器多苦恶，用费不省，卒徒烦而力作不尽"，农民"远市田器，则后良时"（《水旱》）。所谓"一其用，平其贾，以便百姓公私"（同上）的目的，只是欺人之谈罢了。虽然说"卒徒衣食县官，作铸铁器，给用甚众，无妨于民；而吏或不良，禁令不行，故民烦苦之"（《复古》），也只是强辩。

由于地主政府官营盐、铁业的不善，所以民间的私业并不能禁绝，《盐铁论·禁耕》说：

> 故盐冶之处，大校皆依山川近铁、炭，其势咸远而作剧，郡中卒践更者，多不勘责取庸代，县邑或以户口赋铁，而贱乎其准；良家以道次发僦运；盐铁烦费，邑或以户，百姓病苦之。

看"或以户口赋铁"语，似乎民间小铁业还存在，后来还有所谓"冶家"，当即民间铁业者。大概通汉一代，民间的盐、铁业并未完全中断，不过武帝以后，由于地主政府官营盐、铁业的垄断，民间的盐、铁业已趋缩小，远不及从前的兴盛而已。又读上文，可见地主政府的官营盐、铁业也多役使人民来办，变成一种加赋，这就更对人民不利了。

盐铁业之外，最兴盛的是纺织业。《汉书·张汤传》载：

> （张安世）夫人自纺绩，家童七百人，皆有手技作事，内治产业，累积纤微，是以能殖其货，富于大将军光。

连大臣的夫人尚且"自纺绩"，其家人奴婢自然更多从事于此的。连大臣的家里尚且讲究纺织，则民间纺织业之盛，自可推想而知。所以到了后汉，凡赏赐臣下或令人民赎罪，均用谷帛及缣布，赐缯布之数，多者至万匹（见《后汉书·南匈奴传》）以上；以缯赎罪的，也多至几十匹；这非极盛的纺织业决供应不了。汉末以后的"户调制"，就说明了当时家庭纺织业的更趋兴盛，这是与农桑之业的发展相联系的。

当时有名的纺织品有"蜀锦"、"越布"、"蜀汉之布"、"齐陶之缣"等，均见前、后《汉书》及《盐铁论》。《汉书·地理志》说齐地：

"织作冰纨绮绣纯丽之物，号为冠带衣履天下。"《后汉书·公孙述传》说蜀地："女工之业，覆衣天下。"足见齐、蜀二地纺织业之盛。又根据后人所作《西京杂记》的记载：

> 霍光妻遗淳于衍蒲桃锦二十四匹，散花绫二十五匹，绫出巨鹿陈宝光家，宝光妻传其法，霍显召入其第，使作之，机用一百二十镊，六十日成一匹，匹直万钱。（卷一）

这虽是奢侈品，但也可以考见当时纺织业的发达；大体盐、铁官营以后，民间手工业就以纺织业为首了（前汉盐铁业较盛，后汉纺织业较盛）。

汉代地主政府有所谓"服官"的设置，管理官家的纺织业，除陈留郡襄邑县有服官外（见《汉书·地理志》），还有"齐三服官，作工各数千人"（见《汉书·贡禹传》）；"春献冠帻缑为首服，纨素为冬服，轻绡为夏服"（《汉书·元帝纪》注）。此外更有"东西织室"（见《汉书·宣帝纪》注），是"主织作缯帛之处"（《汉书·惠帝纪》注），主要是"织作文绣郊庙之服"（《汉书·宣帝纪》注），主管的官叫做"令史"（同上）。这类官家纺织业都是制造奢侈品的，所以在节省开支时可以罢止、省减（见《汉书·元帝纪》及《后汉书·章帝纪》）。

汉代陶器业（已有原始瓷器）和漆器业，也很兴盛，看出土的器物可知。又制酒业列于"六筦"之一，也是容易致富的企业。主要手工业之外，汉代民间有名的手工艺品有会稽的竹簟，号"流黄簟"（见《西京杂记》），邛地的"竹杖"（见《汉书·张骞传》），蜀地的"枸酱"（见《汉书·西南夷传》）等，甚至有专门制造儿童玩具的（见《后汉书·王符传》）。总之，当时市上几乎什么都买得到，民间手工业如不普遍发达，这种现象是不可能有的。

汉代地主政府又设有十个"工官"和"发弩官"（制造弓箭）、

"楼船官"（制造楼船）（见《汉书·地理志》）。《续汉书·百官志》说："凡郡县……有工多者置工官，主工税物。"大概工官的职务是：主管官营工业和收取民间工艺品的赋税。十个工官分布在怀、河南、颖川、宛、东平陵、泰山、奉高、广汉、雒、成都，可见这十个地方是当时一般手工业最发达的处所。我们且举一件出土物，来证明汉代工官所制造器物的精致。近年出土的"乐浪王盱墓"中，发现东汉初年制造的漆杯，铭文注明是"广汉郡工官造"、"蜀郡西王造"。铭文又云：

> 素工伯，髹工鱼，上工广，洎工合，造工隆，造护工卒史凡，长区，丞馘，掾恂，令史郎主。

> 素工回，髹工鱼，洎工文，氾工廷，造工忠，护工卒旱，长氾，丞庚，掾翕，令史茂主。（手头无杯铭原文，此据他人文转引。）

可见当时手工业的分工已极细致，虽一漆杯之微，也须集合许多种职工，才能完成。所以《盐铁论》称当时：

> 一杯棬用百人之力。（《散不足》）

像这样的手工业，可说已登峰造极。《汉书·宣帝纪》赞说宣帝时："技巧，工匠，器械，自元、成间鲜能及之。"《后汉书·宦者传》记蔡伦："监作秘剑及诸器械，莫不精工坚密，为后世法。"但这些官家工业多制造奢侈品，《汉书·贡禹传》载贡禹说：

> 方今齐三服官……一岁费数巨万，蜀、广汉主金银器，岁各用五百万，三工官官费五千万。东西织室亦然。……臣禹尝从之东宫，见赐杯案，尽文画金银饰。

可见这些手工业对于人民生活是无甚用处的（《盐铁论·散不足》又说"一屏风就万人之功"）。但当时民间的手工业也曾制造许多无甚用处的奢侈品，如《盐铁论·散不足》载："今民间雕琢不中之物,刻画无用之器,玩好玄黄杂青五色绣衣……"这大概是应富人的需要的。

汉代尤其是后汉,手工业技术方面的新发明很多,有关生产的如:

> (杜诗)迁南阳太守……造作水排,铸为农器,用力少,见功多,百姓便之。(《后汉书·杜诗传》。注:"冶铸者为排以吹炭,令激水以鼓之也。"案:根据出土物看,东汉时铁器在质量方面有比西汉高处。)

有关文化的如:

> (蔡)伦乃造意,用树肤、麻头及敝布、鱼网以为纸,元兴元年(105),奏上之……自是莫不从用焉,故天下咸称蔡侯纸。(《后汉书·蔡伦传》)

> (张)衡善机巧……作浑天仪。……阳嘉元年(132),复造候风地动仪;……验之以事,合契若神。(《后汉书·张衡传》)

此外如灵帝时:

> 又铸天禄虾蟆,吐水于平门外桥东,转水入宫。又作翻车渴乌,施于桥西,用洒南北郊路,以省百姓洒道之费。(《后汉书·张让传》。注:"翻车,设机车以引水;渴乌,为曲筒以气引水上也。")

这些新制作物一面表现手工技术的高超,一面又表现科学的发达。三国时代许多新发明,就是沿着这种趋势来的。

秦汉时代的手工业者,也多是自由小生产者和雇工,大企业家使用依附者和奴隶于手工业,人数也不少。官府手工业则多使用"卒"、刑徒、奴隶和隶属性的"工匠"(见《史记》、《汉书》等书。《盐铁论·水旱》:"卒、徒、工匠,以县官日作公事……")。

三　秦汉时代商业的发展

上古的商业到秦汉时代确已发展至最高峰。尤其是西汉时代，史称：

> 汉兴，海内为一，开关梁，弛山泽之禁，是以富商大贾周流天下，交易之物，莫不通得其所欲。（《史记·货殖列传》）

在分裂时代，关梁禁阻，商税繁重，所以商业不能充分发展，到汉代长期统一，于是关梁无阻，商税减轻，同时又弛山泽之禁，物资来源丰富，所以商业大为发达，开过去没有的盛况，当时有"用贫求富，农不如工，工不如商，刺绣文不如倚市门"（同上）的俗话。因此这时的人民多"弃本逐末"，从事工商，尤其是商业；参看《汉书》文、景、武等纪所载的诏书，便可明白。《汉书·贡禹传》说：

> 自五铢钱起已来，七十余年……商贾求利，东西南北，各用智巧，好衣美食，岁有十二之利，而不出租税；……故民弃本逐末，耕者不能半；贫民虽赐之田，犹贱卖以贾。

"耕者不能半"，自然是言之过甚，但"贫民虽赐之田，犹贱卖以贾"，必有相当的事实做根据，足见这时"弃本逐末"的风气是极盛的。后汉时代，由于农村破产，流民众多，购买力减弱，加以西汉以来政府对于民间商业的抑制打击，商业已渐趋分散衰落（从黄金货币数量的减少，自然经济的复活诸情况可见），但人民"弃本逐末"的风气仍盛，如《后汉书·王符传》说：

> 今举俗舍本农，趋商贾；牛马车舆，填塞道路，游手为巧，充盈都邑；务本者少，浮食者众。

这似乎与农村破坏后所产生的畸形的都市繁荣现象有关，但也是沿着西汉商业极盛的趋势来的。到汉末军阀混战，使生产全部破坏,商业就一蹶不振,入于中古的衰颓时期了。

秦汉时代赢利最多的商业,是贩卖盐、铁、酒、谷类、家畜、布帛、皮革、木料、丹漆、酱豉等,而手工业者与商人往往兼于一人之身,卖者就是制者。此外各种东西都有贩卖者,大小商人是极其众多的。《汉书·食货志》说:

> 商贾大者,积贮倍息;小者,坐列贩卖。

那时大概已有批发商与零售商的分工,批发商都是大商人,他们把货物转给小商人去零售,小商人自然也要受到大商人的控制和剥削。此外奴隶也使用于商业(刁间的故事,见《史记·货殖列传》)。

那时似乎已有行会性的组织,吕思勉先生说:

> 王君公以侩牛自隐,此即货殖列传所谓"节驵会",后世之牙行也。(《秦汉史》第十六章)

当时大商人(包括手工业企业家)在经济上的势力是极大的,《史记·货殖列传》说:

> 今有无秩禄之奉,爵邑之入,而乐与之比者,命曰素封。封者食租税,岁率户二百,千户之君则二十万,朝觐聘享出其中。庶民农工商贾,率亦岁万息二千,户百万之家,则二十万,而更徭租赋出其中,衣食之欲,恣所好美矣。……若至力农畜工虞商贾,为权利以成富,大者倾郡,中者倾县,下者倾乡里者,不可胜数。

这是说"大者倾郡,中者倾县,下者倾乡里"的大地主("农"),和手工业大企业家("工")、大商人("商贾")等,就是无"爵邑"的封君,所以称为"素封"。他们"衣食之欲,恣所好美",其乐也与封君相比。《平准书》说:

> 富商大贾,或蹛财役贫,转毂百数,废居居邑,封君皆低首

仰给。

《汉书·食货志》也说当时的商人："交通王侯，力过吏势。"足见连封君和官吏都压在他们势力之下了。《后汉书·仲长统传》说：

> 豪人之室，连栋数百，膏田满野；奴婢千群，徒附万计；船车贾贩，周于四方；废居积贮，满于都城。

可见直至汉末，大商人的经济势力还是不能轻视的。

当时不但国内商业极盛，就是国外贸易也相当繁盛：秦始皇时的乌氏倮"求奇缯物，间（私）献遗戎王"而致富，"畜至用谷量马牛"（《史记·货殖列传》）。汉代沿北边一带多开有"胡市"（见《后汉书》），买卖很盛。汉代朝廷还不知有西域和西南夷时，"邛竹杖"和"蜀布"、"枸酱"等早已远至其地。大夏人告诉张骞说：他们的商人从东南数千里的身毒国（印度）买得蜀地产物（见《汉书·张骞传》），可见当时的商人足迹所至的辽远了。大概陆路从现在的甘肃经过新疆、中亚，直达安息，水路从越南经过南洋，直达印度，都有商业交通。这时西方的许多物产都输入中国，中国的丝帛等产品也输至西方。如苜蓿、胡麻、蒜、葡萄、石榴、胡桃、胡椒、菠菜等植物种子，都是由西方输入中国的，这大大地丰富了中国物质文化的内容。而中国的丝织品输入罗马，被视为珍品，"价等黄金"。据西洋史书上说：在公元前5世纪，印度人已与中国南海一带发生贸易关系。《汉书·地理志》也载：

> 自日南障塞、徐闻、合浦船行可五月，有都元国；又船行可四月，有邑卢没国；又船行可二十余日，有谌离国；步行可十余日，有夫甘都卢国；自夫甘都卢国船行可二月余，有黄支国。……自武帝以来皆献见，有译长属黄门，与应募者俱入海市明珠、璧、流离、奇石、异物，赍黄金、杂缯而往；所至国皆禀食为耦；蛮夷贾船，转送致之。

据考证,黄支国就是西印度的建志补罗国。官书中记行程详细如此,则当时南方海上交通的频繁,可推而知了。《后汉书·西域传》载,桓帝延熹九年(166):

　　　　大秦王安敦遣使自日南徼外献象牙、犀角、玳瑁,始乃一通焉。

"大秦"就是罗马,这是中国文献上所见中国与罗马交通的最早记载。原来在陆路上,中国与罗马间的商业为安息人所垄断,安息人阻断中国与罗马的交通(见《后汉书·西域传》),罗马对中国的交通就不得不改到海道;事实上这次交通乃是商业的交通,所谓"献",自是古代中国统治阶级自大的说法。

　　对于能制造生产工具和武器的铜、铁,汉政府曾经禁止运出,吕后时,"有司请禁粤关市铁器",赵佗因之叛汉,后来赵佗上文帝书述高后令说:"毋予蛮夷外粤金(铜)、铁、田器……"见《汉书·南粤传》。但《汉书·西域传》又说"自宛以西至安息国","不知铸铁器,及汉使、亡卒降,教铸作它兵器"。这话如尚可信,大概西域一带铁器的普遍使用,是受中国之赐的,这似乎也与通商有关。至于中国当时得到的对外贸易的好处,如《盐铁论·力耕》说:"夫中国一端之缦,得匈奴累金之物,而损敌国之用。是以骡驴馲驼,衔尾入塞;騨騱騵马,尽为我畜;鼲貂狐貉,采旃文罽,充于内府;而璧玉、珊瑚、琉璃,咸为国之宝;是则外国之物内流而利不外泄也。"虽然有许多都是奢侈品,但也有有用的东西,这种交易还是必需的。

四　秦汉时代的货币与物价

　　战国时代的货币是很复杂的,具见第一节所述。《汉书·食货志》说：

> 秦兼天下，币为二等：黄金以溢（镒）为名，上币；铜钱质
> 如周钱，文曰半两，重如其文；而珠、玉、龟、贝、银、锡之属，为
> 器饰、宝藏，不为币；然各随时而轻重无常。

吕思勉先生说："不为币，谓国家不以之为币；随时而轻重无常，则
谓民间仍通用之也；国家偏重金、铜，必由民间先偏重金、铜之故。
……"（《秦汉史》第十六章）大概秦以前珠、玉、龟、贝、银、锡之属
都曾作为货币使用（贝的作为货币是有明证的），到秦统一后，政
府把各种各式的货币完全废止，只行用黄金、铜钱二种，铜钱已经
是"铸币"了，黄金似乎只以重量计算，还不曾铸成定形的货币，像
波斯的"大流克"那样。战国时代的楚国曾有方形金块的制造（见
第一节），但似乎也还不是正式的铸形金币，到秦代"黄金以溢为
名"，似乎完全只以重量计算。

《食货志》又说：

> 汉兴，以为秦钱重，难用，更令民铸荚钱；黄金一斤。

汉初承战乱之后，生产破坏，政府财政困难，大概曾采取通货膨胀
政策，铸造小钱（《高后纪》：六年，"行五分钱"，应劭曰"所谓荚钱
者"），以代秦的"半两"大钱，所以引起物价的腾跃。但这里有两
个问题，需要研究：第一，上引文说"令民铸荚钱"，是令人民私铸
呢，是政府役使人民铸造呢，还是由官民两方铸造呢？第二，所谓
"黄金一斤"，文意似承上"铸"字，是否铸造一斤重的定形黄金货
币？关于第一个问题，本纪和志都载"除盗铸钱令"，可见以前是
禁民私铸钱文的，到这时废除禁令，听民私铸，大概当时政府人工
缺乏，征集民工又不易，所以暂时让人民铸钱。至于政府是否也自
铸钱文，看《高后纪》：二年，"行八铢钱"；六年，"行五分钱"；《文
帝纪》：五年，"更造四铢钱"，政府也自造，是无问题的，这样才能

收通货膨胀之效。关于第二个问题，考《汉书·武帝纪》：太始二年诏曰："……泰山见黄金，宜改故名，今更黄金为麟趾褭蹄，以协瑞焉。"颜师古注："既云宜改故名，又曰更黄金为麟趾褭蹄，是则旧金虽以斤两为名，而官有常形制，亦由今时吉字金挺之类矣。……今人往往于地中得马蹄金，金甚精好而形制巧妙。"案汉末三国时代又有所谓"饼金"，就是黄金铸成的饼，则汉代黄金虽以重量为名，可能是有一定形制的。不过这还不能算作正式的黄金铸币，因为主要还在重量的单位，如后世的金、银元宝，并不是以元宝为单位，而仍是以重量为单位的。

货币铸造权的不统一，必会发生币制紊乱的后果，《食货志》载贾谊说：

> 法使天下公得顾租铸铜锡为钱，敢杂以铅铁为它巧者，其罪黥；然铸钱之情，非殽杂为巧，则不可得赢，而殽之甚微，为利甚厚。……今令细民人操造币之势，各隐屏而铸作，因欲禁其厚利微奸，虽黥罪日报，其势不止。

> 又民用钱，郡县不同；或用轻钱，百加若干；或用重钱，平称不受。法钱不立，吏急而壹之乎？则大为烦苛，而力不能胜；纵而弗呵乎，则市肆异用，钱文大乱。

这种现象的出现，自是必然的事。同时吴王濞即章郡铜山铸钱，文帝又赐邓通蜀严道铜山，得自铸钱，于是"吴、邓钱布天下"，这样继续下去，会引致汉朝中央皇权的垮台，其形势很是危险，所以至景帝中六年，乃定铸钱、伪黄金弃市律。但此后币制仍不稳定。武帝建元元年，行三铢钱。五年，罢三铢钱，行半两钱。元狩四年，收银、锡造白金，及皮币以足用，并令县官销半两钱，更铸三铢钱，重如其文；盗铸诸金钱罪皆死。五年，始行五铢钱；此后又曾铸"官赤仄"钱，以一当五；最后各钱皆废，禁止郡国铸钱，专令上林三官铸五铢钱,币制始渐定。王莽时改易币制,定出"五物、六名、二十八品"等杂色货币,屡次改币,结果弄得币制大乱,招致失败(以上均见《汉书》纪、志、传)。因为钱币应当一律,种类不可太多,凡违反这个规律的,必致币制紊乱的恶果。东汉初公孙述曾废铜钱,置铁官钱,也弄得"货币不行"(见《后汉书·公孙述传》),这是因为铁钱价格太贱的缘故。"王莽乱后,货币杂用布帛金粟";光武建武十六年,恢复五铢钱(见《后汉书》本纪),终后汉一朝几无大变。

灵帝中平三年,曾铸"四出文钱"(本纪)。献帝初平元年,董卓坏五铢钱,更铸小钱(本纪),结果"货(币)贱物贵,谷石数万"(《董卓传》),又"钱无轮廓文章,不便人用"(同上);钱法从此大坏,货币经济衰落,而为实物经济所代替了(其根本原因是工、商业的衰落和战乱)。

黄金与铜钱的比价,在汉代大体是"黄金重一斤(约合今五分之一斤),直(值)钱万"(《汉书·食货志》)。西汉商业发达而集中,常有大量的贸易,黄金储量又多(如梁孝王死,"藏府余黄金尚四十余万斤",见《汉书》本传;王莽将败时,"省中黄金万斤者为一匮,尚有六十匮;黄门、钩盾、藏府、中尚方,处处各有数匮",亦见本传),使用起来是很惊人的(如汉武帝征匈奴,一次赏赐就用黄金数十万斤,见《汉书·食货志》)。后汉时商业开始转衰,黄金使用量大为减低,黄金即使不曾减少,但储藏一定比较分散,如董卓死时,他的郿坞中藏金也不过二三万斤而已(见《后汉书》本传)。

汉武帝及王莽时都曾用银为货币,但不久即废,中国银的产量本来较少,古代大概更少,其价约当黄金的四五分之一,例如:王莽时,"朱提(地名)银重八两为一流,值一千五百八十(钱);它银一流,值千(钱)"(《汉书·食货志》)。

物价最主要的是粮食价,战国时代的粮价,据《史记·货殖列传》引计然说："粜（每石）二十（钱），病农；九十，病末；上不过八十，下不减三十，则农末俱利。"《汉书·食货志》引李悝说："石三十（钱）。"案古一石约当今二斗，是战国时今量二斗的粮食中价约为五十钱，今量一石的中价约为二百五十钱。如假定战国时黄金一斤也值万钱，一斤为今三两左右，则今衡一两的黄金约值三千钱，可购粮食十余石，这与近代的粮价和金价的比例差不多。秦汉时代大概也相去不远。但秦汉时粮价颇有上落，最便宜的时候，如宣帝时"比年丰，谷石五钱"（《汉书》本纪）；最贵的时候，如汉初和王莽末都"米至石万钱"（《食货志》、《后汉书·第五伦传》注引《东观记》）；后汉安帝时"谷石万余"（《后汉书·庞参传》）；后汉初"黄金一斤，易豆五升"（《冯异传》），献帝时，"谷一斛五十万，豆麦一斛二十万"（本纪）。这些都是特殊的例子，可能还有夸大，其平价大概是每石数十钱，与战国时差不多（《汉书·食货志》载元帝时："齐地饥，谷石三百余。"这已是高价了）。但后汉的粮价似较前汉一般贵些，这是因为后汉生产比较衰落的缘故。

此外如丝和布帛价，据《九章算术》："今有丝一斤，价直二百四十；……价直三百四十五；……今有缣一丈，价直一百二十八；……今有布一匹，价直一百二十五；……今有素一匹一丈，价直六百二十五；……"（卷三）居延汉简："出广汉八稯布十九匹八寸大半寸，直四千三百廿。""贳卖九稯布三匹，匹三百三十三，凡直千。""出河内廿两帛八匹一丈三尺四寸大半寸，直二千九百七十八。"敦煌简："任城国亢父缣一匹，幅广二尺二寸，重廿五两，直钱六百一十八。"（按一匹为四丈。）盐价，据《后汉书·虞诩传》注引《续汉志》："诩始到（武都），谷石千，盐石八千；……视事三岁，米石八十，盐石四百。"则盐价约为米价的数倍。但武都是西北边郡，不产盐，产盐的处所盐价应较贱，便宜时可能和米价差不多，

《盐铁论·水旱》："故民得占租、鼓铸、煮盐之时，盐与五谷同贾。"
马价有时很贵，《汉书·武帝纪》"平牝马匹二十万"；《功臣表》（卷
一七）"（任当千）坐卖马一匹价钱十五万"。但有时则贱，居延汉
简："用马五匹，直二万。"牛价尚贱，居延汉简："服牛二，六千。"
"用牛二，直五千。"猪价更贱，《盐铁论·散不足》："夫一豕之肉，
得中年之收十五斗粟，当丁男半月之食。"车价，居延汉简："牛车
二两，直四千。""辎车一乘，直万。"奴隶价，王褒《僮约》"决价万
五千"；居延汉简"小奴二人，直三万"，"大婢一人，二万"。人工
价，《汉书·沟洫志》注引《律说》："平贾，一月得钱二千。"案汉时
"践更"（代兵役）的雇价也是每月二千钱；"过更"（代戍边）则为
三千。土地价高低很不等。《汉书·东方朔传》："酆镐之间，号为
土膏，其贾亩一金（合万钱）。"这是最好田的价格。居延汉简："田
五顷，五万。"这是劣田的价格。房屋价，居延汉简："宅一区，万。"
（以上简文均据《居延汉简考释》引）

以上所述的物价很不完全，不过聊示一斑而已。

五　秦汉时代都市的发展

秦汉时代手工业、商业高度发展，所以都市也随着更趋发展，
《盐铁论·力耕》说当时：

> 自京师东西南北，历山川，经郡国，诸殷富大都，无非街衢
> 五通，商贾之所臻，万物之所殖者。

区区几句话中，已可看出当时的都市发展情况了。同书又说：

> 宛、周、齐、鲁，商遍天下，故乃万贾之富，或累万金；追利
> 乘羡之所致也。（《力耕篇》）

> 燕之涿、蓟，赵之邯郸，魏之温、轵，韩之荥阳，齐之临淄，

楚之宛丘,郑之阳翟,二周之三川,富冠海内,皆为天下名都。
(《通有》)

《史记·货殖列传》记得更是详细,除京师长安外,称为"都会"的
地方很多,如邯郸、燕、临淄、陶、睢阳、吴、寿春、番禺、南阳等,可见
当时大都市的分布,是很普遍的。但繁富首推京师所在的关中地
区:

关中之地,于天下三分之一,而人众不过什三,然量其富,
什居其六。

当时的最大的都会实为京师长安,其次是齐国故都临淄,《汉书·
高五王传》说:

齐临淄十万户,市租千金,人众殷富,巨于长安。

人口比战国时增多三万户,大概以人口论,临淄还胜过长安。后汉
时首都洛阳,商业也极繁盛,《后汉书·王符传》说:

今察洛阳,资末业者,什于农夫;虚伪游手,什于末业。

通汉一代,商业都市确是极发展的。

最重要的还是应该考察一下当时都市中市场的情况,上引
《盐铁论》说,当时的大都市:"无非街衢五通,商贾之所臻,万物之
所殖者。"可见市场的繁华。当时所谓"市",是指一定的商场,中
国古时稍大的都市中,必有一处或几处商场,开店铺做买卖,只许
在这区域之内。当时最大的都市长安,据古书的记载,共有"九
市,其六在道西,三在道东"(《后汉书·班固传》注引《汉宫阙
疏》),在道西的六"市"称为"西市",在道东的三"市"称为"东
市",东西市各有"令长"管理,都属京兆尹。郡国的"市",也有
"市吏"、"市掾"和"市啬夫"等管理"市"政。军队驻扎区又有"军
市",以供军队的需要,由"军市令"管理。此外贵豪大家还有在私
第中立"市"的,见《汉书·元后传》。又"市"的存在,不一定在都

市中,凡人烟稠密的地方,就可成"市",如"(张楷)隐居弘农山中,学者随之,所居成市,后华阴山南,遂有公超(楷字)市"(《后汉书·张霸传》);"(张禹)迁下邳相,……邻郡贫者归之千余户,室庐相属,其下成市"(《后汉书,张禹传》)。

"市"内自然各种商业都有,但同业的商店似乎多聚设在一起。班固《西都赋》说:

> 九市开场,货别隧分。

注:"隧,列肆道也。"大概同业商店沿街分类列肆,这和后世的市街已差不多了。《汉书·游侠传》载:

> 长安炽盛,街闾各有豪侠,(万)章在城西柳市,号曰城西万子夏。……王尊为京兆尹,捕击豪侠,杀章及……酒市赵君都、贾子光。

"柳市"可能是贩卖柳条编造物的"市","酒市"自即卖酒的"市",依此类推,则各行同业商店,自多聚设于一处了。

因为同业商店多设于一处,所以如上节所述,当时可能已有行会一类的组织。《汉书·景十三王传》载:赵敬肃王"使使即县为贾人榷会,入多于国租税",注:"韦昭曰:平会两家买卖之贾者;榷者,禁他家,独王家得为之也。"这是贵族控制商行,因为其利益很大。《汉书·武帝纪》:元狩五年,"天下马少,平牡马匹二十万"。王莽变法,"诸司市常以四时中月,实定所掌,为物上、中、下之贾,各自用为其市平"(《汉书·食货志》)。《周官》"质剂",郑司农释为"若今时之市平",则汉代百物,官家本有平价之制,但实际效果如何,自然很成问题。

汉代商人有所谓"市籍",就是商业登记,有"市籍"便有租税,如临淄"市租千金",军市也有"军市之租"。这些事大概都归市令、市吏等官掌握。

因为"市"是当时商业经济的命脉,所以管理"市"政的官吏很有威权,如《汉书·尹翁归传》:"霍光秉政,诸霍在平阳,奴客持刀兵,入市斗变,吏不能禁,及翁归为市吏,莫敢犯者,公廉不受馈,百贾畏之。"《张敞传》敞守京兆尹:"长安市偷盗尤多,百贾苦之。……敞既视事,求问长安父老,偷盗酋长数人,居皆温厚,出从童骑,闾里以为长者。敞皆召见责问,因贳其罪,把其宿负,令致诸偷以自赎……一日捕得数百人,穷治所犯,或一人百余发,尽行法罚,由是枹鼓稀鸣,市无偷盗。"《何武传》:"武弟显家有市籍,租常不入,县数负其课,市啬夫求商捕辱显家。"《后汉书·祭遵传》:"(遵)从征河北,为军市令,舍中儿犯法,遵格杀之。"因为都市发达,人口集中,货物众多,所以有偷盗为患,管理"市"政的官,除收税外,对此自应特别注意。

根据《汉书·地理志》观察,当时商业较盛的区域,是:

(巴、蜀、广汉)南贾滇、楚,滇僰僮;西近邛、笮,笮马、旄牛。

(周地)巧伪趋利,贵财贱义,高富下贫,憙为商贾,不好仕宦。

(南阳)好商贾。

(鲁地)俗俭啬,爱财,趋商贾。

(粤地)处近海,多犀、象、毒冒、珠玑、银、铜、果、布之凑,中国往商贾者,多取富焉。

周、鲁、南阳为当时"天下"之中,人民富庶,所以商业特别繁盛。巴、蜀一带近西南夷,粤地近南海,可与外国交通,所以商业也盛。但齐地有大都市临淄,又自春秋以来,工商业已趋发达,在秦汉时代当也是个商业发达的区域(参看上引《盐铁论·力耕》文)。又《盐铁论·通有》说:"赵、中山带大河,纂四通神衢,当天下之蹊,商贾错于路，诸侯交于道，然民淫好末，侈靡而不务本。"则河北一带也是个商业区了。此外西北沿边对外贸易似也很盛，《后汉书·孔奋传》说"姑臧称为富邑，通货羌胡，市日四合；每居县者，不盈数月，辄至丰积"，可以为证。

当时商业比较不发达的区域，在今日最繁华的长江中下游一带，《汉书·地理志》说：

> 江南地广，或火耕水耨，民食鱼稻，以渔猎山伐为业，果蓏
> 蠃蛤，食物常足，故呰窳偷生而亡积聚，饮食还给，不忧冻饿，
> 亦亡千金之家。……本吴粤与楚接比，数相并兼，故民俗略
> 同。

这是因为长江中下游开发较晚，在秦汉时生产还很落后，所以商业不发达。然其地物产丰富，人民生活还是比较容易的。

六　秦汉政府的"抑末"政策

战国以来，手工业、商业交相影响地发展，使商业与手工业初步结合，那时的商人往往兼营手工业及其他企业，手工业企业家与商业经营者统称为"商人"。商人的势力逐渐扩大，企图侵入政治界；尤其是在经济上，商人利用高利贷剥削农民，乘农民的贫困，兼并农民的土地，使农民沦为他们的佃农、雇工或债务奴隶。商人们一般兼为地主，形成"商人地主"阶级，他们在经济上，不但压倒官僚地主，甚至威胁贵族地主，与地主政府争夺土地人民，这就使秦汉地主政府不得不施行一连串抵制商人的政策。

秦汉商人最使地主政府恐慌的，是他们利用高利贷兼并农民的土地，增加阶级矛盾（整个地主阶级与农民阶级的矛盾），以动摇地主政府的统治。所以在这里，我们应当先一叙当时高利贷发

展的情况。案《史记·货殖列传》以"子贷金钱千贯"为赢利最厚的事业之一,而无盐氏即以此"富埒关中"。《汉书·货殖传》载:

> 至成哀间,成都罗褒……訾致千余万;哀举其半,赂遗曲
> 阳、定陵侯,依其权力,赊贷郡国,人莫敢负。

这样商业高利贷者依靠贵族的权力以放债,贫苦的小民怎能逃脱他们的魔掌,在文帝的时候晁错已说农民:

> 当具有者半贾而卖,亡者取倍称之息,于是有卖田宅、鬻
> 子孙,以偿责(债)者矣。……此商人所以兼并农人,农人所
> 以流亡者也。(《汉书·食货志》)

所谓"卖田宅",就是农民出卖土地给高利贷者作产业;所谓"鬻子孙",就是农民出卖儿女为奴隶以偿债。这种情形是越来越厉害的,《后汉书·桓谭传》说:

> 今富商大贾多放钱货,中家子弟为之保役,趋走与臣仆等
> 勤,收税与封君比入。

商业高利贷者甚至使用许多走狗替他们服务,农民的破产遭殃,自然更加剧烈了。

商业高利贷者,不但剥削人民,甚至乘贵族之急就中取利,例如《史记·货殖列传》载:"吴楚七国兵起时,长安中列侯封君行从军旅,赍贷子钱,子钱家以为侯邑国在关东,关东成败未决,莫肯与,唯无盐氏出捐千金贷,其息什之,三月吴楚平,一岁之中,则无盐氏之息什倍,用此富埒关中。"政府也有向人民借贷的,如《后汉书·庞参传》载:"比年羌寇,特困陇右……官负人责数十亿万。"《顺帝纪》:永和六年,"诏假民有赀者户钱一千"。贵族和官府有政治势力,自可赖债,但多赖就不易借,所以当时商业高利贷者所得贵族和官府的利息,一定也很多。至于官府对人民放债自然也有,例如《汉书·元帝纪》:初元元年,"振业贫民赀不满千钱者,赋

贷种食"；永光四年，"诏……所贷贫民勿收责"。这是当作统治者的"惠政"来施行的，其实也是一种剥削。官僚们甚至拿公款放民债以取利，见《汉书·韩延寿传》、《后汉书·虞诩传》等，这种放债虽然犯法，但也是禁止不了的。

为了缓和阶级矛盾，巩固地主政府的统治，并从商人手里把土地人民夺回来，秦汉政府施行了许多抑商政策。当商鞅变法时已曾规定："僇力本业，耕织致粟帛多者，复其身；事末利（注"末利谓工商也"）及怠而贫者，举以为收孥（注"即纠举而收录其妻子没为官奴婢"）。"（《史记·商君列传》）秦始皇在琅邪刻石中明白表示他继承商鞅的办法，实行"上农除末"政策，其具体表现，如《汉书·晁错传》载晁错说：秦时谪戍，"先发吏有谪及赘婿、贾人，后以尝有市籍者，又后以大父母、父母尝有市籍者，后入闾取其左"。商人与有罪者和贱民（赘婿近奴隶，闾左贫民也是贱者）同列，须被谪发戍边，其抑商可谓很厉害了。因为商人在上古时本较普通平民地位低些，他们与手工业者同列于平民与奴隶之间，实为平民中之贱者，所以到秦汉抑商时代，他们的法律地位就很低了。但他们在社会上还是自由民的身份。

汉代继承秦代的政策，《史记·平准书》载：

> 天下已平，高祖乃令贾人不得衣丝乘车，重租税以困辱之。孝惠高后时，为天下初定，复弛商贾之律，然市井之子孙，亦不得仕宦为吏。

《汉书·高帝纪》也载：八年，"令……贾人毋得衣锦绣、绮縠、絺纻、罽，操兵、乘、骑马"。《汉书·贡禹传》载："孝文皇帝时……贾人、赘婿及吏坐臧者，皆禁锢不得为吏。"又当时有七科谪戍之法，"吏有罪一，亡命二，赘婿三，贾人四，故有市籍五，父母有市籍六，大父母有市籍七。"（见《汉书·武帝纪》注）"七科谪"中商人居其四科,与秦制大略相同。武帝和哀帝时又定贾人不得"名田"之法(见《食货志》及《哀帝纪》)。"不得衣丝乘车",是降低商人的礼数;"毋得……操兵,乘、骑马",是禁止商人掌握武器;"重租税"和"不得名田",是抑制商人兼并土地;"不得仕宦为吏",是不许商人侵入政治界;谪戍之法,更是压制商人最厉害的办法。这些办法主要还是继承了商鞅和秦始皇的"上农除末"政策,其精义是驱民去"末"归农,以缓和阶级矛盾,巩固地主政府的统治。

自战国以来,商人的势力确是已威胁到地主政府的统治了。所以秦统一后,除继续厉行"抑末"政策外,并"徙天下豪富于咸阳,十二万户"(《史记·秦始皇本纪》)。所谓"豪富"之中固多六国的贵族强宗,但商人也必不少。《史记·货殖列传》载:"蜀卓氏之先,赵人也,用铁冶富,秦破赵,迁卓氏";"程郑,山东迁虏也,亦冶铸,贾椎髻之民,富埒卓氏";"宛孔氏之先,梁人也,用铁冶为业,秦伐魏,迁孔氏南阳"。可见秦灭六国后,不但迁豪富十二万户于咸阳;其他富民被迁到各地的还很多。这是一面集中"豪富"于京城,以"强干弱枝"并便于控制,一面移徙分散"豪富"于各地,以绝反叛的根株。

汉代也继续秦代这种政策,《汉书·娄(刘)敬传》载,娄敬劝高祖说:"今陛下虽都关中,实少人,北近胡寇,东有六国强族,一日有变,陛下亦未得安枕而卧也。臣愿陛下徙齐诸田,楚昭、屈、景、燕、赵、韩、魏后及豪杰、名家,且实关中。……此强本弱末之术也。"高祖依从他,"乃使刘敬徙所言关中十余万口"。《汉书·地理志》说:"汉兴,立都长安,徙齐诸田,楚昭、屈、景及诸功臣家于长陵,后世世徙吏二千石,高訾富人及豪杰并兼之家于诸陵,盖亦以强干弱支,非独为奉山园也。"案《史记·货殖列传》载:"关中富商大贾,大抵尽诸田……"大概当时旧贵族(六国之后)实际上已有许多与商人合流，变成富商，这样势力就更大，汉代所迁诸家中，商人必占一个很大的数字。

通过上述各项政策以抵制商人，仍不能收得"重本抑末"的效果，我们只须看晁错的话，便可明白：

> 商贾大者积贮倍息，小者坐列贩卖；操其奇赢，日游都市；乘上之急，所卖必倍；故其男不耕耘，女不蚕织；衣必文采，食必粱肉；亡农夫之苦，有阡陌之得；因其富厚，交通王侯，力过吏势；以利相倾，千里游敖，冠盖相望；乘坚策肥，履丝曳缟。（《汉书·食货志》）

看这段话，可见汉朝所定商人不得衣丝乘车等法令都是具文，实际上是："今法律贱商人，商人已富贵矣；尊农夫，农夫已贫贱矣。"（同上）

商人的势力越来越大，如果不加以巨大的打击，整个地主阶级对农民阶级的矛盾将无法缓和，地主政府的统治就无法维持下去，所以在汉武帝和王莽两个时代，地主政府便给予商人以较彻底的打击。

汉武帝时："网疏而民富，役财骄溢，或至兼并，豪党之徒，以武断于乡曲。"（《史记·平准书》）商人兼并土地已到相当严重的程度，再加以国家财政困难，于是汉武帝就任用"言利之臣"，实行全面的抑商和搜括政策。据《史记·平准书》、《汉书·武帝纪》，其政策重要的有七项：一、收管盐铁，禁民"私铸铁器，鬻盐"，犯者"钛左趾，没入其器物"。二、榷酒酤，"县官自酤榷卖酒，小民不复得酤"（昭帝时罢）。三、收铸币权，"盗铸诸金、钱罪皆死"，"悉禁郡国毋铸钱，专令上林三官铸，钱既多，而令天下非三官钱不得行"。四、均输，"令远方各以其物贵时，商贾所转贩者为赋，而相灌输"。五、平准，"置平准于京师，都受天下委输……大农之诸官尽笼天下之货物,贵即卖之,贱则买之",使"富商大贾,无所牟大利,则反本,而万物不得腾踊"。六、算缗钱舟车,"诸贾人、末作、贳贷、卖买、居邑、稽诸物及商以取利者,虽无市籍,各以其物自占,率缗钱二千而一算;诸作有租及铸,率缗钱四千一算";"非吏比者,三老、北边骑士,轺车以一算;商贾人轺车二算;船五丈以上一算";"匿不自占,占不悉,戍边一岁,没入缗钱;有能告者,以其半畀之"。七、禁商人名田,"贾人有市籍者及其家属,皆无得籍名田,以便农;敢犯令,没入田、僮"。一、二、三三项,是收商人企业家所经营获利最厚的事业于政府;四、五两项是由政府控制垄断商业;第六项是严格征收工商财产税;第七项是禁止商人兼并土地;而"告缗"令尤其严酷,《史记·平准书》说:"杨可告缗遍天下……乃分遣……即治郡国缗钱,得民财物以亿计,奴婢以千万数,田大县数百顷,小县百余顷,宅亦如之,于是商贾中家以上大率破。"这是汉代商人第一次受到的真正大打击。

西汉末年,阶级矛盾更尖锐化,王莽变法,也定有打击商人的严厉办法。除实行"王田"政策,禁止土田、奴婢买卖,以抑制商人等兼并外,又施行"五均六筦"的政策(据《汉书·食货志》),所谓"五均"是:"于长安及五都立五均官……皆置交易丞五人,钱府丞一人,工商能采金银铜连锡登龟取贝者,皆自占司市钱府,顺时气而取之。"这是设官以控制工商。"诸司市常以四时中月,实定所掌,为物上中下之贾,各自用为其市平,毋拘它所。众民买卖五谷、布帛、丝绵之物,周于民用而不雠者,均官有以考检厥实,用其本贾取之,毋令折钱;万物卬贵,过平一钱,则以平贾卖与民,其贾氏贱,减平者,听民自相与市;以防贵庾者。"这是由政府控制物价,以禁商人抬价。又:"诸取众物:鸟兽、鱼鳖、百虫于山林、水泽,及畜牧者;嫔妇桑蚕、织纴、纺绩、补缝;工匠、医、巫、卜、祝及它方技;商贩、贾人、坐肆列里区谒舍：皆各自占所为于其在所之县官，除其本，计其利，十一分之，而以其一为贡；敢不自占，自占不以实者，尽没入所采取，而作县官一岁。""民欲祭祀、丧纪而无用者，钱府以所入工商之贡但赊之，祭祀毋过旬日，丧纪毋过三月；民或乏绝，欲贷以治产业者，均受之，除其费，计所得受息，毋过岁什一。"这是收取各业营业税，作为官本，由官放债，以抑制商业高利贷。所谓"六筦"，就是由政府官营盐、酒、铁、名山大泽、五均赊贷、铁布铜冶六样大事业，不许商人等私营。这是从根本上抑制商人的经济势力。总之，王莽的各项办法，都对于商人非常不利，商人自然受到巨大打击，所以反抗很厉害，王莽末年的农民起义，商人也参加了，结果王莽的性命就送在一个商人杜吴之手（见《汉书·王莽传》）。

商人势力虽经汉武帝和王莽两度大打击，加以王莽末年以后，农村经济逐渐崩溃，商业也渐趋衰落，但商人的余势仍很嚣张，所以后汉时代仍有抑商之议，如桓谭曾提议："今可令诸商贾自相纠告，若非身力所得，皆以臧界告者，如此则专役一己，不敢以货与人，事寡力弱，必归功田亩。"（《后汉书·桓谭传》）这是因为那时商业资金多转向高利贷，破坏农村经济更甚，所以出现这种提议。光武帝大概有鉴于王莽，不曾如议实行，商业高利贷者终后汉一朝，势力都是很大的。

汉武帝和王莽虽然打击商人，但他们所用以打击商人的仍是商人，如汉武帝时代的大司农桑弘羊本是"洛阳贾人之子"，大农丞东郭咸阳是"齐之大鬻盐"，孔仅是"南阳大冶"，他们当权后，"除故盐铁家富者为吏，吏益多贾人"；《盐铁论·除狭》说"富者以财贾官"。王莽时代的督"五均"、"六筦"者，"皆用富贾"，以洛阳薛子仲、张长叔与临淄姓伟等大商人"乘传求利，交错天下"。这是因为商人的底细和打算,只有商人知道,要打击一般商人,就非重用几个商人不可,而且做了官的商人已失去商人的资格,变成官僚了;然而商人不得做官的禁令,却因此稍被破坏。同时商人更容易与官府交通,如《汉书·张汤传》载武帝问张汤说:"吾所为贾人辄知,益居其物,是类有以吾谋告之者。"当时官吏与商人狼狈为奸的情况,可见一斑。

尊崇个别商人的例子,秦代已有,如秦始皇曾令商人企业家乌氏倮"比封君,以时与列臣朝请";又以擅丹穴之利而致富的巴蜀寡妇清为贞女"而客之,为筑女怀清台"(均见《史记·货殖列传》)。这种举动的用意,似出于奖励生产(畜牧和矿穴都是生产事业)。但秦代的基本政策仍是"上农除末",并未改变(《史记·留侯世家》:"沛公欲以兵二万人击秦峣下军,良说曰:秦兵尚强,未可轻;臣闻其将屠者子贾竖,易动以利;……令郦食其持重宝啖秦将,秦将果畔……"则秦代商人也有为大将的,这似是例外的事,与吕不韦的为相差不多,也可能是因军功而上升的)。

汉代官僚士夫虽轻视商人,不屑与他们为伍,但也有官僚士夫经营商业、企业的,如《盐铁论·救匮》说:"方今公卿大夫子孙诚能……内无事乎市列,外无事乎山泽;农夫有所施其功,女工有所粥其业。……"又如《汉书·杨恽传》载恽说:"方籴贱贩贵,逐什一之利。"《后汉书·第五伦传》载第五伦曾"载盐往来太原、上党"。《崔骃传》载崔实穷困,"以酤酿贩鬻为业"。《逸民传》载王君公"侩牛自隐"。这些人的经商自然都有特殊原因,但如上所引《盐铁论》文,及《汉书·贡禹传》的记载"(禹)欲令近臣自诸曹侍中以上家,无得私贩卖,与民争利":可见汉代官僚士夫之家确多经商的。《三辅黄图》(《艺文类聚》引,据《经训堂丛书》《三辅黄图补遗》)又载:"诸生朔望会且市,各持其郡所出货物,及经传、书记、笙磬、乐器，相与买卖。"连儒生都做起买卖来，足见汉朝虽然贱商，但利之所在，就连官僚、士夫、学生都羡慕而实行经商了。

后汉时盐铁官皆属郡县，郡县出盐多的置盐官，主收盐税；出铁多的置铁官，主管鼓铸。《后汉书·和帝纪》："诏曰：……先帝即位……复收盐铁……遗戒郡国，罢盐铁之禁，纵民煮铸，入税县官，如故事。……"后汉盐铁情况究竟怎样，虽不易明了，但事实上后汉时盐铁至少半由官府控制，商人经营盐铁业必不能像武帝以前那样自由，所以后汉商业资金似不及前汉集中，后汉商业资金似多转向高利贷，这说明手工业、商业已开始衰落了。秦汉商人虽受地主政府的压抑，但商人既兼地主，就已列入统治阶级范围之内，就大处说来，他们的利害还是与地主政府一致的，所以除秦末和王莽末的大起义中可能有些商人参加外，一般说，商人是不参加农民起义的。至于普通的手工业者，就很可能参加农民起义。尤其是所谓"铁官徒"，生活很苦，曾单独起义，见《汉书·成帝纪》（阳朔三年，"夏六月，颍川铁官徒申屠圣等百八十人，杀长吏，盗库兵，自称将军，经历九郡，遣丞相……逐捕，以军兴从事，皆伏辜"。永始三年，"十二月，山阳铁官徒苏令等二百二十八人攻杀长吏，盗库兵，自称将军，经历郡国十九，杀东郡太守、汝南都尉。……汝南太守严诉捕斩令等"。"郡国十九"，《天文志》、《五行志》均作"郡国四十余"）。

第三篇

魏晋南北朝时代的手工业与商业

一 家庭手工业及其他手工业与技巧的发展

在封建社会,自然经济总是占统治地位的,但自然经济成分的强弱,在封建社会的各个阶段,却不完全相同。中国的魏晋南北朝时代,由于秦汉以来,商业高利贷的横行,加以统治阶级的严重剥削和频繁的战乱,农村经济渐被破坏,流人众多,农民破产,购买力减弱,这使繁荣一时的商业趋于衰颓,发展有限的商品经济不能不大部分让位于自然经济。到了汉末,自然经济已淹没了差不多整个的商品经济,呈现出某些退步现象。

在商业逐渐衰落,自然经济逐渐发展的过程中,那过去与商业相结合的手工企业,如盐、铁、酒、采矿等业都跟着衰落,后汉的统治者虽部分开放这些事业,听人民经营,但仍不能促使商业与手工业企业复兴,结果商业资本大部分只与高利贷结合投向土地,地主经济因此大为发展,正式的封建庄园制度逐渐萌芽,农村日趋庄园化的结果,使手工业与农业强固结合起来,形成庄园经济的生产条件。

与农业强固结合的手工业,只有可能是家庭手工业,换句话说,就是以家庭纺织业为主的手工业。从后汉以来,纺织业是有显著的发展的,这只须看后汉皇帝和贵族的赏赐、赠送的物品,就可知道。那时候皇帝的赏赐,动不动就是布帛几万匹,如光武帝赐卢芳"缯二万匹"(见《后汉书·卢芳传》),赐樊宏"布万匹"(见《樊宏传》),赐南匈奴"缯布万匹,絮万斤"(见《南匈奴传》),明帝赐东平宪王苍"布十万匹"、"布二十五万匹"、"布四万匹",章帝又赐他"布九万匹"(均见《东平宪王苍传》),章帝赐阜陵质王延"布万匹"(见《阜陵质王延传》),邓皇后赐其家"布三万匹"(见《邓皇后纪》),桓帝赐匽皇后"布四万匹"(见《匽皇后纪》),梁皇后赐梁商"布万匹"(见《梁统传》)。此外赐赠布帛数千匹、千匹的记载也很多。《后汉书·中山简王焉传》说:"自中兴至和帝时,皇子始封薨者,皆赙钱三千万,布三万匹;嗣王薨,赙钱千万,布万匹。"《济北惠王寿传》说:"自永初已后,戎狄叛乱,国用不足,始封王薨,减赙钱为千万,布万匹;嗣王薨,五百万,布五千匹。"像这样多的布帛赐与,如没有极盛的纺织业供应,是不可想象的。以上所举的布帛,虽不完全出自家庭手工业,但在古代,纺织业总是以家庭手工业为基础的。

我们再看当时剥削对象的转变:汉代朝廷对农民的剥削,除田租、徭役外,本有所谓"口钱"与"算赋"等人头税,是收钱的;到汉末币制破坏,货币不行,流行实物,曹操就开始建立"户调"制,改人头税为户口税,征收布帛之类。他于略定河北后,建安九年(204)下令:

> 其收田租亩四升,户出绢二匹,绵二斤。(《三国志·魏书·武帝纪》注引《魏书》)

这是户调制的正式开始。晋武帝统一后,颁布"占田法",同时也把曹魏以来的户调制法定化。按照西晋的规定:丁男(十六至六十岁)一户,每年纳绢三匹,绵三斤;丁女及次丁男(十三至十五岁,六十一至六十五岁)立户减半数。边郡只纳三分之二,更远的边郡纳三分之一,夷人每户每年纳"賨布"一匹,远地或纳一丈(见《晋书·食货志》)。从此以后,直到唐代,剥削布帛的户调制,是不断遵行的。这种剥削,建立在农业和家庭手工业强固结合的庄园化农村经济之上,一定要有相当发展的家庭纺织业,这种剥削才有可能。

后汉的纺织业,较前汉进步,在古文献上还有些证据,如传为西汉人所作的《九章算术》卷三载:"今有女子善织,日自倍,五日织五尺,问日织几何?答曰:初日织一寸三十一分寸之十九,次日织三寸三十一分寸之七,次日织六寸三十一分寸之十四,次日织一尺二寸三十一分寸之二十八,次日织二尺五寸三十一分寸之二十五。"这是说一个初学纺织的妇女,到第五天她的纺织技能熟练以后,最高的生产量是每天二尺五寸多,假定她的技能进至更熟练的阶段,每天的生产量,大概也不能超过五尺。到了后汉时期,《太平御览》卷八二六《织》引《古艳歌》云:"为君作妻,中心恻悲;夜夜织作,不得下机;三日载匹,尚言吾迟。"一匹是四丈,三天成匹,一天可以织一丈三尺余。案北魏(?)张丘建《算经》卷上载:"今有女善织,日益功,疾,初日织五尺,今一月日织九匹三丈,问日益几何?答曰:五寸二十九分寸之十五。"又载:"今有女子不善织,日减功,迟,初日织五尺,末日织一尺,今三十日织讫,问织几何?答曰:二匹一丈。"九匹三丈,合三百九十尺,以三十天平均计算,一天可织一丈三尺,这似是当时纺织生产的最高纪录;二匹一丈,合九十尺,以三十天平均计算,一天可织三尺,这似是当时纺织生产的低纪录了。到了隋唐时代,据《隋书·地理志》载:"豫章……一年蚕四五熟,勤于纺绩,亦有夜浣纱而旦成布者,俗呼为鸡鸣布。"唐王建《当窗织》诗:"贫家女为富家织……两日催成一匹半。"

（《全唐诗》王建二）这些记载即使有夸大，但隋唐时代的纺织技术自可能比汉魏更进步。至于有些诗歌，如焦仲卿妻诗等的记载，过于夸大，自不可信（这一段采用王仲荦先生的说法）。

在纺织业进步的过程中，纺织机也改善了。《三国志·魏书·杜夔传》注引傅玄《马钧传序》说：

> （钧）居贫，乃思绫机之变，不言而世人知其巧矣。旧绫机五十综者五十蹑，六十综者六十蹑，先生患其丧功费日，乃皆易以十二蹑。其奇文异变，因感而作者，犹自然之成形，阴阳之无穷。

马钧是三国时人，从此以后，纺织业的生产工具当有所改善，但改善到什么程度，改善得普遍不普遍，现在无从详考。看南北朝时人描写织妇的诗："调丝时绕腕，易镊乍牵衣；鸣梭逐动钏，红妆映落晖。"（梁简文帝，《乐府诗集》卷三十五）"数镊经无乱，新浆纬易牵。"（徐陵，同上）可见那时纺织技术的一斑。

当时纺织业最发达的地方，似乎是河北、河南、山东与四川，左思赋说：

> 锦绣襄邑，罗绮朝歌，绵纩房子，缣总清河。（《魏都赋》，《文选》卷六）

> 阛阓之里，伎巧之家；百室离房，机杼相和；贝锦斐成，濯色江波；黄润比筒，籝金所过。（《蜀都赋》，同上卷四）

石崇《奴券》也说"常山细缣，赵国之编"、"许昌之总，沙房之绵"（《全晋文》卷三三）。北齐中尚方领有定州绸绫局（见《隋书·百官志》）。《后汉书·左慈传》载曹操说："吾前遣人到蜀买锦。"《太平御览》卷八一五《锦》引《丹阳记》："江东历代尚未有锦，而成都独称妙，故三国时，魏则布（市）于蜀，而吴亦资西道。"《隋书·地理志》："（蜀）人多工巧，绫锦雕镂之妙，殆侔于上国。"东南一带的纺织业还不及北方,《宋书·周朗传》"自淮以北,万匹(布帛)为市;从江以南,千斛(谷米)为货"可证。

在农村里,农民为了在严重的封建剥削下挣扎生活,耕男织妇必须把衣食两项生产结合起来,减缩消费,避免购买,才能勉强活下去,但这样的生产条件,就形成了自给自足的庄园化的农村经济。

这时候丝制品衣料很贵,《南齐书·王敬则传》:"昔晋氏初迁,江左草创,绢布所直,十倍于今。"后来南方纺织业虽渐发展,但价格仍贵。《宋书·孔琳之传》载琳之奏说:"绵绢既贵,蚕业者滋,虽勤厉兼倍,而贵犹不息。"因为这时中国还很少棉花,单凭丝绵,自然不够用。案:《尚书·禹贡·扬州》"厥篚织贝",蔡传:"今南夷木棉之精好者,亦谓之吉贝。"《南史·林邑传》说:"古(吉)贝者,树名也,其华成时如鹅毳,抽其绪纺之以作布,布与纻布不殊;亦染成五色。"是六朝以前,中国人已知的大致只是木棉而不是草棉,木棉不及草棉,使用不能很广。《旧唐书·南蛮传·婆利国》说:"有古(吉)贝草,缉其花以作布,粗者名古贝,细者名白氎。"大概到唐时才知有草棉。《陈书·姚察传》载:"有私门生,不敢厚饷,止送南布一端,花练一匹;察谓之曰:'吾所衣着,止是麻布、蒲练,此物于吾无用。'……"所谓"南布"似为棉布(木棉或草棉所织的布)。白居易《新制布裘》诗云"桂布白似雪"(《全唐诗》白居易一)。所谓"桂布"(桂地所出),大概也是棉布。总之,唐以前中国虽已有木棉和草棉,但偏行于南方,流传未广,大体说来,棉花、棉布,是宋元以后才有的。棉花行用以后,才有代替丝绵的东西;棉布行用以后,才有代替丝绸、麻、葛布的东西。在唐以前,无论木棉或草棉,进入中国纺织业的成分,至少是不多的。

纺织业作坊,在这时期,除官府手工业外,恐怕是极少的。

《北史·樊逊传》载河东樊仲"以造毡为业"。《毕义云传》载御史中丞毕义云"私藏工匠，家有十余机织锦"，这些例子毕竟不多。

官府纺织业自然继续存在，但多是供给奢侈品的。如《三国志·魏书·高贵乡公髦传》："罢尚方御府百工技巧靡丽无益之物。"《魏书·高祖纪》：太和十一年（487）十一月，"诏罢尚方锦绣绫罗之工"，"其御府衣服，金银珠玉，绫罗锦绣，太官杂器，太仆乘具，内库弓矢，出其大半。……"《周书·武帝纪》：天和六年（571）九月，"省掖庭四夷乐，后宫罗绮工人五百余人"。这类纺织业对于民生无甚实用，而且也不是当时的主要纺织业（主要纺织业是民间的家庭纺织业），叙述从略了。

纺织业是当时的主要手工业，已如上述。但其他的手工业，也应一述。比较重要的是冶金业，自从后汉时杜诗造作水排以冶铁，后来又有马排，《三国志·魏书·韩暨传》载："（太祖平荆州后）徙监冶谒者。旧时冶，作马排（为排以吹炭），每一熟石用马百匹；更作人排，又费功力；暨乃因长流为水排，计其利益，三倍于前。在职七年，器用充实，制书褒叹。"足见用水排吹炭，是当时冶金的最好法门，马排、人排都不及它。《水经·谷水注》："（白起垒）侧旧有坞，故治宫（冶官）所在，魏晋之日，引谷水为水治（冶），以经国用，遗迹尚有。"（卷一六）《太平御览》卷八三三《冶》引《武昌记》："北济湖，本是新兴冶塘湖，元嘉初，发水冶，水冶者，以水排。"《安阳县志》卷五《铜山》下引《水冶旧经》："后魏时，引水鼓炉，名水冶，仆射高隆之监造，深一尺，阔一步半。"可见魏晋南北朝时代，用水排冶金的方法，是相当被行用的。又以前的铁器大概多是铸铁，质地粗脆，到魏晋以后，锻铁的方法逐渐提高普及了。《太平御览》卷三八九《嗜好》引《文士传》："嵇康性绝巧，好锻，家有盛柳树，乃激水圜之，夏天甚凉，恒居其下自锻，有人就者，康不受其直。"《南齐书·戴僧静传》载:"(陈胤叔)启世祖,以锻箭镞用铁多,不如铸作,东冶令张候伯以铸镞钝,不合用,事不行。"《魏书·食货志》:"其铸铁为农器、兵刃,在所有之。"从上述的记载观察,可知魏晋南北朝时,冶金尤其是冶铁的技术是有进步的,这对于提高封建社会的生产力很起作用。

这时候的钢铁器是很精工的,《文选》卷二五载晋刘琨重赠卢谌诗:"何意百炼刚(钢),化为绕指柔。"《太平御览》卷六六五《剑解》引陶隐居(弘景)说:"作刚(钢)朴是上虞谢平,凿镂装治是石(右)尚方师黄文庆,并是中国绝手,以齐建武元年甲戌岁八月十九日辛酉建于茅山,造至梁天监四年乙酉岁,敕令造刀剑形供御用,穷极精功,奇丽绝世。别有横法刚(钢),公家自作百炼。……"

至于冶金业分布的地区,当然很广,大体南方以长江下游一带为盛,北方以相州(河北临漳县)一带为著。此外金银制造业尚有一定进步。

然而采矿业在这时却很衰落,无甚可述,请参看吕思勉先生《两晋南北朝史》第二十章第一节。其原因似乎是资金和人工的缺乏。因为采矿业衰落,所以当时铜铁很少,影响工业,参看吕著同章第二节(《宋书·武帝纪》下:"禁丧事用铜钉。"《南齐书·高帝纪》下:"后宫器物、栏槛以铜为饰者,皆改用铁。"可见当时铜的缺乏,铁则较多)。

陶瓷业这时稍有发展。瓷器始于何时,尚待研究,但汉时已有极粗糙的瓷器,近来常有出土。魏晋南北朝时代,瓷器渐进步,有所谓"缥瓷",是青绿带白色的,近来出土很多。且有他种鲜艳颜色的瓷器出土,已下开唐瓷的盛况了。

魏晋南北朝时,民间的手工业普遍衰落,除家庭纺织业外,一般工业多由官府垄断着。官府工业机关大都属于卫尉、少府等官，此外还有将作大匠等工业官。官府工业的经营，多以罪人作主要劳动者，这是一种奴隶式的生产（南北朝时人有"耕当问奴，织当访婢"一类俗语，可见当时私人的奴隶也有从事手工业生产的）。罪犯及奴隶工人外，自然还有"自由"工人，他们的职业常是世袭的，不能自由迁业，尤其不能读书"上进"。《魏书·世祖纪》载太平真君五年（444）诏说：

> 其百工伎巧骑卒子息，当习其父兄所业，不听私立学校，违者师身死，主人门诛。

这种规定，严格地显示出封建等级制的精神来（《魏书·高宗纪》又载和平四年〔463〕诏说："今制皇族、师傅、王公、侯伯及士民之家，不得与百工伎巧、卑姓为婚，犯者加罪。"也可见工匠身份的低下）。又那时的工匠往往被官府所独占，自由营业恐怕很受限制。据记载：

> （天兴元年）徙山东六州民吏及徒何、高丽杂夷三十六万，百工伎巧十万余口，以充京师。（《魏书·太祖纪》）

> （太平真君五年正月）戊申，诏曰：……自王公已下至于庶人，有私养沙门师巫及金银工巧之人在其家者，皆遣诣官曹，不得容匿；限今年二月十五日；过期不出，师巫沙门身死，主人门诛。（《魏书·世祖纪》）

> （太平真君七年三月）诏：……徙长安城工巧二千家于京师。（同上）

《北史·毕义云传》载毕氏以私藏工匠获罪：可见至少在北朝，官府独占工匠，私人藏匿工匠是犯法的。但事实上私人工场并不曾完全绝迹，工匠甚至有以财力得势的，如北周染工王神欢，就是一个例子（见《北史·卢恺传》"时染工王神欢者，以赂自进，冢宰宇文护擢为计部下大夫")。至比较自由的小手工业者,自然也有,如《宋书·郭世道传》"家贫无产业,佣力以养继母"("佣力"于手工业或农业不详)。"子原平……性闲木功,佣赁以给供养;性谦虚,每为人作匠,取散夫价。"《吴逵传》:"昼则庸赁,夜则伐木烧砖。"《王彭传》:"兄弟二人,昼则佣力……"这些当都是自由雇工。又《南齐书·王谌传》:"谌少贫,尝自纺绩。"这似是自营的小手工业者。(案当时的陶瓷等手工业似乎多是民营的。)

魏晋南北朝时,在工业上有许多发明创造,这自与当时的实际需要和封建统治阶级的奢侈需要分不开,而秦汉以来对外交通的发展,西方的技巧传入中国,也起了些刺激作用。从东汉时代起,工业发明不断出现,有许多大发明家,最有名的如曹魏的扶风人马钧,根据记载,他曾发明新绫机(已见上),并制作指南车,作翻车以水灌圃,甚至能令木人击鼓、吹箫、跳丸、掷剑。他曾见诸葛亮连弩,说:"巧则巧矣,未尽善也。"认为"作之,可令加五倍"。又想造新发石机攻城,"作一轮,县(悬)大石数十,以机鼓轮为常,则以断县(悬)石,飞击敌城","尝试以车轮县(悬)瓴甓数十,飞之数百步矣",但"不典工官,巧无益于世"(《三国志·魏书·杜夔传》引傅玄《马钧传序》)。此外,《三国志·魏书·张既传》有"作水碓"的记载(水碓之制汉代已有,《全后汉文》卷一五载桓谭《新论》说:"又复设机关,用驴骡牛马及役水而春,其利乃且百倍。"《后汉书·西羌传》载虞诩奏:"雍州之域……水春河漕……"《广韵》去声十八"碓"字下注"《通俗文》云:水碓曰辒车;……孔融论曰:水碓之巧,胜于圣人之断木掘地");此后水碓遂盛行,如《晋书·石崇传》:"水碓三十余区。"《刘颂传》:"(河内)郡界多公主水碓……"魏明帝曾令"引谷水过九龙殿,前为玉井、绮栏,蟾蜍含受,神龙吐出;使博士马均(即马钧)作司南车,水转百戏"(见《三国志·魏书·明帝纪》注引《魏略》）。蜀汉诸葛亮曾"损益连弩,谓之元戎,以铁为矢,矢长八寸,一弩十矢俱发",又"作木牛流马",以运输军粮（均见《三国志·蜀书·诸葛亮传》及注）。又有李譔,也能对于"弓弩机械之巧""致思"（见《三国志·蜀书·李譔传》）。孙吴则有张奋"年二十,造作攻城大攻车"（见《三国志·吴书·张昭传》）。又"葛衡,字思真,明达天官,能为机巧,作浑天,使地居于中,以机动之,天转而地止,以上应晷度"（见《三国志·吴书·赵达传》注引《晋阳秋》）。

　　石虎有指南车及司里车,又有舂车木人,"行十里,成米一斛";更有磨车,"行十里,磨麦一斛"（见《邺中记》）。南齐范阳人祖冲之更为有名,《齐书》本传说:"初,宋武平关中,得姚兴指南车,有外形而无机巧,每行,使人于内转之。升明中,太祖辅政,使冲之追修古法,冲之改造铜机,圆转不穷,而司方如一,马钧以来未有也。""永明中,竟陵王子良好古,冲之造欹器,献之。""以诸葛亮有木牛流马,乃造一器,不因风水,施机自运,不劳人力。又造千里船,于新亭江试之,日行百余里。于乐游苑造水碓磨,世祖亲自临视。"（案:晋杜预曾作连机碓,刘景宣能使一牛转八磨之重。这也都是重要的发明。）"建武中,明帝使冲之巡行四方,兴造大业可以利百姓者;会连有军事,事竟不行。"《南史》本传说:"（冲之子）暅之,少传家业,究极精微,亦有巧思,入神之妙,般、锤无以过也。""暅之子皓……少传家业。"祖氏三代都是发明家。

　　《南史·齐本纪》载:"（东昏侯）始欲骑马,未习其事,俞灵韵为作木马,人在其中,行动进退,随意所适,其后遂为善骑。"《陈书·长沙王叔坚传》载:"刻木为偶人,衣以道士之服,施机关,能拜跪。"《徐世谱传》载:"世谱乃别造楼船、拍舰、火舫、水车,以益军势。""世谱性机巧,谙解旧法,所造器械,并随机损益,妙思出人。"《魏书·术艺传》载:"高祖时,青州刺史侯文和,亦以巧闻,为要舟,水中立射。"《北齐书·方伎传》载:"綦母怀文……造宿铁刀,其法:烧生铁精,以重柔铤,数宿则成刚,以柔铁为刀脊,浴以五牲之溺,淬以五牲之脂,斩甲过三十札,今襄国冶家所铸宿柔铤,乃其遗法,作刀犹甚快利,但不能截三十札也。"此外制造战争利器的人还有,姑不多述。

《魏书·西域传》载:"世祖时,其国(大月氏)人商贩京师,自云能铸石为五色琉璃,于是采矿山中,于京师铸之,既成,光泽乃美于西方来者。……自此中国琉璃遂贱,人不复珍之。"《北史·艺术传》载:"时(南北朝、隋)中国久绝琉璃作,匠人无敢措意,(何)稠以绿瓷为之,与真不异。"琉璃与瓷釉很有关系,琉璃的仿制,对于瓷器工艺的推进,是很起作用的。

魏晋南北朝时代,工业技术发明虽多,但多作"奇器"和兵器,与一般民间日用品关系甚少,所以其传不广,而且对于生产所起的作用不大。这类发明往往徒供封建统治阶级奢侈和游戏之用,或用以杀人,统治阶级的兴趣一过去,战争一停止,这类发明就逐渐失传了,这是很可惜的! 如马钧、祖冲之等能特别注意到生产事业,注意到人民生活,使他们的发明和生产与人民生活连结起来,则他们的贡献必定更大,在历史上的地位也必然更高了。(在古代春秋战国时的公输般、墨翟,传说都有机械性制造的发明;王莽时代,据说也有这类发明。但其详细情况不明,而且传说也似不很可靠,附记于此,以供参考。)

在上述的诸发明中,只有马钧的新绫机、翻车(水车),祖冲之等的水碓磨等,在生产上可以有贡献,对后世可能有些影响,但影响究竟大到什么程度,也缺乏说明的材料。齐明帝使祖冲之"兴造大业可以利百姓者",事如实行,一定对人民生产能起作用,可惜阻于军事，不克实行，这是中国历史上的很大的损失！至于诸葛亮的"木牛流马"，祖冲之的"千里船"等，以及马、祖二氏所造的指南车等，尚有用处，可惜都失传了。但是后来中国在航海上首先应用指南针，不能说没有马、祖等人的影响在内。何稠的以绿瓷造琉璃，对于中国的瓷器工业，也必有影响，可惜其详细情况也考查不出。总之，这些发明虽说对人民生产和生活所起的作用不很大，但也不能说全无影响。

手工业本应当与商业相配合，手工业只有在与商业配合的条件下，在阶级社会才能起推进经济的作用，如从低级奴隶制进入发展奴隶制的时候，就很依赖手工业与商业结合的商品生产条件。又在封建社会中，手工业与商业资本结合，才能萌芽资本主义生产因素。如手工业不与商业结合而与农业结合，在奴隶制时代，一定会强化原始社会经济的残余，而阻碍奴隶制的发展，如古代东方各国，就是这样。在封建制时代，这种条件一定会强化庄园经济，而阻碍资本主义生产因素的萌芽和发展，如中古和近古时代的中国，就是这样。在魏晋南北朝时代，一般说，手工业是与农业强固结合的，至少可以说主要的手工业与农业结合，而不与农业分工，这使得商业资本只与封建经济相结合，或转化为高利贷资本以兼并土地，加强地主经济的发展，这就使资本主义生产方式迟迟不能诞生，而只能在近古时代产生些资本主义的幼芽。中国封建社会的长期阻滞，其主要原因当从这里来探求。

二　商业的中衰及其开始复兴

汉末以来，军阀混战，破坏生产，使本来已在崩溃过程中的旧的农村组织趋于完全消解，继之而起的是相当典型的自给自足的庄园经济，于是本在衰落过程中的商业也愈趋衰落，这只须看商品货币经济为自然经济所代替的情况，便可明白。但这并不是说汉末三国时代全无商业，因为封建社会既没有回复到原始社会去的可能，那末生产无论遇到怎样大的破坏，也不可能使商业完全停顿，何况汉帝国的崩溃并不与罗马帝国的崩溃一样，中国中古时期的商业，随着封建经济的发展，反逐渐有转向活泼的趋势，分析具体的史料，就可证明这点。

魏明帝时，大司农司马芝以"诸典农各部吏民，末作治生以要利人"，上奏说："……武皇帝特开屯田之官，专以农桑为业，建安中天下仓廪充实，百姓殷足，自黄初以来，听诸典农治生，各为部下之计，诚非国家大体所宜也。……今商旅所求，虽有加倍之显利，然于一统之计，已有不赀之损；……臣愚以为不宜复以商事杂乱，专以农桑为务，于国计为便。"明帝听从了他的建议（见《三国志·魏书·司马芝传》）。从这条史料来看，当时的商业已密切与封建势力相结合，但封建统治者还恐怕这种商业破坏庄园经济的根本，所以施以制裁。

刘备初起，就得富商的支持，《三国志·蜀书·先主传》说："中山大商张世平、苏双等赀累千金，贩马周旋于涿郡，见而异之，乃多与之金财，先主由是得用合徒众。"《麋竺传》："祖世货殖，僮客万人，赀产巨亿……进妹于先主为夫人，奴客二千，金银货币，以助军资，于时困匮，赖此复振。"这说明大商人与新兴的封建军阀相勾结的情况，足见中古时代一开始，商业就与封建势力密切结合起来。刘备略取四川后，"平诸物贾，令吏为官市……数月之间，府库充实"（见《三国志·蜀书·刘巴传》注引《零陵先贤传》）。那时"蜀土富实，时俗奢侈，货殖之家，侯服玉食。……"（《董和传》），刘备以王连为司盐校尉，"较盐铁之利，利入甚多，有裨国用"（《王连传》）。据上引史料看来，蜀汉的立国是很依赖工商业的。但"为官市"和"较盐铁之利"，则仍沿袭汉代地主政府控制工商业的老办法。

孙吴初起时，曾以商旅为兵，《三国志·吴书·孙坚传》载："坚又募诸商旅及淮泗精兵，合千许人。"后来江南地区新兴的商业为统治阶级所垂涎，史载：孙皓爱妾"使人至市，劫夺百姓财物"（《孙皓传》），这就是春秋时代"内宠之妾，肆夺于市"故事的延续。《三国志·吴书·孙休传》；永安二年三月诏，"自顷年以来，州郡吏民及诸营兵……皆浮船长江，贾作上下"，可见吴国沿江一带商业相当发达。

三国之间也互相通商，如魏使至吴，"以马求易珠玑、翡翠、玳瑁"（见《三国志·吴书·孙权传》）。魏大将军曹爽附江夏太守以"绢二十匹，令交市于吴"（见《三国志·魏书·夏侯尚传》注引《世语》）。魏、吴都购成都锦于蜀。

晋代统一中国，商业稍见复兴，晋武帝时齐王攸上奏已称"都邑之内，游食滋多，巧伎末业，服饰奢丽"（《晋书》本传）。《晋书·食货志》又载泰始二年诏："豪人富商，挟轻资，蕴重积，以管其利，故农夫苦其业，而末作不可禁也。"这时候统治阶级奢侈贪鄙，专爱金钱，有个鲁褒作了一篇《钱神论》，讽刺他们，文中说："京邑衣冠，疲劳讲肆；厌闻清谈，对之睡寐；见我家兄（钱），莫不惊视；……凡今之人，惟钱而已。……"（《晋书》本传）后来梁武帝的弟弟临川王宏"性爱钱，百万一聚……千万一库……见钱三亿余万"。豫章王综仿《钱神论》，作《钱愚论》以讥刺他，事见《南史》本传，足见这时封建统治阶级不但求贵，而且求富，所以商业与封建经济进一步的结合，封建贵族和官僚，都经营起商业来。

这时候封建统治阶级经营商业，史书上证据是极多的，现在举几条重要的史料如下:晋代的石崇"百道营生,积财如山"(《初学记》卷一八《富第》引王隐《晋书》)。王戎"性好兴利,广收八方,园田水碓,周遍天下,积实聚钱,不知纪极,每自执牙筹,昼夜算计,恒若不足。……家有好李,常出货之,恐人得种,恒钻其核"(《晋书》本传)。刘胤领江州刺史,"大殖财货,商贩百万"(《晋书》本传)。孙盛"出补长沙太守,以家贫颇营资货"(《晋书》本传)。刁逵隆安中为广州刺史,"兄弟子侄并不拘名行,以货殖为务"(《晋书》本传)。江统说:

> 秦汉以来,风俗转薄,公侯之尊,莫不殖园圃之田,而收市井之利,渐冉相仿,莫以为耻,乘以古道,诚可愧也。今西园卖葵菜、篮子、鸡、面之属,亏败国体,贬损令闻。(《晋书》本传)

可见晋时封建统治阶级的营利了。到了南北朝时,商业愈趋发展,贵族和官僚经商的风气更是兴盛,如:宋孝武帝时,"子尚诸皇子皆置邸舍,逐什一之利,为患遍天下"(见《宋书·沈怀文传》)。"(孔)觊弟道存,从弟徽,颇营产业;二弟请假东还,觊出渚迎之,辎重十余船,皆是绵、绢、纸、席之属。觊见之伪喜……既而正色谓道存等曰:汝辈忝预士流,何至还东作贾客邪!命左右取火烧之,烧尽乃去"(《宋书·孔觊传》)。"(吴喜)贸易交关……又遣部下将吏,兼因土地富人,往襄阳或蜀汉属托郡县,侵官害民,兴生求利,千端万绪;从西还大艑小艒,爰及草舫,钱、米、布、绢,无船不满;自喜以下,迨至小将,人人重载,莫不兼资"(《宋书》本传)。"(邓琬)财货酒食,皆身自量校,至是父子并卖官鬻爵,使婢仆出市道贩卖"(《宋书》本传)。"(褚叔度)在任四年,广营赇货,家财丰积"(《宋书》本传)。"(嶷)又启曰:……伏见以诸王举货,屡降严旨,少拙营生……未知将来罢州之后,或当不能不试学营觅以自赡"(《南齐书·豫章文献王嶷传》)。"(虞悰)治家富殖,奴婢无游手,虽在南土,而会稽海味,无不毕致焉"(《南齐书》本传)。
"山阴人吕文度有宠于齐武帝,于余姚立邸,颇纵横"(《梁书·顾
宪之传》)。"(曹)景宗在(郢)州鬻货聚敛"(《梁书》本传)。
"(华)皎起自下吏,善营产业……粮运竹木,委输甚众;至于油、
蜜、脯、菜之属,莫不营办"(《陈书》本传)。"(徐度)恒使僮仆屠
酤为事"(《陈书》本传)。"(魏)高宗时,牧守之官,颇为货利"
(《魏书·食货志》)。"(禧)昧求货贿,奴婢千数,田业盐铁,遍于
远近,臣吏僮隶,相继经营"(《魏书,咸阳王禧传》)。"(详)贪冒
无厌,多所取纳,公私营贩,侵剥远近"(《魏书·北海王详传》)。
"(李崇)性好财货,贩肆聚敛,家资巨万,营求不息;子世哲为相州
刺史,亦无清白状,邺洛市廛,收擅其利,为时论所鄙"(《魏书》本
传)。"(刘腾)公私属请,唯在财货;舟车之利,水陆无遗;山泽之
饶,所在固护;剥削六镇,交通底市;岁入利息,以巨万计"(《北史》
本传)。"(陈元康)放责交易,遍于州郡"(《北齐书》本传)。"前
后郡(同和郡)守多经营,以致赀产"(《周书·刘璠传》)。像上述
的故事,魏晋南北朝的史书中,实在多到不可胜计。这里所引述
的,只略见一斑而已(《宋书·向靖传》:"弥(靖)治身俭约,不营
室宇,无园田商货之业,时人称之。"可见官僚们不营商业,在当时
是稀罕的事)。

当时的最高封建统治者,和他的代言人虽然对这种现象时常
主张裁制(史书中的记载也很多),但是他们自己也常在羡慕商
贾,仿效商贾的行为,如晋愍怀太子遹"于宫中为市,使人屠酤,手
揣斤两,轻重不差。……又令西园卖葵菜、篮子、鸡、面之属,而收
其利"(《晋书》本传)。齐东昏侯"起芳乐苑……于苑中立市
……使宫人屠酤,(贵妃)潘氏为市令,帝为市魁执罚,争者就潘氏
决判"(《南齐书》本纪)。北魏恭宗以"国之储贰",也"营立私田,

畜养鸡犬,乃至贩酤市廛,与民争利"(《魏书·高允传》)。北齐幼主高恒"为穷儿之市,躬自交易"(《北齐书·幼主纪》)。北魏太和八年,始班官禄,在这以前大概有隶属官府的商人,市买以供官用。《魏书》本纪载孝文帝诏书:"宪章旧典,始班俸禄,罢诸商人,以简民事;户增调三匹,谷二斛九斗,以为官司之禄;均预调为二匹之赋,即兼商用。"总之,当时的商业是封建化的,封建贵族与官僚控制着商业,这种商业不会起多少进步的作用。

上面重点叙述封建贵族和官僚经营商业的故事,但这并不是说当时没有民营的商业,不过势力较微弱而已,如《隋书·地理志》就说:

> 丹阳旧京所在……小人率多商贩……市廛列肆,埒于二京。

《北史·魏诸宗室列传》说:

> 河东俗多商贾,罕事农桑,人至有年三十不识耒耜。

《周书·裴文举传》也说:"蜀土沃饶,商贩百倍。"此外证据尚多,如《晋书·石苞传》载苞微时:"贩铁于邺市。"《宋书·戴法兴传》:"家贫,父硕子贩纻为业。……法兴少卖葛于山阴市。"《南齐书·傅琰传》:"琰为山阴令,卖针卖糖老姥争团丝,来诣琰。"《梁书·贺琛传》:"琛家贫,常往还诸暨,贩粟以自给。"至少在南北朝时代,民营商业已相当繁盛(然民营商业似常受贵族官僚的压抑,如《宋书·刘粹传》载:"远方商人多至蜀土资货,或有直数百万者,(费)谦等限布、丝、绵各不得过五十斤;马无善恶,限蜀钱二万。府又立冶一,断私民鼓铸,而贵卖铁器,商旅吁嗟。"这些措施都是阻碍民营工商业的发展的)。自然,繁盛的情况当只限于几处都市发达的地方,但商业普遍复兴的趋势,在南北朝时代实已开始,看当时南北虽然分隔,商贾实无时不通,可见商业已在普遍兴起。远在晋代，石勒已曾"与（祖）逖书，求通使交市，逖不报书，而听互市，收利十倍"（《晋书·祖逖传》）。北魏也曾求互市于刘宋，终得如愿。《北齐书·循吏传》："旧制以淮禁，不听商贩辄度，淮南岁俭，（苏琼）启听淮北取籴，后淮北人饥，复请通籴淮南；遂得商估往还，彼此兼济，水陆之利，通于河北。"《李绘传》载："武定初兼常侍，为聘梁使主……前后行人皆通启求市……"《隋书·食货志》载："淮水北有大市百余，小市十余所。"从这些记载看，至少南北朝时，商业确已有复兴的趋势，这种趋势，也就是隋唐统一的经济条件。

魏晋时代，都市似乎并不曾完全衰落，如洛阳有三市：金市在大城西，南市在大城南，马市在大城东。建业有四市：大市、东市，孙权所建；北市，孙休所立；门杨市，晋安帝时始有。南北朝时代，都市更为发展，如魏杨衒之《洛阳伽蓝记》的描写：

　　伊洛之间，夹御道，东有四夷馆……自葱岭已西，至于大秦，百国千城，莫不款附；商胡贩客，日奔塞下；……是以附化之民，万有余家；天下难得之货，咸悉在焉。别立市于洛水南，号曰四通市，民间谓永桥市，伊洛之鱼，多于此卖。……（卷三）

　　出西阳门外四里，御道南有洛阳大市，周回八里。市南有皇女台……市东有通商、达货二里，里内之人，尽皆工巧，屠贩为生，资财巨万。有刘宝者，最为富室，州郡都会之处，皆立一宅，各养马一匹；至于盐粟贵贱，市价高下，所在一例；舟车所通，足迹所履，莫不商贩焉；是以海内之货，咸萃其庭；产匹铜山，家藏金穴；宅宇逾制，楼观出云；车马服饰，拟于王者。市南有调音、乐律二里，里内之人，丝竹讴歌，天下妙伎出焉。……市西有退酤、治觞二里，里内之人，多酿酒为业；河东人刘

白堕善能酿酒……京师朝贵多出郡登藩,远相饷馈,逾于千
里。……市北(有)慈孝、奉终二里,里内之人,以卖棺椁为
业,赁辒车为事。……别有阜财、金肆二里,富人在焉。凡此
十里,多诸工商货殖之民,千金比屋,层楼(对出);重门启扇,
阁道交通,迭相临望;金银锦绣,奴婢缇衣;五味八珍,仆隶毕
口(盈门)。……(卷四)

这里举一个典型的封建大都市为例,以见南北朝时商业都市复兴
的情况。至于南朝大都市,如建康(南京)、江陵、成都、广州等,也
一定是很繁盛的。

由于商业的开始复兴,且与封建经济相结合,并有巨大的商税
可以收入,这对于南北朝的封建统治者是有利的。所以他们颇有
扶持商业的措施,见于那时的史书,主要的办法是:奖励通商和减
低关市的赋税。同时封建统治者也往往重用富商,使商业与封建
经济结合得更密切,如苻坚时已经有"商人赵掇、丁妃、邹瓫等,皆
家累千金……坚之诸公竞引之,为国二卿"(见《晋书·苻坚载
记》)。北魏莫含"家世货殖,赀累巨万,刘琨为并州,辟含从事。
……甚为穆帝所重,常参军国大谋"(见《魏书·莫含传》)。北齐
末"州县职司多出富商大贾"(见《北齐书·幼主纪》)。"诸王选
国臣府佐,多取富商"(见《北齐书·襄城景王淯传》)。封建统治
阶级尽管口里叫着"贱商"(这是传统的口号),实际上却真是"商
人已贵矣"(这是实际的时势潮流)。北齐的商贾,据史书记载,是
最能钻营的,如《北史·段孝言传》载:"富商大贾多被铨擢。"和士
开擅权时,"富商大贾,朝夕填门"(本传):这些真是官僚化的商人
了。

对外贸易,在魏晋南北朝时代,是继续发展的。附塞部落,如
鲜卑、乌桓、突厥,吐谷浑、西南诸族等对中国都有互市;较远地方

的通商，也很兴盛。《三国志·魏书·傅嘏传》注引《傅子》："河南尹内掌帝都，外统京畿，兼古六乡六遂之士；其民异方杂居，多豪门大族，商贾胡貊，天下四方会，利之所聚，而奸之所生。"《崔林传》："贾胡因通使命，利得印绶。"可见魏晋时仍有一定的商业，而且胡商来的已很多。南方诸国，如《三国志·魏书·乌丸鲜卑东夷传》注引《魏略·西戎传》说："盘越国，一名汉越王，在天竺东南数千里，与益部相近；……蜀人贾似至焉。"这个国家大约在缅甸附近。《梁书·中天竺国传》说"其国人行贾，往往至扶南、日南、交趾"，这就是印度。《宋书·夷蛮传》史臣曰："若夫大秦、天竺，迥出西溟；二汉衔役，特艰斯路；而商货所资，或出交部；泛海陵波，因风远至；……山琛水宝，由兹自出；……千名万品，并世主之所虚心，故舟舶继路，商使交属。……"《南齐书·东南夷传》史臣曰："至于南夷杂种，分屿建国；四方珍怪，莫此为先；藏山隐海，瑰宝溢目；商舶远届，委输南州；故交广富实，牣积王府。……"梁王僧孺为南海太守，"郡常有高凉生口及海舶，每岁数至，外国贾人以通货易；旧时州郡以半价就市，又买而即卖，其利数倍，历政以为常。……"（《梁书》本传）萧励为广州刺史："广州边海，旧饶，外国舶至，多为刺史所侵，每年舶至不过三数；及励至，纤毫不犯，岁十余至。……数献，军国所须，相继不绝，武帝叹曰：朝廷便是更有广州。"（《南史》本传）交广一带因对南海诸国贸易旺盛，所以地方官常能致富，世称："广州刺史，但经城门一过，便得三千万也。"（见《南齐书·王琨传》）此外西南梁、益诸州，也因对外贸易的缘故，很是富实，史称："梁、益丰富，前后刺史，莫不大营聚畜，多者致万金；所携宾僚，并都下贫子，出为郡县，皆以苟得自资。"（见《南史·刘秀之传》）梁武陵王纪都督益州，"在蜀十七年，南开宁州、越巂，西通资陵、吐谷浑；内修耕桑盐铁之功，外通商贾远方之利，故能殖其财用。……既东下，黄金一斤为饼，百饼为篋，至有百篋；银五倍之；其他锦罽绮采称是"（《南史》本传）。足见西南一带的地方官也是很容易发财的。对西域的通商，更较前代为盛，如《三国志·魏书·苍慈传》载："（慈）迁敦煌太守……西域杂胡欲来贡献，而诸豪族多逆断绝，既与贸迁，欺诈侮易，多不得分明，胡常怨望，慈皆劳之；欲诣洛者，为封过所；欲从郡还者，官为平取；辄以府见物，与共交市，使吏民护送道路；由是民夷翕然，称其德惠。数年卒官……及西域诸胡闻慈死，悉共会聚于戊己校尉及长吏治下发哀，或有以刀画面，以明血诚；又为立祠，遥共祀之。"《苏则传》："文帝问则曰：前破酒泉、张掖，西域通使，敦煌献径寸大珠，可复求市益得不？"《周书·韩褒传》："除都督西凉州刺史……每西域商货至，又先尽贫者市之，于是贫富渐均，户口殷实。"《异域传》："赵魏尚梗，则结姻于北狄；厩库未实，则通好于西戎；由是……卉服毡裘，辐凑于属国；商胡贩客，填委于旗亭。"《隋书·食货志》说："（北周时）河西诸郡或用西域金银之钱，而官不禁。"这些史料都证明那时中国对西域通商之盛。

《三国志·魏书·乌丸鲜卑东夷传》注引《魏略·西戎传》说："大秦道既从海北陆通，又循海而南，与交趾七郡外夷比，又有水道通益州、永昌，故永昌出异物。"《梁书·诸夷传》："孙权黄武五年，有大秦贾人字秦伦，来到交趾，交趾太守吴邈遣送诣权，权……差吏会稽刘咸送伦，咸于道物故，伦乃径还本国。"这个"大秦"就是东罗马，这是更远的国家对中国的通商。《三国志·吴书·孙权传》载："（黄龙）二年……遣将军卫温、诸葛直将甲士万人，浮海求夷洲及亶洲；亶洲在海中……世相承有数万家，其上人民，时有至会稽货布；会稽东县人海行，亦有遭风流移至亶洲者；所在绝远，卒不可得至；但得夷洲数千人还。"所谓夷洲、亶洲当是东海中的岛屿。此外朝鲜、日本在这时代也与中国屡有交通,其中也含有商业的性质。

总括说来,南到越南南部、缅甸、暹罗、印度等国,东到朝鲜、日本等国,北到蒙古一带,西到西域,远及罗马,都有商业的往来;魏晋南北朝时代的对外贸易,已下开隋唐时代中外商业交通全盛的先声了。

国外贸易的发展,对中国经济、文化都很有影响:南方的逐渐繁荣,与对外贸易是不无关系的。文化方面,这时科学技术的发展和文学、艺术的丰富,其中也含有若干外来的影响;尤其是佛教随着商业的交通而更广传于中国,是文化史上一件很重要的事情。

又国外贸易的发展,使外国人到中国来的逐渐增多,北朝时代洛阳有胡人住宅区,据说:“自葱岭已西,至于大秦,百国千城,莫不款附;……附化之民,万有余家;天下难得之货,咸悉在焉。”(见上引《洛阳伽蓝记》)北齐后主宠用胡户(见《北齐书》本纪)。权臣和士开的上代就是“西域商胡,本姓素和氏”(见同书本传)。胡商甚至混入政治界,足见胡人来华的众多了。又近来出土的六朝明器中,有很多“胡俑”,大概当时贵族是有许多胡人仆从的;在所谓“昆仑奴”的俑像中,甚至有非洲的稀见人种:当时对外商业交通之盛,于此更可证明。

这时候,高利贷也是与封建官僚和寺院等相结合的。有的放金钱,有的放实物,利息很重;还有以现物质钱的,近乎后世的典当业。《宋书·顾觊之传》载:“(顾)绰私财甚丰,乡里士庶多负其责,觊之每禁之,不能止。及后为吴郡,诱绰曰:我常不许汝出责,定思贫薄亦不可居,民间与汝交关,有几许不尽,及我在郡,为汝督之,将来岂可得,凡诸券书皆何在? 绰大喜,悉出诸文券一大厨与觊之,觊之悉焚烧,宣语远近,负三郎责,皆不须还,凡券书悉烧之矣。绰懊叹弥日。"《北齐书·李元忠传》："家素富实,其家人在乡,多有举贷收利,元忠每焚契免责。"《宋书·晋平刺王休祐传》："在荆州哀刻所在,多营财货,以短钱一百赋民,田登就求白米一斛,米粒皆令彻白,若有破折者,悉删简不受;民间籴此米一升一百;至时又不受米,评米责钱:凡诸求利,皆悉如此。"《北齐书·卢叔武传》载:"叔武在乡时,有粟千石,每至春夏,乡人无食者令自载取,至秋任其偿,都不计校,然而岁岁常得倍余。"《魏书·高宗纪》:和平二年正月,"诏曰:刺史牧民……自顷每因发调,逼民假贷;大商富贾,要射时利;旬日之间,增赢十倍;上下通同,分以润屋。……为政之弊,莫过于此。其一切禁绝。……"《北史·齐本纪》:"(后主)特爱非时之物,取求火急,皆须朝征夕办,当势者因之,贷一而责十焉。"《南史·宋武帝纪》:"帝(微时)尝负刁逵社钱三万,经时无以还,被逵执,(王)谧密以己钱代偿,由是得释。"《北齐书·苏琼传》:"道人道研,为济州沙门统,资产巨富,在郡多有出息,常得郡县为征。"至于以物质钱,如《南齐书·褚渊传》载:"渊薨,(弟)澄以钱万一千,就招提寺赎太祖所赐渊白貂坐褥,坏作裘及缨。又赎渊介帻犀导及渊常所乘黄牛。"《南史·甄法崇传》:"法崇孙彬……尝以一束苎就州长沙寺库质钱,后赎苎还,于苎束中得五两金,以手巾裹之,彬得,送还寺库。道人惊云:近有人以此金质钱,时有事不得举而失,檀越乃能见还,辄以金半仰酬,往复十余,彬坚然不受。……"《魏书·释老志》:"沙门统惠深上言……比来僧尼,或因三宝,出贷私财缘州外。"此外还有官府放债,如《晋书·张骏传》载:"骏境内尝大饥,谷价踊贵,市长谭详请出仓谷与百姓,秋收三倍征之。"《魏书》载骏"以谷帛付民,岁收倍利,利不充者簿卖田宅"(本传)。高利贷随封建势力而横行,贫民的痛苦自然非常惨重了。

魏晋南北朝时代,无论商业,或高利贷业,都是与封建经济密切结合的。手工业与农业强固结合,商业高利贷与封建经济强固结合,这是中古社会的特色。

三　自然经济与钱币问题

由于统治阶级的严重剥削与压迫,官僚与商业高利贷者的大量兼并土地与剥削农民,以及战争、天灾与人为灾害的频繁,使汉代的农村经济日趋衰颓、破坏,因之引起以农村经济为根本的商业的衰落;商业的日趋下降,又引起钱币经济的没落;到了汉末三国时代,实物经济终于替代钱币经济而兴起了(以实物为货币,即表现自然经济的趋势)。

汉末以后的自然经济,是和家庭手工业与小农农业强固结合的生产条件相适应的。每个庄园、每个农村都以自给自足为基本条件,它们不大需要外来商品的供给,它们的生产物也不大需要出卖为商品,这样一面商品的销路大受限制,一面商品的来源又大为缩减,商业就不能不范围在一个较小限度之内。这种限度较小的商业是不大需要钱币的,钱币使用率的下降,变成不可避免的命运了。

从具体史料来观察:汉献帝初平元年(190),董卓"悉椎破铜人、钟虡及坏五铢钱,更铸为小钱。……于是货(钱)轻而物贵……自是后钱货不行"(《三国志·魏书·董卓传》)。《通典》卷八载:"魏明帝时,钱废用谷,四十年矣。"案魏文帝黄初二年三月,曾一度恢复五铢钱的行使(见《三国志·魏书·文帝纪》),但到同年十月,以谷贵,又明令停止五铢钱的行用(同上)。《晋书·食货志》载:"魏文帝罢五铢钱,使百姓以谷帛为市。"同书又说:"至明帝世,钱废谷用既久,人间巧伪渐多,竞湿谷以要利,作薄绢以为市,虽处以严刑,而不能禁也。"此后政府虽又曾恢复五铢钱的行用(见同上),事实上谷帛经济仍占主导的地位,民间仍乐于使用实物代钱,如《三国志·魏书·夏侯玄传》注引《魏略》说:"蒋济为护军时,有谣言:欲求牙门,当得千匹;百人督,五百匹。"这仍是以布帛为货币的征象。

吴孙权曾于嘉禾五年铸当五百大钱,赤乌元年铸当千大钱(均见《三国志·吴书·孙权传》),但行用不久,便于赤乌九年下令收回,改铸为器物(见《三国志·吴书·孙权传》注引《江表传》)。《三国志·吴书·孙休传》注引《襄阳记》说:"(李)衡甘橘成,岁得绢数千匹,家道殷足。"《孙皓传》注引《江表传》说:"(何)定又使诸将各上好犬,皆千里远求,一犬至直数千匹。"足见孙吴境内的人民也有用实物代替钱币的趋势。

蜀汉刘备曾于建安二十三年左右铸直百钱(见《三国志·蜀书·刘巴传》注引《零陵先贤传》),但蜀地也已行用实物为货币,如《华阳国志》卷一一载:"何随……蜀亡去官,时巴土饥荒,所在无谷,送吏行乏,辄取道侧民芋,随以绵系其处,使足所取直。"这也是以绵代钱的实物货币。

晋代统一时,"谷贱而布帛贵,(武)帝欲立平籴法,用布帛市谷,以为粮储"(《晋书·食货志》)。《晋书·张轨传》载:"泰始中,河西荒废,遂不用钱,裂匹以为段数。"《刑法志》载:"赃五匹以上,弃市。"《石勒载记》说:"令公私行钱,而人情不乐,乃出公绢市钱,限中绢匹一千二百,下绢八百;然百姓私买中绢四千,下绢二千。巧利者贱买私钱,贵卖于官,坐死者十数人,而钱终不行。"又说:"勒叹曰……人家有百匹资,尚欲市别宅。……"石崇《奴券》说:"中买得一恶觚奴……吾问公卖不,公喜,便下绢百匹。"(《全晋文》卷三三)《宋书·何尚之传》载:"晋迁江南……钱不普用,其数本少。……"安帝时桓玄辅政,曾提议完全废弃钱币,以谷帛代替,后因孔琳之等抗议而未实行(见《晋书·食货志》)。然东晋的钱币行用始终不广,当时文献中多载实物的交易,不过钱币不曾完全废止而已。《晋书·食货志》载孔琳之说:"且据今用钱之处,不以为贫;用谷之处,不以为富。"足见东晋时有的地方用钱,有的地方用实物,南方的钱币行用当较北方为普遍,这是因为南方的破坏,不如北方之甚,而且南方经济正在向上发展过程之中,所以钱币的使用量较大。

北朝初期,由于统治者是落后部族,带来落后的经济条件,所以自然经济的形态,更为标准。《魏书·食货志》载:

魏初至于太和,钱货无所周流。

当时所行用的几乎完全是布帛等实物。如《食货志》说:"天兴初……劝课农耕,自后比岁大熟,匹中八十余斛。"这是以布帛计算谷价。同书《李彪传》载:"高祖初……彪又表曰……臣以为宜析州郡常调九分之二,京都度支岁用之余,各立官司,年丰籴积于仓,时俭则加私之二,粜之于人。如此民必力田,以买官绢;又务贮财,以取官粟;……高祖览而善之,寻皆施行。"这是以绢帛购储粮食。《薛虎子传》:"虎子上表曰:'……窃惟在镇之兵,不减数万;资粮之绢,人十二匹;即自随身,用度无准;未及代下,不免饥寒。'……"这也是说以绢购粮。同传又说:"若以兵绢市牛,分减戍卒;计其牛数,足得万头。……"这是说用绢买牛。《赵柔传》载:"后有人与柔铧数百枚者,柔与子善明鬻之于市,有从柔买,索绢二十匹;有商人知其贱,与柔三十匹。……"这是用绢购农具。此外用布帛等作货币的实例还很多,如:

柔尝在路得人所遗金珠一贯,价值数百缣。(《赵柔传》)

（高）闻见其贫约,以物直十余匹赠之。(《胡叟传》)

禄行之后,赃满一匹者死。(《高祖纪》)

这些都说明布帛是当时计算价格的准绳,这类史料,实在多不胜举。

《魏书·食货志》载:

高祖(孝文帝)始诏天下用钱焉。(太和)十九年,冶铸粗备,文曰太和五铢,诏京师及诸州镇皆通行之。

这是北魏的开始用钱。孝文帝时迁都洛阳,经济比前繁荣,商业复兴,所以有这种举动。但是钱币流行的范围还是欠广,实物货币仍占支配的地位。《食货志》说:

肃宗初,京师及诸州镇,或铸(钱)或否;或有止用古钱,不行新铸;致商货不通,贸迁颇隔。熙平初,尚书令任城王澄上言:'……太和五铢,虽利于京邑之肆,而不入徐扬之市;土货既殊,贸鬻亦异;便于荆郢之邦者,则碍于兖豫之域。'……永平三年……时被敕云:不行之钱,虽有常禁;其先用之处,权可听行。……延昌二年,徐州民俭,刺史启奏,求行土钱,旨听权依旧用。……

当时农村自给自足的情况还十分强固,商业的地盘还很有限,再加上地方经济的联系非常薄弱,南北分隔,战争频繁,所以钱币的流行很受限制,币制甚是紊乱。《食货志》又说:

河北州镇,既无新造五铢,设有旧者,而复禁断,并不得行;专以单丝之缣,疏缕之布,狭幅促度,不中常式,裂匹为尺,以济有无。……至于京西、京北域内州镇未用钱处……而河北诸州旧少钱货,犹以他物交易,钱略不入市也。

钱币流通这样受限制,所以政府用钱也受限制,而不得不仍用布帛代钱币,如《魏书·世宗纪》载:"(延昌二年)夏四月庚子,以绢十五万匹，赈恤河南郡饥民。"这是用绢帛代钱币来赈济灾民。

东西魏分立后，布帛经济依然严重存在，如《隋书·食货志》载："（东魏）天平元年……常调之外，逐丰稔之处，折绢籴粟，以充国储。"又载："齐神武……迁邺已后……冀州之北，钱皆不行，交贸者皆绢布。"这时布帛经济还很有势力，钱币的流行，仍是有限的。

南朝因为经济的向上发展，商业比较兴盛，所以钱币流通比较普遍，渐有取实物货币的地位而代之的趋势；但是由于商业还不及后来发展，所以实物货币还占有很重要的地位。同时由于开铜矿困难，和战争的影响，铸少毁多，钱币数量还嫌稀少，品质也嫌恶劣；甚至以铁铸钱，钱币不为人所信用。所以实物货币的行用，在南朝也相当普遍。如《宋书·刘秀之传》载：

> （元嘉）二十五年，除督梁南北秦三州诸军事……先是汉川悉以绢为货，秀之限令用钱。

此外如《王玄谟传》载："又营货利，一匹布责人八百梨。"《南齐书·刘怀珍传》载："初孝武世……上（萧道成）有白骢马啮人不可骑，送与怀珍别，怀珍报上百匹绢。……怀珍曰……吾方欲以身名托之，岂计钱物多少。"《魏书·胡叟传》："时蜀沙门法成……刘义隆（宋文帝）恶其聚众……叟闻之，即赴丹阳，启申其美，遂得免焉。……法成感之，遗其珍物，价直千余匹。……"《隋书·食货志》说：

> 梁初唯京师及三吴、荆、郢、江、湘、梁、益用钱，其余州郡则杂以谷帛交易。

这时钱币似已较前流通了。但直到陈代，还是"兼以粟帛为货"，而岭南诸州，则"多以盐、米、布交易，俱不用钱"（同上）。

魏晋南北朝，确是自然经济占绝对优势的时代。大体说来，战争频繁,商业特别衰落的时候,钱币行用越少;落后地区和落后部族统治的时期,钱币行用也越少。相反的,战争稍止,生产恢复,商业渐兴的时候,经济比较繁荣的地区和政治比较稳定的时期,钱币的行用就较广。至于铜的多少等等,只是次要的因素而已。

除实物货币之外,魏晋南北朝时代的赋税、地租、工资等,也多使用实物,可见自然经济在这时确是占统治地位的。

有人说:晋时鲁褒曾作《钱神论》,甚至说:"钱多者处前,钱少者居后;……钱之所佑,吉无不利;……凡今之人,惟钱而已。"王戎"积实聚钱,不知纪极"。梁临川王宏性爱钱,百万一聚,千万一库,计钱三亿余万,豫章王综至仿《钱神论》作《钱愚论》以讥之。武陵王纪有黄金百簏,银五百簏。此外史传中称道人的财富,常以若干万、若干金计算,这些岂不是当时钱币经济很流行的证据吗?不错! 魏晋南北朝承汉代钱币广行之后,钱币完全绝迹是不可能的;正如魏晋南北朝承汉代商业大盛之后,商业完全绝迹也是不可能的;而且魏晋南北朝时代的商业,仍有相当的盛况,已详上节,则钱币的行用,也有一定程度的普遍,自是可能(如《晋书·张轨传》载轨:"立制准布用钱,钱遂大行。"可见河西一带国际贸易的处所,行钱就较容易)。可是魏晋南北朝时代,商业的发展决不如汉时,更不如唐代中叶以后,这时候,实是消费品生产远超过商品生产的时候,因之钱币经济决不如实物经济的流行。我们说:魏晋南北朝是封建性的自然经济的全盛时期,是不会有多大错讹的。

同时,魏晋南北朝时代,钱币经济的衰落,还有一个重要的原因,就是分裂战乱时期,政府财政困难,如用钱币,必有"废轻行重",铸造大钱,或降底钱文成色,致钱币品质恶劣,以收通货膨胀的效果的,在那时候,也确有这种情况的存在,这也是使"钱货不行",人民乐用谷帛为货币的原因。

社会经济的发展，并不完全是直线上升的，其中因种种历史条件，可能有曲折顿挫的情况出现，而且自然经济本是封建社会的基本特色之一，较纯粹的自然经济在中古时代出现，本不是什么可惊奇的事。我们不必持什么"逆转说"，只须依据史书所载的真相，实事求是地叙述；至于理论的解释，自然还得进一步的研究。

随着钱币经济的转向自然经济，钱币逐渐紊乱，钱币问题逐渐严重起来。由于中古时期并不是与原始社会相同的单纯自然经济，钱币在这时还起着一定的作用，所以钱币的紊乱，钱币问题的严重化，对于当时人民的生活、商业的发展和国家的财政，还有相当大的影响。在中古经济史上，钱币问题也不能不当作一个重要的项目，而加以研究。

魏晋南北朝时代的钱币问题，最重要的有三项：第一是钱币受实物货币的排挤，第二是钱币本身的缺乏，第三是新铸钱币品质的恶劣。这三个问题是互相关联着的，三个问题产生的根本原因，就是原来的农村经济破坏，新的庄园经济形成所引起的一般手工业、商业的暂时衰落。此外铜产缺乏、战乱、割据等，也是原因。

钱币问题的开始产生，实远在后汉时代，后汉时代钱币经济已逐渐衰退，首先表现于黄金使用量的缩减。前汉时黄金的使用量是惊人的，货物的交易，君上的赏赐和朋友的馈赠等，都常常使用大量的黄金，最多的达数万以至数十万斤（汉的一斤约当今的三两余），较少的也达数千、百、十斤不等。在那时的文献中，到处都可以看到黄金若干斤的字样，到了后汉，有关黄金的记载就少得多，每次赐赠，多的不过达百斤（偶有上千、上万的），少的不过十斤或数斤：两相比较，真是相差很远。后汉时代的赐赠多用实物，尤其使用布帛，赐赠布帛多达数万以至数十万匹，少的也到数千、数百、数十匹，这些现象一面说明后汉时代纺织业的发达，一面也说明后汉时代,实物经济已有代货币经济兴起的趋势。至于前人所争论的黄金减少的问题,实在并不是重要的,因为黄金可能并不曾十分减少,只是分散藏在民间而不很流通罢了。

在铜钱方面,后汉时也表现出同样的趋势,例如《后汉书·朱晖传》载:

> 是时(章帝时)谷贵,县官经用不足,朝廷忧之,尚书张林上言:"谷所以贵,由钱贱故也;可尽封钱,一取布帛为租,以通天下之用。……"于是诏诸尚书通议,晖奏据林言不可施行,事遂寝。后陈事者复重述林前议,以为于国诚便,帝然之,有诏施行,晖复独奏曰:……帝……因发怒,切责诸尚书。晖等皆自系狱。三日,诏敕出之。……帝意解,寝其事。

《晋书·食货志》作:"令天下悉以布帛为租,市买皆用之。"这就是以布帛代替铜钱的办法,一定当时已有这种倾向的存在,所以张林等才会有这种提议,章帝才会想实行,但是实物经济的条件还未成熟,所以终于作罢。到桓帝时:

> 时有上书言:人以货轻钱薄,故致贫困,宜改铸大钱,事下四府群僚及太学能言之士,陶上议曰:"……当今之忧,不在于货,在乎民饥。……盖民可百年无货,不可一朝有饥。"……帝竟不铸钱。(《后汉书·刘陶传》)

这可见出当时的问题,实在于农村经济破坏,食物不足,以致影响到钱币的价格。钱币问题的症结点并不在于钱币的本身,所以"改铸大钱"是不能解决问题的,结果反会更坏。从上叙的两个故事中,我们已可看出:中古时代的钱币问题,在后汉时已开其端,这是因为中古时代社会经济的条件,在后汉时已经萌芽了。

后汉末年,由于旧的农村经济的彻底破坏,人民起义动摇了地主政权中央政府的统治,以致早已发生的地方割据的形势越来越显著；中央政权腐朽衰落的结果，国家财政日见困难，这不能不影响到钱币问题。灵帝时铸造"四出文钱"，民间已有谣言；到献帝时董卓废五铢钱，改铸小钱，物价大贵，从此"钱货不行"，钱币经济转入了实物经济。

三国时代的铸造大钱，说明了钱币问题的严重。上文已经提到刘备、孙权都曾铸大钱，孙权曾"使吏民输铜，计铜畀直，设盗铸之科"；最后终因"民意不以为便"，被迫罢止（均见《三国志·吴书·孙权传》及注）。这些都是通货膨胀的政策，所以补救财政是困难的。魏文帝废五铢钱，使民以谷帛为市；明帝时复行五铢钱，仍不能完全代替谷帛；西晋未铸新钱，东晋时杂用孙吴旧钱（见《晋书·食货志》）。安帝时桓玄辅政，想废钱全用谷帛，孔琳之抗议说：

> ……谷帛为宝，本充衣食；分以为货，则致损甚多；又劳毁于商贩之手，耗弃于割截之用；……今括囊天下之谷，以周天下之食……致富之道，实假于钱；一朝断之，便为弃物；是有钱无粮之人，皆坐而饥困。……又人习来久，革之必惑。……朝议多同琳之，故玄议不行。（同上）

这是说使用谷帛为货币，常有毁损，很不上算，而且钱本无用之物，但可以购买有用的东西；把钱废了，对于国家和有钱无粮的人来说，更是极大的损失：所以他不赞成废钱的办法。这可见谷帛经济的弊害，当时人是颇能见到的，只是实际上没有办法把它完全废除而已。这是因为谷帛经济有它必然存在的社会经济条件，社会经济条件不改变，是无法废止的。但孔氏说："人习来久，革之必惑。"这又可见出当时南方钱币确有一定程度的流通，否则这话便不可理解了。

刘宋初期，商业逐渐复兴而钱币缺乏，到元嘉七年，开始铸造四铢钱，这是一种较轻小的钱，史称："民间颇盗铸，多剪凿古钱以取铜。"后来又铸大钱,以一当两,结果还是"公私非便",终被取消。孝武帝孝建初年,改铸四铢钱,这次的钱形状更薄小,品质恶劣,于是"民间盗铸者云起,杂以铅锡,并不牢固。又剪凿古钱,以取其铜;钱既转小……百物踊贵,民患苦之"。此后又铸二铢钱,这是更小的钱文,更放纵私铸,于是:"钱货乱败,一千钱长不盈三寸,大小称此,谓之鹅眼钱;劣于此者,谓之'𦆀环钱',入水不沉,随手破碎,市井不复断数,十万钱不盈一掬,斗米一万,商货不行。"明帝时禁止新钱,专用古钱。齐、梁、陈三朝继承刘宋的困难,钱币问题始终不曾解决。梁时"交广之域,全以金银为货",这是因为南海一带对外贸易兴盛和外国金银流入的缘故,这和北朝河西诸郡杂用西域金银钱的情况是差不多的。梁武帝曾铸新钱,文曰"五铢";又别铸"除其肉郭"的"公式女钱",二品并行。但百姓仍私以古钱交易,钱币更见紊乱。后来想尽废铜钱,改行铁钱,结果私铸更甚,货币问题益趋严重。陈文帝时改铸五铢钱。宣帝时又铸"大货六铢"钱,以一当五铢之十,与五铢并行。后又当一,人皆不便,最后仍改行五铢钱。

北魏孝文帝太和十九年,始铸"太和五铢",同时纵民铸钱,因为立制"铜必精炼",大概私铸尚不多。宣武帝永平三年,再铸五铢钱,但各地方货币很不统一,私铸渐盛,钱质恶劣,北魏政府也无好的办法补救。庄宗永安二年,铸"永安五铢"钱,私铸更盛,地方官吏也有铸钱的。东魏和北齐,钱币极度紊乱:北齐曾铸"常平五铢",钱未行而私铸已起。北周武帝保定元年,铸"布泉",以一当五,与"五铢"并行。建德三年,又铸"五行大布",以一当十,与"布泉"并行。后来更铸"永通万国"钱,以一当十,与"五行大布"、"五铢"三品并行,钱币仍甚紊乱。直到隋代统一,仍行五铢钱,钱币问题才暂告一段落(以上参看《通典》卷九)。

第四篇

隋唐五代时代的手工业与商业

一 手工业的发展

从汉武帝以后,主要的手工业常被国家所控制,虽然民间手工业仍有部分的发展,但它的发展却受到相当大的限制;同时农村里的手工业与小农农业强固结合,自给自足的农村经济,也局限了手工业的发展。商业资本则密切与地主经济相结合,一部分化为高利贷资本,成为剥削农民兼并土地的手段,对于手工业的发展很少帮助。由于上述的三个原因,使手工业的发展停滞下来,所以"中古"以后的封建经济虽然较西欧发展得早,但却迟迟不能诞生资本主义生产的因素。

不过,隋唐统一以后,由于国内环境得到相对的安定,生产逐渐发展,商业比较发达,也刺激了手工业,使它得到一定程度的发展,尤其是行会手工业的产生和发展,使中国的手工业进入一个新的阶段。

"行会"的起源也许很早,不过我们还不能寻得足够的资料,来说明最早的行会制度。但至少在唐代,手工业与商业的行会已经存在,而且可能已有一定程度的发展。最早的"行",似乎是指街巷上贩卖摊和商店的行列,这在唐人小说等文献中可以寻得证据。此外街巷也可以称为"行"，在一条街上，往往开设的都是同类的店铺，因此一种职业也称为"行"，如"织锦行"、"金银行"等。同职业的店铺间产生一种组织，所以"行"也是同类店铺的组织，这就是行会的起源。

唐代聚集在都市里的手工业店铺，便是组成"行"的。有的在一条街上工作，也有许多是散居在各处的。这种店铺，当时通常叫做"坊"、"作"、"铺"，或"作坊"、"作铺"。《三水小牍》上载："唐文德……巨鹿郡南和县街北有纸坊，长垣悉晒纸。"（据《唐代经济史》转引）宋陶谷《清异录》卷三《碧金仙》条载："有刁萧者，携一镜，色碧体莹，背有字曰碧金仙，大中元年十二月，铜坊长老白九峰造。"又卷二《青灰蔗》条载："糖坊中人盗取未煎蔗液盈碗啜之。"卷四《花糕员外》条载："皇建僧舍旁有糕坊，主人由此入赀为员外官，盖显德中（事）也，都人呼花糕员外。"《芭蕉袗》条载："余在翰苑，以油衣渐故，遣吏市新者，回云，马行油作铺目录：入朝避雨衫、芭蕉袗，一副二贯。"《太平广记》卷二一九《田令孜》条引《玉堂闲话》："遂诣一染坊，丐得池脚一瓶子。"又卷四〇六《马文木》条引《闻奇录》："凤翔知客郭璩，其父曾主作坊。"工匠们大概就在坊、作、铺中卖货，或上市卖货。经营这种"坊"、"作"、"铺"的，是所谓"长老"或"师"等人（"长老"见上引文。《太平广记》卷三三〇《杨元英》条引《广异记》有"削师"——修造剑的师傅，同书卷三九〇《武夷山》条引《稽神录》有"染师"），即店东与师傅，在他们指挥之下，当有若干工匠与徒弟，工匠是已学成的匠人，徒弟就是尚未学成的工匠；店东或师傅自己也参加工作，他们的家属大概也充当工作的助手。这种手工业，基本上还属于家庭手工业的范畴，规模是不会很大的（以上仅据某些史料和后世情况推测，并无明确的记载证据）。

但当时也有比较大的家庭手工企业的存在,如《太平广记》卷二四三《何明远》条引《朝野佥载》说:

> 唐定州何明远大富,主官中三驿,每于驿边起店停商,专以袭胡为业,资财巨万,家有绫机五百张。

这就是与商业资本相结合的较大的家庭手工企业。案宋代的官"绫锦院",也不过"有锦绮机四百余"(见《续资治通鉴长编》卷四三);那时四川的锦院不过"设机百五十四",而"日用挽综之工百六十四,用杼之工五十四,练染之工十一,纺绎之工百一十"(见《蜀锦谱》序);依此类推,则有绫机五百张的企业,工人至少也当在千数上下;不过这种"工人"究竟是什么身份,是值得研究的。又《太平广记》卷八四《奚乐山》条引《集异记》载:

> 上都通化门长店,多是车工之所居也。广备其财,募人集车,轮辕辐毂,皆有定价,每治片辋,通凿三窍,悬钱百文,虽敏手健力、器用利锐者,日止一二而已。有奚乐山者,携持斧凿,诣门自售,视操度绳墨颇精,徐谓主人:幸分别辋材,某当并力。……

这类较大的手工业场所(事实上是不多的),大概是募集、雇佣手工业者来进行生产的。工匠们有"本行",所谓"以薄艺投本行"(《太平广记》卷二五七《织锦人》条引《卢氏杂说》),"本行"也就是一种行会。此外那时还有使用奴隶来进行手工业生产的,如《太平广记》卷二六九《韦公干》条引《投荒杂录》载:

> (琼山)郡守韦公干者,贪而且酷,掠良家子为臧获,如驱犬豕。有女奴四百人,执业者太半,有织花缣文纱者,有伸角为器者,有熔锻金银者,有攻珍木为什具者;其家如市,日考月课,唯恐不程。

这是古代生产方式的残余(注意琼山是后开化的地区),但像这样大的手工企业,也还是属于家庭手工业范畴的。

当时受雇佣的手工业者的生活,在韩愈写的《圬者王承福传》(《昌黎先生集》卷一二)里,描写得很清楚:这个"圬者"本来"世为京兆长安农夫",后来当了兵,"弃之来归,丧其土田",于是"手镘衣食","操镘以入贵富之家"。他"舍于市之主人,而归其屋食之当(值)焉,视时屋食之贵贱,而上下其圬之佣以偿之;有余,则以与道路之废疾饿者焉"。据此,当时的手工业者有些是从失业的农民转化来的,这些手工业者住在"市"里,依靠一个"主人"(不是店主),以工作换取生活,工价可按生活程度的高低,由自己规定,工作所得,除养活自己外,尚可有些多余。韩愈所描写的"圬者"的生活,自然有拟想的成分在内,事实上当时有些手工业者,大概是自有生产工具,而以卖佣为生,工作所得,至多只够勉强养活自己和很少的家口(所以《传》中说"妻与子皆养于我者也,吾能薄而功小,不有之可也;又吾所谓劳力者,若立吾家而力不足,则心又劳也")。至于工价的高低,恐怕不能完全由他们自己决定,至少要受到雇主或"行会"等的限制。我们再看柳宗元《梓人传》(唐《柳河东集》卷一七)的描写:

裴封叔之第,在光德里,有梓人款其门,愿佣隙宇处焉。所职寻引规矩绳墨,家不居砻斫之器。问其能,曰:吾善度材,视栋宇之制,高深、圆方、短长之宜,吾指使而群工役焉。舍我,众莫能就一宇;故食于官府,吾受禄三倍;作于私家,吾收其直大半焉。他日入其室,其床阙足而不能理,曰,将求他工。余甚笑之。……其后京兆尹将饰官署,余往过焉,委群材,会众工;或执斧斤,或执刀锯,皆环立向之。梓人左持引,右执杖,而中处焉;量栋宇之任,视木之能举;挥其杖曰斧,彼执斧者奔而右;顾而指曰锯,彼执锯者趋而左。俄而斤者斫,刀者削，皆视其色，俟其言，莫敢自断者；其不胜任者，怒而退之，亦莫敢愠焉。画宫于堵，盈尺而曲尽其制，计其毫厘而构大厦，无进退焉。既成，书于上栋曰：某年、某月、某日、某建，则其姓氏也；凡执用之工不在列。……梓人，盖古之审曲面势者，今谓之都料匠云。

所谓"都料匠"就是近代的包工头，这也是所谓"长老"、师傅之流，他们自己虽参加工作，但不参加实际劳动；他们自居于指挥者，指挥工匠劳动；但功成之后，收入最多，而且别人的劳动成果，也归在他们的名下，事实上这是一种剥削制度：工头是剥削者，工匠是被剥削者，工头的收入大部分是从工匠的劳动中剥削来的（据《传》中所说"作于私家，吾收其直太半"，足见剥削量之大）。柳宗元借梓人的职能来说明宰相的职能，其中的描写虽出想象，但当时必已有这类制度存在；凭空想象，是不可能的！从包工的制度推测，当时长老、师傅们对于工匠和徒弟们的剥削，以及雇主对于雇佣匠人的剥削，必定也很严重。

当时的手工业，也有许多被贵族、官僚（还有寺庙）所把持着，表现得最突出的是碾米和制面业，即所谓"水碾硙"（商贾们也经营这种事业，如《文献通考》卷六《田赋》六载"永徽六年，雍州长史长孙祥奏言，……富商大贾竞造碾硙，堰遏费水"）。《唐六典》卷三〇载：

> 凡官人不得于部内请射田地及造碾硙，与人（民）争利。（《唐会要》卷八九《硙碾》："开元九年正月，京兆少尹李元纮奏疏：'三辅诸渠，王公之家缘渠立硙，以害水功。'……至广德二年三月，户部侍郎李栖筠奏请……拆京城北白渠上王公、寺观硙碾七十余所……"）

足见官僚等营碾硙业者的众多。《旧唐书·高力士传》：

于京城西北截澧水作碾,并转五轮,日破麦三百斛。

同书《李元纮传》:

三辅诸王公权要之家,皆缘渠立硙,以害水田。(参上引《唐会要》文字)

同书《郭子仪传》:

势门碾硙八十余所。

此外当时贵族官僚等还经营各种手工业,如《旧唐书·高崇文传》载:"恃其功而侈心大作,帑藏之富,百工之巧,举而自随,蜀都一罄。"这竟是霸占掠夺了。

又官吏尚有非法剥削手工业者的,如《唐大诏令集》卷八二《申理冤屈制》"或于所部,频倩织作,少付丝麻,多收绢布"便是一例。贵族、官僚把持和剥削手工业,阻碍了民间手工业的正常发展。

与前代一样,这时的封建政府也建立许多手工场所,制造皇室和官府所需用的物品。《隋书·苏孝慈传》:"高祖受禅……于时王业初基,百度伊始,征天下工匠,纤微之巧,无不毕集;孝慈总其事,世以为能。"至于官府手工业统属机关,举唐代为例,据《旧唐书·职官志》等记载:都城中有少府监(统中尚、左尚、右尚、染织、掌冶署等),将作监(统左校、右校、中校、甄官署等)等;有时还设立军器监。在这些机关下的手工场所,有绫锦坊、毡坊、毯坊、染坊、酒坊、金银作坊院等。在宫廷里,有所谓"内八作",掖庭局(掌宫禁女工之事)等;在它们统属下,有绫匠、玉工等。在各道,官府也设立许多手工场所,如织锦坊、铸钱坊等。此外,诸冶监、铸钱监等,也多设在矿产地区。

官府手工场所中,分业分工都比较细密些(有教学制度:长的限四年、三年、二年、一年半、一年,短的九月、三月、五十日、四十日，见《唐六典》卷二二），如唐代少府监织染署的分工是：

> 凡织纴之作有十（注：一曰布，二曰绢，三曰缦，四曰纱，五曰绫，六曰罗，七曰锦，八曰绮，九曰𫄧，十曰褐），组绶之作有五（注：一曰组，二曰绶，三曰绦，四曰绳，五曰缨），𫄧线之作有四（注：一曰𫄧，二曰线，三曰弦，四曰网），练染之作有六（注：一曰青，二曰绛，三曰黄，四曰白，五曰皂，六曰紫）。（见同上）

唐代官府手工场所中所用的工匠，在初期，大体上以征匠为主；这种匠人“散出诸州，皆取材力强壮，技能工巧者”（《唐六典》卷七注），使他们提供工役于官府手工场所。另一种匠人是雇佣的工匠，即所谓“和雇匠”等。有些征匠若不应役，可以纳资代工（《唐六典》卷七注“其巧手供内者，不得纳资”）。唐代官工业匠人名称很多，有所谓“匠”、“短番匠”、“长上匠”、“明资匠”、“巧儿”、“和雇匠”等，其间制度，尚待详考，有些人的说法，还有疑问。大概唐代中叶以后，官工业中雇佣匠人渐多，这种由征役劳动向雇佣劳动转变的现象，在手工业史上说，也是一种进步。但是征匠制度，直到很晚的时期，还有残存的。

在唐代官府手工场所中，还有一种工匠，就是属于官府的贱民和官奴婢。官奴婢长期在手工场所中工作。身份较高的是“官户”，也称“番户”，是分“番”（班）工作的（“有工能官奴婢亦准此”），“一年三番”。身份更高些的是“杂户”，“二年五番”：“番皆一月”（“十六已上当番”）。如不愿上“番”，也可以纳资代役。再另外一种匠人，就是犯罪的刑徒（以上均见《唐六典》卷六）。

不论官私手工业者，大概世袭职业的居多（《唐六典》卷七注“一入工匠后，不得别入诸色”）。其组织，据《新唐书·百官志》：“凡工匠，以州县为团，五人为火，五火置长一人。”

上述的行会手工业、家庭大手工业和官府手工业,都是封建性的手工业;从各种史料里看,还不曾发现真正属于资本主义性质的手工业。因为这些手工业,基本上都不曾脱离家庭手工业的范畴或封建势力的控制;"行会"更是封建性的组织,不摆脱行会的束缚,资本主义生产因素是很难产生的。至于封建政府和封建贵族、官僚控制手工业的趋势,更阻碍了资本主义性质的手工业早日诞生;而手工业者的世袭,也说明了封建性的严重。

然而都市手工业的发展,作坊的兴起,家庭大手工业的出现,分业分工的细致和雇佣工匠的逐渐众多,又都说明了手工业总的趋势是在向上发展着。

这时代最发达的手工业,依然是纺织业,尤其是其中的丝、布织业;这只须看当时的政府收入,便可知道。《通典》卷六载:

> 按天宝中天下计帐,户约有八百九十余万,其税钱约得二百余万贯;……其地税约得千二百四十余万石;……课丁八百二十余万,其庸、调、租等:约出丝、绵郡县计三百七十余万丁,庸、调输绢约七百四十余万匹(注:每丁计两匹),绵则百八十五万余屯(注:每丁三两,六两为屯,则两丁合成一屯);租粟则七百四十余万石(注:每丁两石)。约出布郡县计四百五十余万丁,庸调输布约千三十五万余端(注:每丁两端一丈五尺,十丁则二十三端也);其租,约百九十余万丁,江南郡县折纳布,约五百七十余万端(注:大约八等以下户计之,八等折租每丁三端一丈,九等则二端二丈,今通以三端为率);二百六十余万丁,江北郡县纳粟,约五百二十余万石。大凡都计租税、庸调,每岁钱、粟、绢、绵、布,约得五千二百二十余万端、匹、屯、贯、石。诸色资课及句剥所获,不在其中。(案唐代的丝织品有极考究的,那时的某些制品现在有发现。)

此外"诸郡贡献，皆取当土所出，准绢为价，不得过五十匹"，可见绢在当时是作为物价的准绳的。又案《唐国史补》卷下载："初，越人不工机杼，薛兼训为江东节制，乃募军中未有室者，厚给货币，密令北地娶织妇以归，岁得数百人，由是越俗大化，竞添花样，绫纱妙称江左矣。"这个故事是江南丝织业逐渐兴盛的反映。

其次，盐、铁、茶、酒等，也是重要的手工业（唐代坑冶之数，据《新唐书·食货志》"凡银、铜、铁、锡之冶一百六十八"），《隋书·食货志》载：

> （开皇三年）通盐池、盐井，与百姓共之。（《唐六典》卷三○注："凡州界内，有出铜铁处，官不采者，听百姓私采煮，铸得铜及白蜡，官为市取，如欲折充课役，亦听之。其四边，无问公私不得置铁冶及采铜。自余山川薮泽之利，公私共之。"）

《唐会要》卷八八《盐铁》载：

> 开元元年……十一月五日，右拾遗刘彤论盐铁上表曰："……然臣愿陛下诏盐、铁、木等官，各收其利，贸迁于人，则不及数年，府有余储矣。"……上令宰臣议其可否，咸以盐铁之利，甚益国用；遂令将作大匠姜师度、户部侍郎强循，俱摄御史中丞，与诸道按察使，检校海内盐铁之课。（参《通典》卷一○）

同书卷八七《转运盐铁总叙》载：

> 肃宗初，第五琦始以钱谷得见。……乾元元年……为盐铁使，于是始立盐铁法：就山海井灶，收榷其盐，立盐院官吏，其旧业户洎浮人欲以盐为业者，免其杂徭，隶盐铁使。盗煮私盐，罪有差；亭户自租庸以外无得横赋。人（民）不益税而国用以饶。……（刘）晏始以盐利为漕佣……代第五琦盐务，法益精密。初年入钱六十万，季年则十倍其初。大历末通天下

之财,而计其所人,总一千二百万贯,而盐利过半。……自榷
筦之兴,惟刘晏得其术,而(李)巽次之,然初年之利类晏之季
年,季年之利则三倍于晏矣。(参《旧唐书·食货志》)

自从汉武帝和王莽管制盐铁之后,由于经济条件的转移,盐铁之利
逐渐被人忘记了。到了唐代,一面由于生产发达,手工业、商业复
兴,盐铁之利又日见显著;一面由于战乱频繁,国家财政困难,官僚
们注意常赋以外的财源,于是盐铁之利就很快地被人重新发现,又
成为政府的重要收入。尤其是盐,因为是人们一日不能缺少的食
物,收利更为巨大:从此以后,盐利就变成封建政府的一项重要财
源了。(又案隋唐时代金属品的制造很进步:1930 年在易州隋唐
文化遗址出土的铁器农具等,和现代的形式已差不多。唐朝并州
产快剪刀,非常有名。铜器如铜镜也颇考究,花纹较前代丰富精
致。金、银器和金银饰的器物,更是工细。)

茶是"中古"新兴的饮品,过去没有人注意它,但是制造和贩
卖逐渐兴盛。安史乱后,军费浩大,茶的利益才被政府注意到。
《唐会要》卷八四《杂税》载:

建中元年九月,户部侍郎赵赞请置常平轻重本钱,从之。
赞于是条奏……天下所出竹、木、茶、漆,皆什一税之,充常平
本钱。

贞元九年正月,初税茶。先是,诸道盐铁使张滂奏曰……
伏请于出茶州县,及茶山外,商人要路,委所由定三等时估,每
十税一,充所放两税。……诏曰可,仍委张滂具处置条奏。自
此每岁得钱四十万贯:茶之有税自此始也。

大中六年正月,盐铁转运使兵部侍郎裴休奏:诸道节度
使、观察使,置店停止茶商,每斤收拓地钱,并税经过商人,颇
乖法理;今请厘革横税,以通舟船;商旅既安,课利自厚。今又

正税茶商多被私贩茶人侵夺其利,今请强干官吏,先于出茶山口,及庐寿淮南界内,布置把捉,晓谕招收,量加半税。……敕旨:宜依。(参看《旧唐书·食货志》)

茶税的开始,说明制茶和贩茶已成为一种重要的手工业和商业了。

唐代后期又榷酒酤:

> 建中三年,初榷酒,天下悉令官酿,斛收直三千;米虽贱,不得减二千。委州县综领;醨薄私酿,罪有差。以京师王者都,特免其榷。(《旧唐书·食货志》)

> 会昌六年九月敕:扬州等八道州府置榷面,并置官店酤酒,代百姓纳榷酒钱,并充资助军用,各有榷许限。(《唐会要》卷八八《榷酤》。参《旧唐书·食货志》)

大概制酒工业和贩酒商业在这时也有发展了。(附记:砂糖起于唐太宗时,其制法为中天竺属国所传,见《新唐书·西域传》。)

获利甚厚的较大的手工业与商业,如盐、铁、茶、酒等,都被封建政府所控制;最重要的手工业纺织业,在农村的,受到封建政府的严重剥削;在都市的,也遭到剥削,而且封建政府和贵族官僚还有自营的纺织业手工场所:这就使整个手工业的重要部分,都被封建势力所垄断控制,资本主义生产因素,自然难于早日诞生了。

陶瓷业在隋唐五代时,也有了新发展。隋时何稠的以绿瓷制琉璃(唐代掌冶署工作有制琉璃一项,见《新唐书·百官志》),说明那时的瓷器已有进步。唐代瓷器色样繁多,形式已接近宋代,为外人所称道。最有名的是浙江所出的"越瓷",是青绿色的,发展到五代,就产生了吴越的"秘色瓷"和后周的"柴窑"(这种瓷器究竟怎样,还待考证),这都是非常著名的"青瓷",在瓷器史上,有很高的地位的。其次唐代还有河北所产的"邢瓷",是白色的,行用也很普遍。唐代鼎、婺、岳、寿、洪等州还出各色瓷器(参看陆羽

《茶经》)。四川大邑出白瓷,见于杜甫诗。此外有名的还有所谓"唐三彩"(青、绿、黄等色)陶瓷器。那时统治者竟能役使陶匠二十万人烧砖塞剑门,见《鉴诚录》卷二(唐代瓷器业的发展,与因钱币缺少禁用铜器和饮茶风尚兴起有些关系)。到了宋代,瓷器就开始进入全盛时代了。但是瓷器业也渐由民营转入官营,官营瓷器业逐渐压制了民营瓷器业,这使瓷器手工业与商业资本的结合受到相当的局限。

印刷术至少始于唐代,多印宗教经典,后来逐渐印及他书。至五代时,印刷术已初步发展起来了。

当时手工业的分布,大体如下:最主要的手工业——纺织业,绝大部分是与小农业强固结合在全国的农村里。一般说来,那时的丝织业,北方黄河流域较盛;而布织业,则集中在长江流域及其以南的地区。关于这点,我们可以从当时庸、调的剥削上看出(参看上引《通典》文)。都市纺织业,则以四川、河北一带为最盛。四川在唐代,曾织造进贡的丝织品(《唐会要》卷五二《忠谏》"(贞观)十五年,于益州造绫锦金银等物")。且有特种的有金银丝的织物(《旧唐书·五行志》:"安乐初出降武延秀,蜀川献单丝碧罗笼裙,缕金为花鸟,细如丝发,鸟子大如黍米,眼鼻嘴甲俱成,明目者方见之。"中唐后钱贵物贱的时候,两税改征现物,对于四川有特别的规定"每年两税一半与折纳重绢");河北定州有大商人所设立的具有五百张绫机的大企业(见上)。据《通典》卷六的记载,全国州郡贡丝织物的,在数量上以定州为第一。但唐代全盛期丝织物的品质,似以青州为首屈一指,如《太平广记》卷三〇〇《三卫》条引《广异记》说:"开元初……天下唯北海(青州)绢最佳。"盐、茶、矿产等,依自然条件各有一定的产区。瓷器业以南方的越州、饶州,北方的邢州和西方的四川为盛。造纸业也以四川成都一带为盛,浙江、安徽等许多地方都有纸的产品。漆器的著名出产地是湖北的襄阳,它所出产的漆制品称为"襄样"(《唐国史补》卷中"襄州人善为漆器,天下取法,谓之襄样")。印刷业则以江南、四川等地为盛。此外应该提一提的,是广西出产的"桂布",这就是中国较早的棉布,据说桂布厚,"可以欺寒",唐文宗曾"效著桂管布,满朝皆仿效之,此布为之贵",见《太平广记》卷一六五《夏侯孜》条引《芝出录》。与商业的发展相适应,当时扬州的手工业似也相当发达,除纺织品、铜器等外,还有其他手工业制品,如《太平广记》卷三五五《广陵贾人》条引《稽神录》:"广陵有贾人,以柏木造床,凡什器百余事,制作甚精,其费已二十万,载之建康,卖以求利。"关于唐代各地特产的手工业制品,《旧唐书·韦坚传》有条史料,可供参考:

> 若广陵郡船,即于栿背上堆积广陵所出锦、镜、铜器、海味;丹阳郡船,即京口绫衫段;晋陵郡船,即折造官端绫绣;会稽郡船,即铜器、罗、吴绫、绛纱;南海郡船,即玳瑁、真珠、象牙、沉香;豫章郡船,即名瓷、酒器、茶釜、茶铛、茶碗;宣城郡船,即空青石、纸、笔、黄连;始安郡船,即蕉、葛、蚺蛇胆、翡翠;船中皆有米;吴郡即三破糯米、方文绫。

这些也多是重要的商品,其中丝织品是居于首要地位的。

建筑、雕刻等艺术也可见出手工业技术发展的水平。隋代匠人李春所建的赵州安济桥,是我国现存的最古的大石桥,工程相当伟大。隋唐都城的建筑都很宏壮,从宋刻吕大防长安图拓片看来,建设计划是很完密的。唐代寺庙等的建筑也颇壮丽,现在还有保存的。唐代的石像雕刻,如有一座"大卢舍那"像,高八丈五尺,头宽六尺半;"力士"像高八丈,脚周四尺六寸,艺术水平都很高。

二　商业的发展

隋唐五代时代手工业的发展尚不及商业的发展。隋代统一南北,国内环境得到相对的安定,于是生产发达,交通开辟,商业更趋兴隆。《隋书·炀帝纪》上载:"(大业元年三月)徙天下富商大贾数万家于东京(洛阳)。"这是继承秦汉的政策,即此可见隋代商业的发达。同书下又称:"课天下富室,益市武马……富强坐是冻馁者,十家而九。"又可见商业资本也和汉代一样,曾遭遇到很大的打击;加以隋末统治阶级的腐朽,剥削压迫的加重,商业必受到暂时的阻抑。然唐代统一以后,商业就又迅速地繁荣起来了。

唐代鼓励商业的发展,在田令中虽禁止出卖永业口分田,但对于卖充住宅、邸店、碾硙,则加以优容(《通典》卷二"乐迁就宽乡者,并听卖口分",注"卖充住宅、邸店、碾硙者,虽非乐迁,亦听私卖")。所谓"邸店"(以前已有),据《唐律疏议》卷四所下的定义是:"居物之处为邸,沽卖之所为店。"其实"邸"也兼买卖货物,例如《太平广记》卷一六《张老》条引《续玄怪录》说"乃往扬州,入北邸,而王老者方当肆陈药",便可证明(这里所谓"邸"似即"市",但也可证明"邸"兼买卖)。唐代的商业,就以这种邸店为重心。邸店是与转运相结合的,因为这时候,商人的营业多以转运货物为主,他们从货物出产地或集散地,收买商品,运往其他地方出卖。他们的交易,多数是批发的,而不是零售的。例如元稹《长庆集》卷二三《估客乐》诗说:

> 估客无住著,有利身则行;出门求火伴,入户辞父兄;父兄相教示,求利莫求名,求名莫所避,求利无不营;火伴相勒缚,卖假莫卖诚;交关但交假,本生得失轻;自兹相将去,誓死意不

更;亦觧市头语,便无乡里情。

　　求珠驾沧海,采玉上荆衡;北买党项马,西擒吐蕃鹦;炎州
布火浣,蜀地锦织成;越婢脂肉滑,奚僮眉眼明。

所谓"估客"就是转运商人。《太平广记》载:

　　维扬万贞者,大商也,多在于外运易财宝以为商。(卷三
四五《孟氏》条引《潇湘录》)

　　有估客王可久者,膏腴之室,岁鬻茗于江湖间,常获丰利
而归。(卷一七二《崔碣》条引《唐阙史》)

　　军吏徐彦成恒业市木,丁亥岁往信州汭口场,无木可市,
泊舟久之。一日晚,有少年……曰:吾有木在山中,明当令出
也。居一二日,果有材木大至,良而价廉。市易既毕,往辞少
年,少年复出大杉板四枚,曰:向之木吾所卖,今以此赠君,至
吴当获菩提。彦成回,始至秦淮,会吴帅俎,纳杉板为棺,以为
材之尤异者,获钱数十万。彦成大市珍玩,复往汭口,以酬少
年,少年复与交市。如是三往,颇获其利。间一岁复诣之……
(卷三五四《徐彦成》条引《稽神录》)

　　江陵有郭七郎者,其家资产甚殷,乃楚城富民之首,江、
淮、河朔间,悉有贾客仗其货,买易往来者。(卷四九九《郭使
君》条引《南楚新闻》)

可见这些"估客"往往都是大批发商,他们似以买卖一种货物为
主,但也兼买卖他种货物,时常往来各地买贱卖贵,颇易发财。最
大的商人甚至借资货给各地商客贸易,而坐收其利。

　　"邸店"便是供应这种"估客"的,它们就是商行(也就是大店
铺)。估客带了货物,来到邸店,主人与牙人为商客作中间,将货
物卖出或再买进货物。邸店主人也许自买货物,把来出售。《估
客乐》说:

经游天下遍,却到长安城,城中东西市,闻客次第迎;迎客
兼说客,多财为势倾;客心本明黠,闻语心已惊。

这可见出邸店与估客的关系了。

邸店既经营直接交易,又经营居间交易,所以获利最厚。而其
中所谓"行头"、"主人"与"牙人"等,都是交易的垄断者,获利固
然丰厚,但也要担负相当大的责任,如《唐会要》卷八九《泉货》载:

贞元九年三月二十六日敕:陌内欠钱,法当禁断;……自
今以后,有因交关用欠陌钱者,宜但令本行头及居停主人、牙
人等检察送官。如有容隐,兼许卖物领钱人纠告;其行头、主
人、牙人,重加科罪。(参《旧唐书·食货志》)

邸店等也是组成"行"的。所以邸店商业是一种封建性的行
会商业。五代时牙行事业更是发展,如《五代会要》卷二六《市》
载:"后唐天成元年十一月二十一日敕:'在京市肆,凡是丝绢斛斗
柴炭,一物已上,皆有牙人,百姓将财物货卖,致时物腾贵,百姓困
穷,今后宜令河南府一切禁断。'……周广顺二年十二月,开封府
奏,商贾及诸色人,诉称被牙人、店主引领百姓赊买财货,违限不
还,其亦有将物去后,便与牙人设计,公然隐没。"可见牙人等的势
力及其舞弊情况。

唐代商业确乎比前发达得多,所以邸店的经营非常普遍,《长
安志》卷八:东市"市内货财二百二十行,四面立邸,四方珍奇皆所
积集";又西市"市内店肆如东市之制"。《太平广记》卷四九五
《邹凤炽》条引《西京记》说:

西京……有富商邹凤炽……其家巨富,金宝不可胜计,常
与朝贵游,邸店园宅,遍满海内,四方物尽为所收。(案见《两
京新记》卷三)

都城里固然邸店众多,其他各都市中,邸店也必不少。

因为邸店非常有利，所以贵族、官僚们也都拼命向这里钻，如《旧唐书·玄宗纪》下载：

> （开元）二十九年春正月丁丑……禁九品已下清资官置客舍、邸店、车坊。

《全唐文》卷八一《宣宗禁公主家邑司擅行文牒敕》载：

> 应公主家有庄宅、邸店，宜依百姓例差役征课。

《唐会要》卷八六《市》载：

> 先是，诸道节度、观察使，以广陵当南北大冲，百货所集，多以军储货贩，列置邸肆，名托军用，实私其利息。

甚至政府也设立邸店，与民争利。

唐代商业的重心——邸店，虽然开设很是普遍，但已被封建贵族、官僚等所把持，而且邸店本身就是一种封建性的行业，唐代商业的封建化，于此可见。

至于开设普通店铺的商人，大体批发手工业作坊的货品，或由邸店行头、主人、牙人等中介，批发商客的货物，然后零售给主顾。此外还有沿街叫卖的小贩。这类商店和小贩，在唐人小说中，常可见到。

隋唐时代商业被封建势力所控制的证据，除上述邸店商业外，还有许多。例如《隋书·食货志》载："先是，京官及诸州并给公廨钱，回易取利，以给公用。至十四年六月，工部尚书安平郡公苏孝慈等，以为所在官司，因循往昔，以公廨钱物出举兴生，唯利是求。……于是奏皆……禁止。""十七年十一月，诏在京及在外诸司公廨，在市回易及诸处兴生，并听之。惟禁出举收利云。"唐承隋制，对于官吏的薪俸，也特"置公廨本钱"，设"捉钱令史"或"捉钱户"等，"市肆贩易"，生利以供开支（见《唐会要》卷九三）。后来对于经常的小支出，也设"本钱"（同上书）。捉钱令史或捉钱户，对于官府只负担缴纳定额利息的义务,而有免课役与升官等权利,因此富人多承当这项差使,或放钱给商人们,收取利息;或利用官府资金,自己经商:这种商业,更是与封建势力相结合的。

隋唐时代贵族、官僚经营商业的,实在不少,如《隋书·高祖纪》下:"(开皇十四年)六月丁卯,诏省府州县,皆给公廨田,不得治生,与人(民)争利。"《杨素传》:"营求产业……邸店、水硙,并利田宅,以千百数。"《韦世康传》:"(弟艺)大治产业,与北夷贸易,家资巨万……"唐霍王元轨"尝使国令征封,令白:请依诸国赋物贸易取利",元轨拒绝(《旧唐书》本传)。岭南节度使王锷"日发十余艇,重以犀、象、珠、贝,称商货而出诸境,周以岁时,循环不绝"(同上本传)。《唐会要》卷八六《市》载:"(大历十四年七月)令王公百官及天下长吏无得与人(民)争利。先于扬州置邸肆贸易者罢之。"安史乱后,各地军阀也托名军用,把军储作资金,差军吏或商人到大都市中贸易求利。封建贵族、官僚、军阀等的设置邸店,已见上述。

盐、茶等被统制后,又有投官的盐商、茶商等,他们对官府约定包销若干斤、石,纳税后,即可自由在各地贩卖;官府对他们取消通过等税,并免差科;又为他们取缔不纳税的私商。

以上都说明封建势力控制商业。至于商人本身,也与封建势力相勾结,例如《隋书·刘昉传》:"性粗疏,溺于财利,富商大贾,朝夕盈门。"《宇文述传》:"富商大贾,及陇右诸胡子弟,述皆接以恩意,呼之为儿,由是竞加馈遗,金宝累积。……"元稹《估客乐》诗说商客们:

> 先问十常侍,次求百公卿;侯家与主第,点缀无不精;归来始安坐,富与王者勋。

商人勾结贵族、官僚们,一面为了兜揽生意,一面乃是寻求保护,以免"多财为势倾"。《唐会要》卷八五《定户等第》载：

> 开元十八年十一月敕，……比来富商大贾，多与官吏往
> 还，递相凭嘱……

商人们不但勾结贵族、官僚，而且钻营做官，如《旧唐书·辛替否传》说：

> 公府补授，罕存推择；遂使富商豪贾，尽居缨冕之流；鬻伎
> 行巫，咸涉膏腴之地。（《全唐文》卷三八〇元结《问进士第
> 二》也说："今商贾贱类，台隶下品，数月之间，大者上污卿监，
> 小者下辱州县。"）

在唐初时，富商邹（一作郑）凤炽已曾直接向皇帝求买终南山（见
《两京新记》等书）。《旧唐书·韦安石传》又载：

> （武后）尝于内殿赐宴，（张）易之引蜀商宋霸子等数人于
> 前博戏。安石跪奏曰："蜀商等贱类，不合预登此筵。"因顾左
> 右令逐出之。

商人竟至与皇帝打起交道来，其势力之大，可以想见。

封建政府与贵族、官僚的商人化，商人的封建贵族官僚化，都
说明唐代商业的封建性。何况商人们还兼并土地，兼为地主呢！

但是唐代的封建政府在财政没有办法时，也向商人掠夺，以救
眉急，如《唐会要》卷八四《杂税》载：

> （建中）四年六月，判度支户部侍郎赵赞……又以军须迫
> 蹙，常平利不时集，乃请税屋间架等，除算陌钱。间架法：凡屋
> 两架为一间，屋有贵贱，约价三等：上价间出钱二千，中价一
> 千，下价五百。……凡没一间者，杖六十，告者赏钱五十贯，取
> 于犯家。除陌法：天下公私给与货易，率一贯旧算二十，益加
> 算为五十。给与他物或两换者，约钱为率算之。市牙各给印
> 纸，人有买卖，随日署记，翌日合算之。有自贸易不用市牙者，

给其私簿;无私簿者,投状自集;其有隐钱百者,没入;二千,杖六十;告者赏十千,出于犯罪人家。法既行,而主人、市牙得专其柄,率多隐盗,公家所入,曾不得半,而怨讟之苦,嚣然满于天下。至兴元元年正月一日,赦,悉停罢。(参《旧唐书·食货志》)

前一种是房屋税,后一种是财物转移税,虽不尽是搜括商人(房屋税,普通有屋的人,受累更大),但商人的损失必定很大。货易税的好处多落行邸主人和牙人之手,政府所得不多,所以不久停罢。

又安史乱后,"诸道节度使、观察使,多率税商贾,以充军资杂用。或于津济要路及市肆间交易之处,计钱至一千以上,皆以分数税之:自是商旅无利,多失业矣。上元中,敕江淮堰埭商旅牵船过处,准斛纳钱,谓之埭程"(《通典》卷一一)。建中年间,赵赞条奏:"诸道津要都会之所,皆置吏,阅商人财货,计钱每贯税二十文。"(《唐会要》卷八四《杂税》。案杨炎两税法:"不居处而行商者,在所州县税三十之一,度所取与居者均。"参看《唐会要》等书)至于邸店等,本来是有税的(征收户税时,对于有邸店、行铺、炉冶的,特加二等课税。见《唐会要》卷八三《租税》上)。唐代的商税,到五代时大体仍旧施行。

封建政府对于商人有更厉害的掠夺,如《新唐书·食货志》载:

> 自两京陷没,民物耗弊,天下萧然。肃宗即位,遣御史郑叔清等籍江淮蜀汉富商右族訾畜,十收其二,谓之率贷。诸道亦税商贾以赡军……

> (德宗时)朱滔、王武俊、田悦合从而叛,用益不给,而籍商之令出……

> 京兆少尹韦桢、长安丞薛萃,搜督甚峻,民有不胜其冤自

经者,家若被盗。……又取僦柜纳质钱及粟麦粜于市者,四取其一,长安为罢市,市民相率遮邀宰相哭诉。……

　　是时宫中取物于市,以中官为宫市使,两市置白望数十百人,以盐估敝衣、绢帛尺寸分裂酬其直。又索进奉门户及脚价钱。有赍物入市而空归者。每中官出,估浆卖饼之家,皆彻肆塞门。……顺宗即位,乃罢宫市使。(参《唐会要》卷八六《市》:"贞元以后,京都多中官市物于廛肆,谓之官市,不持文牒,口含敕命,皆以盐估、不中衣服、绢帛、杂红紫之物,倍高其估,尺寸裂以酬价。……市后又强驱于禁中,倾车乘,馨辇驴,已而酬以丈尺帛绢;少不甘,殴致血流者。")

像这样的掠夺法,简直和强盗差不多,商业的遭受破坏,更可想象了。

　　上面已把商业的重心——邸店和转运,以及封建势力的控制商业等,大略叙毕。现在应一叙当时的都市与交通和对外贸易,从这些里面,我们更可看出当时商业的发展情况。

　　商业都市的发展,开始于隋代,隋代的东西两京,就是两个最大的商业都市。西京有东、西两市;东京有东、南、北三市;东京的北市北临通济渠,上有通济桥,天下舟船,集于桥东,常万余艘,填满河路;商贾贸易,车马填塞于市。唐代继承隋代,两京的商业更盛,《旧唐书·地理志》载:

　　京师……隋开皇二年,自汉长安故城东南移二十里,置新都,今京师是也。城东西十八里一百五十步,南北十五里一百七十五步。皇城在西北隅。……有东西两市,都内南北十四街,东西十一街,街分一百八坊,坊之广长皆三百余步。皇城之南大街曰朱雀之街,东五十四坊,万年县领之;街西五十四坊,长安县领之;京兆尹总其事。

> 东都……隋大业元年，自故洛城西移十八里，置新都，今都城是也。……都城南北十五里二百八十步，东西十五里七十步，周围六十九里三百二十步。都内纵横各十街，街分一百三坊；二市。每坊纵横三百步。开东西二门。宫城在都城之西北隅。

宋敏求《长安志》的记载见上（据《唐宋官私工业》引《入唐求法巡礼行记》载：会昌三年六月，"二十七日，夜三更，东市失火，烧东市曹门以西十二行四千余家"。有人认为十二行内有四千余家）。两京以外，唐代最著名的都市是扬州，它位于水陆商路的交点，对外对内的贸易都集合在这里。安史乱后，它又是盐铁转运使的驻在地，总汇东南财赋，各道节度使等和京中百官，也多派人置邸店贸易。《容斋随笔》卷九载：

> 唐世盐铁转运使在扬州，尽干（斡）利权，判官多至数十人，商贾如织，故谚称扬一益二，谓天下之盛，扬为一，而蜀次之也。

由此足见扬州的特别兴盛了（《太平广记》卷二九○《吕用之》条引《妖乱志》："吕用之……（其）父璜，以货茗为业，来往于淮浙间；时四方无事，广陵为歌钟之地，富商大贾，动逾百数。"亦可见扬州商业之盛）。江南的苏州和杭州，也是中唐以后新兴的大都市。宋朱长文《吴郡图经续记》称：苏州"至唐……号为雄郡"（卷上）。李华《杭州刺史厅壁记》描述中唐时杭州的商业已很繁荣："杭州东南名郡"，"骈樯二十里，开肆三万室"（《全唐文》卷三一六）。杜牧《上宰相求杭州启》称：当时的杭州为江南"大郡"，"户十万，税钱五十万"（《全唐文》卷七五三）。洪州是广州和扬州之间的一个商业都市，海外和岭南的货物，大都从广州越大庾岭，取水道到洪州，再由洪州沿江而东。《太平广记》卷四○三《紫䊺羯》条引

《广异记》称：中唐时代的洪州为"江淮之间一都会也"。荆州是长江中部一个繁盛的都市，《资治通鉴》卷二五三唐僖宗纪乾符五年正月条："江陵城下旧三十万户。"成都自古为商业大都市，在唐代声望仅次于扬州，卢求《成都记序》："大凡今之推名镇为天下第一者曰扬益，以扬为首，盖声势也。"（成都）"人物繁盛，悉皆土著；江山之秀，罗锦之丽；管弦歌舞之多，伎巧百工之富；……熟较其要妙，扬不足以侔其半。"（《全唐文》卷七四四）广州，是岭南最大的都市，且为国际著名商港。钱塘江流域的越州、明州，也都是国际商埠。福建的泉州，则是中唐以后发展起来的大商港。

唐代的都市，到五代时，大体继续存在着，有的还继续有发展，有的则渐趋衰落（如唐代的两京）。梁、晋、汉、周都以汴梁为首都，汴梁开始兴盛于隋唐，到五代周时，世宗显德二年四月下诏称："东京（汴梁）华夷辐辏，水陆会通；时向隆平，日增繁盛；……坊市之中，邸店有限；工商外至，络绎无穷；僦赁之资，增添不定；……将便公私，须广都邑。宜令所司于京城四面，别筑罗城。"（《五代会要》卷二六《城郭》）"至三年正月，发畿内及滑、曹、郑之丁夫十余万，筑新罗城。"（同上）这时，"遣周景大浚汴口，又自郑州导郭西濠达中牟，景心知汴口既浚，舟楫无壅，将有淮浙巨商贸粮斛（解）贾，万货临汴，无委泊之地……踞汴流中要起巨楼十二间。……景后邀巨货于楼，山积波委，岁入数万计"（《玉壶清话》卷三）。汴梁从此也成为最大的商业都市。此外吴、南唐据江南，前、后蜀据四川，也都发展地方经济，由于经济中心的逐渐南移，江南、四川的都市也更趋繁荣了。

综看隋唐五代都市发展的情况，有从西向东、由北向南的趋势；就是说东南方都市越来越多、越发展，而西北方的都市则渐趋衰落：这是与外族入侵和南方经济的发展，东南交通的开发，以及国外海上贸易的刺激,很有关系的。

隋唐五代时代,都市是很多的,上文所举的,不过是其中比较重要的而已。唐代的法令,对"市"有特别的规定,如《唐会要》卷八六《市》载:"景龙元年十一月敕,诸非州县之所,不得置市。其市当以午时击鼓二百下,而众大会;日入前七刻击钲三百下,散。其州县领务少处,不欲设钲鼓,听之。车驾行幸处,即于顿侧立市,官差一人权检校市事。其月,两京市诸行,自有正铺者,不得于铺前更造偏铺,各听用寻常一样偏厢。诸行以滥物交易者,没官。诸在市及人众中相惊动,令扰乱者,杖八十。"(案唐代大都市并有"夜市",《唐会要》同卷载:"开成五年十二月敕,京夜市宜令禁断。"可见夜市是不合法的。《全唐诗》王建《夜看扬州市》诗:"夜市千灯照碧云……犹自笙歌彻晓闻。")许设市的地方,置有"市令"等官管理。安史乱后,又规定:"中县户满三千以上:置市令一人,史二人。其不满三千户以上者,并不得置市官;若要路须置,旧来交易繁者,听依三千户法置,仍申省。诸县在州郭下,并置市官。……"(同上)在这时,州县的正式"市"以外,河津渡口或要路上,又出现了许多"草市"。"草市"大概就是非正式的"市"。如《唐会要》卷七一载有"灌家口草市"(属德州),《旧唐书·穆宗纪》(长庆元年五月丁巳)载有"福寿草市",《太平广记》卷四三《卢山人》条引《酉阳杂俎》载有"白洑南草市",《北梦琐言》卷一二载有"茂贤草市"。草市以外,还有"庙会"等"市",或特种物品的"市"。上述各种非正式的"市",有些发展起来,后来就成为重要的镇市了。

都市的发展,是以交通的发展为前提的。隋唐时国内交通渐趋发达,隋炀帝开运河,客观的效果为南北打开了水上商路,从此东南方的交通比前方便多了。唐代的商业交通,多依靠水路,如崔融说："且如天下诸津，舟航所聚；旁通巴汉，前指闽越；七泽十薮，三江五湖；控引河洛，兼包淮海；弘舸巨舰，千轴万艘；交贸往还，昧旦永日。"（《旧唐书·崔融传》，《唐会要》卷八六《关市》）《唐语林》卷八载："凡东南郡邑，无不通水，故天下货利，舟楫居多。……"（案语本《唐国史补》卷下）东南商业的日渐发达，与水上交通的便利，是很有关系的。

陆上的驿路，隋唐时代也已开始发展，《通典》卷七载唐全盛时："东至宋汴，西至岐州，夹路列店肆待客，酒馔丰溢；每店皆有驴赁客乘，倏忽数十里，谓之驿驴；南诣荆、襄，北至太原、范阳，西至蜀川、凉府，皆有店肆，以供商旅；远适数千里，不持寸刃。"像这样发达的陆路交通，再加上水路交通，难怪商业的日趋兴盛了（据《唐六典》卷五注载"二百六十所水驿，一千二百九十七所陆驿，八十六所水陆相兼"）。

隋唐时代，不但国内交通发达，国外交通也比以前方便，所以对外贸易空前的发展起来。对外贸易以海上为盛，阿拉伯、波斯的商船从波斯湾头，渡过印度洋，与印度和马来亚商人沿马来半岛北上至广州，中国商船也沿这一条商路，到南洋、印度、波斯湾去。对日本的贸易，南路从扬州或明州、泉州，利用贸易风前往；北路由楚州出淮河口，沿山东半岛、朝鲜而至日本。日本商船的西来，大概也是沿这些路线的。对新罗（朝鲜）的贸易，除到日本去的北路以外，多由山东登州到辽东半岛，更沿海岸到朝鲜。

陆路对西方的贸易，则由长安出发，通过新疆的南路或北路，到中亚和波斯湾等地。

隋代时，西域诸国多到张掖与中国互市，炀帝命裴矩掌管，他曾著《西域图记》三卷。唐代在北边设互市官，《唐令拾遗》载："诸外蕃与缘边互市，皆令官司检校，其市四面穿堑及立篱院，遣人守门；市易之日，卯后，各将货物畜产，俱赴市所，官司先与蕃人对定物价，然后交易。"（据《唐代经济史》引）又在广、扬等州设置"市舶司"，购买外国商品，收抽"舶脚"（税名，据外人记述是百分之三十）。李肇《唐国史补》卷下载："南海舶外国船也，每岁至安南、广州；师子国舶最大，梯而上下数丈，皆积宝货。至则本道奏报，郡邑为之喧阗，有蕃长为主领，市舶使籍其名物，纳舶脚，禁珍异；蕃商有以欺诈人牢狱者。"日本元开撰《唐大和上东征传》：广州江中"有婆罗门、波斯、昆仑等舶，不知其数；并载香药、珍宝，积载如山。其舶深六七丈。师子国、大石国，骨唐国、白蛮、赤蛮等往来居住，种类极多"。（据《太平广记》卷四六四《海鳅》条引《岭表录异》："每岁广州常发铜船过南安货易……交趾回，乃舍舟取雷州缘岸而归。"这是说中国人到海外贸易。）唐代的统治阶级爱外来的奢侈品，所以对于蕃商尚加优待，外国商人往往自由到内地各处贸易，广州、扬州、长安等都市，都有外商的邸店。最有势力的是阿拉伯和波斯的商人，他们主要贩卖珠宝玉器等奢侈品。《资治通鉴》卷二二五唐代宗纪说他们："殖赀产，开第舍，市肆美利皆归之。"他们之中穷困的，也有当小贩，卖"胡饼"等物事的（长安西市有胡市，见《大唐新语》卷九，《酉阳杂俎》续集卷五、卷八，《太平广记》卷一一六《杜子春》条引《续玄怪录》，《唐国史补》卷下等书）。这时在中国的胡人的众多，出人意想之外，出土的明器和敦煌壁画，使我们知道这时胡人来华的众多和中国受外来文化影响等情况。唐人诗中常提到卖酒的"胡姬"，可见胡女也很多。《旧唐书·田神功传》载田神功大掠扬州，"商胡波斯被杀者数千人"，可见这时大都市中胡商之多。至于外人记载所说：黄巢破广州时，杀死外国商人十二万至二十万人，则夸大荒诞，不足信据！（《太平广记》卷四〇二《宝珠》条引《广异记》："途次陈留，宿于旅邸，夜闻

胡斗宝……"又同卷《守船者》条引《原化记》："乃一珠径寸,光耀
射目……至扬州胡店卖之,获数千缗。"《鬻饼胡》条引同书："忽闻
新有胡客到城,因以珠市之。"卷三一一《萧旷》条引《传记》："龙
女出轻绡一匹,赠(萧)旷曰:若有胡人购之,非万金不可。"这些记
载都可证当时胡商来华的众多和他们的富有,肯出大价钱购买奢
侈品。)

三　高利贷与货币制度

随着封建商业的发展,高利贷自然也更发展起来。这时的高
利贷有的是信用借款,不需要有抵押品。有的需抵押品:或不将抵
押品交给债权人,而仍由债务人营管;或需交纳抵押品,近于后世
的典当。唐代的法令规定:

> 诸公私以财物出举者,任依私契,官不为理。每月收利,
> 不得过六分;积日虽多,不得过一倍。若官物及公廨,本利停
> 讫,每过五十日,不送尽者,余本生利如初,不得更过一倍。家
> 资尽者,役身折酬,役通取户内男口。又不得回利为本(其放
> 财物为粟麦者,亦不得回利为本,及过一倍)。若违法积利,
> 契外掣夺,及非出息之债者,官为理。收质者,非对物主,不得
> 辄卖;若计利过本不赎者,听告市司对卖,有剩还之,如负债者
> 逃,保人代偿。
>
> 诸以粟麦出举,还为粟麦者,任依私契,官不为理。仍以
> 一年为断,不得因旧本更令生利,又不得回利为本。
>
> 诸出举,两情和同私契,取利钱过正条者,任人红(纠)
> 告,利物并入红(纠)人。(《唐令拾遗》,据《唐代经济史》引)
>
> 诸负债违契不偿,一匹以上,违二十日,笞二十;二十日加

　　一等,罪止杖六十;三十匹加二等;百匹又加三等。各令备偿。

　　　　诸负债不告官司,而强牵财物过本契者,坐赃论。(《唐
　　律疏议》卷二六)

据上规定,利息每月不得过六分,积日虽多不得过一倍;官家放款,
过五十日不送尽者,余本仍生利,但不得更过一倍;家财尽者,尚须
取户内男口"役身折酬"(《太平广记》卷一三《尹轨》条引《神仙
传》:"有人负官钱百万,身见收缚。"可见"负官钱"是要遭受拘押
的,当然会使本身或家属沦于奴役)。然"回利为本"(复利)是禁
止的。看法令的规定,好像对债务人有很多的保障,事实上高利贷
的剥削,是最凶恶、最无止境的,借高利贷多的人,一定趋于破产,
甚至本身或家属沦为债务奴隶(这是奴隶制的残余)。法令的保
障往往只是欺骗被剥削阶级的空文,并不发生多大的效力。因为
立法者本身就是剥削阶级,剥削阶级一定袒护剥削阶级,何况官府
自身也就是最高的高利贷者呢!开元十六年二月十六日诏:

　　　　比来公私举放,取利颇深;有损贫下,事须厘革;自今已
　　后,天下负举只宜四分收利;官本五分取利。(《唐会要》卷八
　　八《杂录》)

可见当时高利贷剥削的凶恶。政府虽然下令减轻利息,但官利较
私利还重,这怎能服人呢?《太平广记》卷四三四《戴文》条引《原
化记》:

　　　　贞元中,苏州海盐县有戴文者,家富性贪,每乡人举债,必
　　须收利数倍,有邻人与之交利,剥刻至多。

所以法令是法令,事实是事实,高利贷者决不会真正受法令的限
制。又宝历元年定制:"京城内有私债,经十年已上,曾出利过本
两倍。本部主及元保人死亡,并无家产者,宜令台府勿为征理。"
(见《唐会要》卷八八《杂录》)这种法律的保障也是很有限的。凡

法令中所禁止的过分剥削，都是当时的既成事实。既成事实，岂是一纸空文所能挽回的！

唐代高利贷剥削的惨酷，从下引的官府文件中，更可窥见：

> 京城内私债，本因富饶之家，乘人急切；终令贫乏之辈，陷死逃亡；主保既无，资产亦竭；徒扰公府，无益私家；应在城内有私债经十年已上，本主及原保人死亡，又无资产可征理者，并宜放免。（《全唐文》卷六三元和十四年《上尊号赦文》，参上引《唐会要》文字）

> 如闻府县禁人，或缘私债，及锢身监禁，遂无计营生；须有条流，俾其存济；自今日以前，应百姓举欠人债，如无物产抵当及身无职任请俸，所在州县及诸军司，须宽与期限，切不得禁固校料，令其失业；又辄不得许利上生利，以及回利作本，重重征收。（《唐大诏令集》卷八六《咸通八年五月德音》。《唐会要》卷八八《杂录》："长安元年十一月十三日敕，负债出举，不得回利作本，并法外生利；仍令州县严加禁断。"）

富人们"利上生利"，以及"回利作本，重重征收"，"终令贫乏之辈，陷死逃亡"，"资产亦竭"，"锢身监禁"，"无计营生"。官府虽然因为"无益私家"（高利贷者），下令有条件的"放免"、"存济"，但是"放免"、"存济"的"恩惠"，也多是些"马后炮"，"贫乏之辈"究竟能得多少好处，实在难以征考。

唐代的高利贷业是较前代远为发展的，首先是封建政府公开自己充当最高的高利贷者，作为高利贷业的表率。上节已经讲过：唐代有所谓"诸司公廨本钱"，许"诸色人等"承领，人市营运，月纳利息，号为"捉钱令史"。其法："大率人捉五十贯已下，四十贯已上，任居市肆，恣其贩易，每月纳利四千，一年凡输五万；送利不违，年满授职。"（《唐会要》卷九一《内外官料钱》上）开元中有人说：

州县这类"本钱"的利息,是"五千之本,七分生利;一年所输,四千二百"(同上)。

由于高利贷业的普遍发展,高利贷资本充满各地,所以某些利息逐渐转低,但高利贷的总剥削量,则无疑是在日渐增高。因为放债的人多了,资本淤积,利息过高,便放不出去,所以利息才会降低,并不是高利贷者或政府大发慈悲,减轻利息,以便利借债人;而且这种利息降低的现象,一定不是很普遍的,在乡村中,资金缺乏,高利贷的利息一定不会降低,可能因借债人的众多,利息更为抬高(上引《太平广记》中《戴文》一条,可证高利贷的利息并未普遍降低,而且有极高的)。

唐代政府更通过"捉钱令史"间接放债,即借钱给"捉钱户"去放债,例如:

> 宝应元年敕,诸色本钱……拣择当处殷富干了者三五人,均使翻转回易,仍放其诸色差遣。(《唐会要》卷九三)

> (元和)十一年八月敕……右御史中丞崔从奏……近日访闻商贩富人投身要司,依托官本,广求私利;可征索者,自充家产;或逋欠者,证是官钱:非理逼迫,为弊非一。今请许捉钱户添放私本,不得过官本钱;勘责有剩,并请没官。从之。(同上)

"捉钱户"多是富人,官府但剥削"捉钱户",听其贸易,倒还可以刺激商业,有利封建经济的发展。可是借钱给富人去放债,简直是为虎添翼,鼓励它去吃人,这样富人们既添了剥削资本,又可凭借官府的势力去压迫债户,真是民不聊生了。又当时官府还把"本钱"存放于商店"课钱",以收取利息,例如:

> 大历六年三月敕,军器公廨本钱三千贯文……宜于数内收一千贯文,别纳店铺课钱,添公廨收利杂用。(同上)

这就是"捉钱户"的变相。

政府以外，最重要的高利贷者就是贵族、官僚，例如：

> 诸王、公主及宫人，不得遣亲事帐内邑司客部曲等，在市兴贩，及邸店沽卖者出举。（《唐令拾遗》，据《唐代经济史》引）

> 开元十五年七月二十七日敕，应天下诸州县官，寄附部人兴易及部内放债等，并宜禁断。（《唐会要》卷八八《杂录》）

> （天宝九载）十二月敕，郡县官寮，共为货殖；竞交互放债侵人（民），互为征收，割剥黎庶。（《唐会要》卷六九《县令》）

> 如闻朝列衣冠，或代（世）承华胄，或在清途，私置质库、楼店，与人（民）争利。（《全唐文》卷七八《会昌五年加尊号后郊天赦文》）

> 今公主之室……勋贵之家……放息出举，追求什一。（《旧唐书·高季辅传》）。

> 籍其家（太平公主家）……马牧、羊牧、田园、质库，数年征敛不尽。（同上《武承嗣传》）

> （元略）放缗钱万七千贯，为侍御史萧彻弹劾。（同上《崔元略传》）

那时的贵族、官僚兼营商业，高利贷与商业往往结合在一起，所以他们必然也经营高利贷业。

富商大贾们自然是正牌的高利贷者，他们除放债剥削穷人外，也向达官贵人们放债，例如：

> 选人官成后，皆于城中举债，到任填还，致其贪求，罔不由此。（《唐会要》卷九二《内外官料钱》下）

> 自大历以来，节度使多出禁军，其禁军大将资高者，皆以倍称之息贷钱于富室，以赂中尉，动逾亿万，然后得之，未尝由

执政,至镇则重敛以偿所负。(《资治通鉴》卷二四三唐文宗纪)

这样富人们借债给官僚去纳赂钻营,官僚到任后,必然加倍去剥削百姓,事实上就是富人高利贷者间接剥削人民。

此外当时"蕃商"们也是放高利贷的好手,例如:

如闻顷来京城内衣冠子弟及诸军使并商人百姓等,多有举诸蕃客本钱。(《全唐文》卷七二《文宗禁与蕃客交关诏》)

足见这班"蕃客"放债面的广泛(唐穆宗长庆五年六月:"贬右龙武大将军李甚为宣州别驾,甚子贷回纥钱一万一千四百贯不偿,为回纥所诉,故贬甚。"见《册府元龟》卷九九九《互市》)。

寺院僧侣承前代的习惯,依旧经营高利贷业,例如:

化度寺……贞观之后,钱帛金绣,积聚不可胜计,常使名僧监藏,藏内所供之迦蓝时常修理。……燕、凉、蜀、赵,咸来取给;每日所出,亦不胜数;或有举便,亦不作文约,但往至期还送而已。(《两京新记》卷三)

在乡村中,唐中叶以后,更有"印子钱"式的高利贷记录,如现存的一纸大历十六年的"举钱"契券:举钱一千,每月纳二百文,计六个月本利并还。高利贷者剥削人民过甚,甚至得到"钥匙"的绰号:

陇右水门村,有店人曰刘钥匙者,不记其名,以举债为家业,累千金;能于规求,善聚难得之货,取民间资财,如秉钥匙开人箱箧帑藏,盗其珠珍不异也,故有钥匙之号。(《太平广记》卷一三四《刘钥匙》条引《玉堂闲话》)

像这种高利贷者,与强盗有何两样?

据上所述高利贷业发展的情况,已可见出高利贷资本与商业资本,只是一事的两面;高利贷业的发展,证明了商业的有限度的发展。封建政府与贵族、官僚控制了商业，也同样地控制了高利贷业，商业资本和高利贷资本与封建势力密切结合的结果，一定会加强封建剥削，并巩固封建制度的。像这样的商业资本与高利贷资本发展的作用，主要是增强了封建社会的停滞性，如果太强调这时代的商业资本与高利贷资本的进步作用，是不妥当的。虽然商业的发展，尤其是手工业的发展，确使封建社会迟缓地向前进了一步；最明显的，便是中唐以后封建社会的面貌确比以前有些发展之处。

研究这时代的货币制度的变化，更能够帮助我们了解商业与高利贷业发展的情况。这时代货币制度的特色，是实物经济的逐渐让位给钱币经济，也就是"自然经济"逐渐部分地让位给"商品经济"。这是与工商业的发展分不开的。尤其是从唐代后半期起，开始出现了接近"信用货币"的汇票式的"飞钱"。"飞钱"的出现，更指明了货币经济的发展，也指明了商业和高利贷业的发展。关于这时期货币制度的变迁，我们较详细地叙述如后。就原则上说：封建社会是不能完全突破自然经济的，因为自然经济就是封建社会的主要特征之一。可是自然经济在封建社会的各阶段，有程度强弱的差异。例如在魏晋南北朝时代，自然经济是占极大的优势的，但进入隋唐时代，自然经济的势力便比较减弱，尤其是中唐以后，自然经济开始被冲出了一个较大的缺口（新兴许多商业都市），商品经济逐渐发展，部分地代替了自然经济。然直到鸦片战争时代，广大的农村仍被自然经济笼罩着；便是在都市中，也不能完全摆脱自然经济的势力；这就是因为社会始终是封建社会的缘故（鸦片战争以后，由于封建势力的依旧存在，社会进入半殖民地半封建的形态，所以自然经济的势力也依旧存在着，不过较前逐渐淡薄而已）。

现在先说隋唐时代的实物经济：在隋代和唐代前半期，实物经济仍占相当大的势力，这有许多史料可以证明，例如：

翟雉尾一，直十缣；白鹭鲜，半之。（《隋书·食货志》）

文帝下诏，献书一卷，赉缣一匹。（同上《牛弘传》）

曾见人以篾捕鱼者，出绢买而放之。（同上《乞伏慧传》）

隋并州盂县……寺家生一黄犊……竹永通……家……遂用粟百石，于寺赎牛。（《太平广记》卷一三四《竹永通》条引《异录》）

贞观初……绢一匹易米一斗。（《新唐书·食货志》）

贞观十一年，侍御史马周上疏曰……贞观之初，率土荒俭，一匹绢才得一斗粟；……自五、六年来，频岁丰稔，一匹绢得粟十余石。（《唐会要》卷八三《租税》上）

数年丰稔，乃至一匹绢粟数十斛。（《旧唐书·郭元振传》）

（郑凤炽）又尝谒见□高祖，请市终南山，山中每树（估）绢一匹。（《两京新记》卷三）

计直作舟，舟取缣千二百。（《新唐书·高丽传》）

（高宗）各赐市书绢二百匹。（《新唐书·宗室传》）

吾已备三百缣，欲赎购此书。（《太平广记》卷四四八《何让之》条引《乾𫗦子》）

路逢一客，将绢十余匹……云，将向房州，欲买经纸。（同上卷一二一《邢文宗》条引《冥报拾遗》）

初（马）嘉运在蜀，蜀人将决取鱼，嘉运时为人讲书，得绢数十匹，因买他鱼放之。（《冥报记》卷下）

平功庸者，计一人一日为绢三尺；牛、马、驼、骡、驴、车亦同。（《唐律疏议》卷四）

疏议曰……假将私马直绢五匹博取官马直绢十匹……（同上卷六）

按令文：诸郡贡献，皆取当土所出，准绢为价，不得过五十匹。（《通典》卷六）

大历以前，淄青、太原、魏博贸易，杂用铅铁；岭南，杂用金、银、丹砂、象齿。……（《资治通鉴》卷二四二唐穆宗纪）

到了中唐以后，实物经济渐次衰落，钱币的应用渐广。在唐玄宗开元、天宝年间铸钱已经很多：

开元中，天下铸钱七十余炉，岁盈百万。（《新唐书·食货志》）

（天宝中）天下炉九十九……每炉岁铸钱三千三百缗……天下岁铸三十二万七千缗。（同上）

安史乱后，铸钱更被视为重要事业：

刘晏以江岭诸州任土所出，皆重粗贱弱之货，输京师，不足以供道路之直，于是积之江淮，易铜铅薪炭，广铸钱，岁得十余万缗，输京师及荆扬二州，自是钱日增矣。（同上）

会废浮屠法，尽坏铜象为钱。（同上《柳仲郢传》）

这时一般人多重钱币，一反过去重视实物的风气，如：

（开元）二十年九月二十九日敕，绫罗绢布杂货等交易，皆合通用；如闻市肆必须见钱，深非通理。自今后与钱货兼用，违者准法罪之。（《唐会要》卷八八《杂录》，参《通典》卷九）

（元和）七年五月，兵部尚书判户部事王绍……等奏，伏以京都时用，多重见钱。（同上卷八九《泉货》，参《旧唐书·食货志》）

在这时如要强迫通行实物货币，反而困难了。到穆宗时，钱币不但

"行之于中原",而且"泄之于边裔"(《新唐书·食货志》)。此后荒僻地方和乡村间,虽还有行实物经济的事实,然而都市之中,货币经济确已逐渐夺取了实物经济的地盘,连租税都有倾向货币的趋势了。

隋初统一钱币,行"重如其文"的"五铢钱","所在流布,百姓便之"。但自"大业已后……遂多私铸,钱转薄恶","或剪铁鍱、裁皮、糊纸以为钱,相杂用之,货贱物贵,以至于亡"(《隋书·食货志》)。唐初,民间多沿用五铢钱。高祖"武德四年七月十日,废五铢钱,行开元通宝钱","以轻重大小最为折衷,远近甚便之"。终唐一代,虽有改铸的钱文,大体仍行用"开元通宝"。后"盗铸渐起","恶钱转多",虽经严禁,也无甚效果。唐中叶以后,因商业发达,钱币需要量增加,曾感钱币缺乏,政府下令强制人民兼用钱币和实物。后来各地禁止钱币出境,《唐会要》卷八九《泉货》载:"(贞元十四年十二月)盐铁使李若初奏请,诸道州府,多以近日泉货数少,缯帛价轻,禁止见钱,不令出界,致使课利有缺,商贾不通。诸指挥:见钱任其往来,勿使禁止。从之。"政府甚至限制私人存积现钱。宪宗时,因钱少复禁用铜器,由于钱币缺乏和禁止出境等原因,乃有所谓"飞钱"的出现,"飞钱"也称"便换":

> 时(宪宗时)商贾至京师,委钱诸道进奏院及诸军、诸使、富家,以轻装趋四方,合券乃取之,号飞钱。(《新唐书·食货志》)

> (元和七年,王播奏)商人于户部、度支、盐铁三司飞钱,谓之便换。(《唐会要》卷八七《转运盐铁总叙》)

这只是一种汇票,还不是正式的纸币(传世有所谓"大唐宝钞",乃高宗永徽年间及武宗会昌年间所发,有"一贯"、"九贯"、"拾贯"等种类,如可信,则唐代已有正式纸币。但此实有问题)。原来当时商人交易所得的货币,或准备购物的货币,大概多存在邸店里;

他们也许利用独立的代人保管钱物的"柜坊"（见《唐大诏令集》等书），柜坊把柜租给别人，而收相当的保管费。德宗为筹措军费，曾特对"僦柜"、"质库"借四分之一，得钱二百万贯（见《旧唐书·德宗纪》及《卢杞传》）。此外寺院和店铺也代人保存钱物。大概存在柜坊或店铺等处的钱，持帖或某种信物，就可以提取，这样使有钱的商人，作大量的交易时，无需支付现钱，只需使用支票式的东西，就可完成。这类办法自然使交易更加便利。两地的大量交易，要不移转现钱，则就使用"飞钱"了。所以飞钱的起源，主要是由于商业发达；其他原因，只是促成的条件。

由于"飞钱"有利可图，官府就想独占"便换"：

> （元和）七年五月，兵部尚书判户部事王绍……等奏，伏以京都时用，多重见钱，宫中支计，近日殊少；盖缘比来不许商人使（便）换，因兹家有滞藏，所以物价转轻（一作高），钱多不出。臣等今商量，伏请许令商人于户部、度支、盐铁三司任便换见钱，一切依旧禁约。……从之。（《唐会要》卷八九《泉货》，参《旧唐书·食货志》）

但官府经营的"便换"反发生弊端，因之不得商人信用：

> 咸通八年十月，户部判度支崔彦昭奏……自南蛮用兵以来，置供军使，当司在诸州、府、场、院钱，犹有商人便换……皆被诸州府称准供军使指挥占留，以此商人疑惑，乃致当司支用不充；乞下诸道、州、府、场、监、院，依限送纳，及给还商人，不得托称占留。从之。（《唐会要》卷五九《度支使》）

"飞钱"发展的结果，到宋代，终于逐渐转化为纸币了。

总之，无论唐代的商品—货币关系怎样发展，其性质还是属于封建经济的，离开资本主义的经济，还非常的遥远，这是因为唐代的手工业、商业、高利贷业等，都是与封建经济分拆不开的！

第五篇

宋代的手工业与商业

一 手工业的发展

自从唐代中年以来,生产力进一步发展,生产关系的组织有了若干量的变化,都市经济开始发达,手工业和商业都有了比较显著的进步,到了宋代,这种进步的趋势就格外明显了。现在先说一说手工业发展的情况。

宋代手工业最发达的部门,是染织、陶瓷、采冶、制茶等业。《宋史·食货志》下七载:"嘉定十二年,臣僚言:以金银博买,泄之远夷为可惜,乃命有司止以绢帛、锦绮、瓷、漆之属博易。"可见丝织品和瓷、漆器,是当时出口品的大宗,现在先说采冶业,因为这有关生产工具的制造。宋代的矿山和以前一样,仍被封建政府所控制,但是官府自己采办的事比较少,金属矿多任民间采取,官府收税或收买,封建政府为了控制矿山和矿产,多于各矿区设立监、冶、场、务等机关。《宋史·食货志》下七载:

　　坑冶:凡金、银、铜、铁、铅、锡监、冶、场、务二百有一。
　　(案:这是宋初的坑冶数,后来更有增添,如英宗"治平中……诸州坑冶总二百七十一"。)
宋代矿冶的技术,还是沿袭后汉以来使用水排的办法,大概比古代使用得更普遍些，一般采冶的技术当都有进步。在宋代生产发达的条件下，出产是相当多的，例如《宋会要·食货》三四之二七载绍兴十二年七月十二日，洪迈言"信州铅山之铜"：

> 昔系是招集坑户，就貌平官山凿坑，取垢淋铜，官中为置炉烹炼……坑户所得有赢，故常募集十余万人，昼夜采凿，得铜铅数千万斤。

《宋史·食货志》下七：

> 冶之兴废不常，而岁课增损随之，皇祐中，岁得金万五千九十五两，银二十一万九千八百二十九两，铜五百一十万八百三十四斤，铁七百二十四万一千斤，铅九万八千一百五十一斤，锡三十三万六百九十五斤，水银二千二百斤。

苏轼《徐州上皇帝书》说：

> 州之东北七十余里，即利国监，自古为铁官，商贾所聚，其民富乐。凡三十六冶，冶户皆大家，藏镪巨万。（《东坡奏议》卷二）

这些例子已可证明宋代矿冶工业的发达。这些矿冶工业自然多在出产的区域（案：铜铁矿产从唐到宋增加得很多，南方的铁冶逐渐发展）。当时的冶铁炼钢技术，据北宋后期学识渊博的沈括说：

> 世间锻铁：所谓钢铁者，用柔铁屈盘之，乃以生铁陷其间，泥封炼之，锻令相入，谓之团钢，亦谓之灌钢：此乃伪钢耳。暂假生铁以为坚，二三炼则生铁自熟，仍是柔铁；然而天下莫以为非者，盖未识真钢耳。予出使至磁州，锻坊观炼铁，方识真钢。凡铁之有钢者，如面中有筋，濯尽柔面，则面筋乃见；炼钢亦然，但取精铁锻之百余火，每锻称之，一锻一轻，至累锻而斤两不减，则纯钢也；虽百炼不耗矣。（《梦溪笔谈》卷三《炼钢》）

所谓"团钢"大概是一种较简便的炼钢术,而"百炼钢"则是一种最精致的炼钢术,两种炼钢术都是需要的,沈括所谓"伪钢"之说,似乎不能成立。从上引的记载看来,宋代的钢铁手工业确已很进步了。沈括又说:

> 青堂羌善锻甲,铁色青黑,莹彻可鉴毛发……韩魏公帅泾原,曾取试之,去之五十步,强弩射之不能入;尝有一矢贯札,乃是中其钻空,为钻空所刮,铁皆反卷,其坚如此。凡锻甲之法,其始甚厚,不用火,冷锻之,比元厚三分减二,乃成。其末留筋头许不锻,隐然如瘊子,……谓之瘊子甲。(同上卷一九《瘊子甲》)

据研究者说:"青堂羌这种冷锻方法的创造,是早期钢铁机械处理上的一个杰出成就。因为'冷锻'不但可以除去热锻时表面上的斑点,使钢片表面非常光滑,而且能够把钢打得薄一些,并使它力量变大。"(杨宽《中国古代冶铁技术的发明和发展》一〇二页)

由于钢铁手工业的进步,不但在生产工具上能够普遍应用钢铁,就是钢铁武器制造业,在宋代也是很发达的。看上引述的制甲法,已可证明,王应麟《玉海》记:

> 太祖初即位,以魏丕为作坊副使。开宝九年……九月,分作坊为南北,岁造甲铠、具装、枪、剑、刀、锯、器械及床子弩等,凡三万二千(旧床子弩射止七百步,丕增至千步)。是岁又置弓弩院,岁造弓弩、箭镞等,凡千六百五十余万。又有南北造箭二库。咸平六年,合为造箭院,隶弓弩院。天禧四年四月,诏南作坊之西偏为弓弩造箭院。诸州有作院。岁造弓弩、箭、剑、甲胄、箭镞等,凡六百二十余万。又别造诸兵幕、甲袋、钲鼓、锅、锹、锁、斧等,谓之什器。……戎具精劲,近古未有。(卷一五一《开宝弓弩院》条)

据此可见宋代武器制造业已很惊人。所以那时有许多武器专书出现，例如：

> 神宗留意军器，设监以侍臣董之，前后讲究制度，无不精致，卒著为式，合一百一十卷，盖所谓《辨材》一卷，《军器》七十四卷，《什物》二十一卷，《杂物》四卷，《添修》及《制造弓弩式》一十卷，是也。（《麈史》卷上《朝制》）

> （庆历五年十一月甲午）诏诸路进《甲仗须知》一本，命三司简为程式，颁之。（《玉海》卷一五一《元丰兵器图》条）

> 淳熙六年六月二十七日，吏部侍郎阎苍舒言……泸州有《军器楪模》一书，最详备。（同上《淳熙军器楪模》条）

武器制造业的发达，就说明了钢铁冶炼技术的进步。

宋代的铸钱工业，有铜钱，有铁钱，铸造的总数，比唐代多得多，这也可见金属手工业的迅速发展。因铸钱业不是生产的主要事业，所以从略。

宋代采冶业中的石炭业，也已开始发达。石炭业起于古代，到宋代使用已相当普遍，苏轼曾作《石炭诗》，《猗觉寮杂记》载：

> 石炭，自本朝河北、山东、陕西方出，遂及京师，陈尧佐漕河东时，始除其税。元丰元年，徐州始发，东坡作诗纪其事。（卷上）

可见石炭工业是到宋朝才开始兴盛的。苏轼《石炭诗》引云：

> 彭城旧无石炭，元丰元年十二月，始遣人访获于州之西南白土镇之北。以冶铁作兵，犀利胜常云。（《东坡集》卷一〇）

石炭的普遍应用，对于采冶工业有很大的影响。宋代石炭采掘的兴盛，使钢铁工业更趋于发达。

还有与采冶业有关的一项新兴工业，就是火药制造业。火药的制造，固然起于宋代前，但是火药应用得比较普遍，却是开始于宋代的。《麈史》卷上《朝制》载：

> 宋次道东京记说八作司之外，又有广备攻城作，今东西广
> 备隶军器监矣。其作凡一十目，所谓火药、青窑、猛火、油、金
> 火、大小木、大小炉、皮作、麻作、窑子作是也。皆有制度作用
> 之法，俾各诵其文而禁其传。

火药的比较普遍应用，使宋代的武备更比以前进步，至少宋代的
"炮"已使用火药，如《癸辛杂识》载：

> 赵南仲丞相溧阳私第，常作圈豢四虎于火药库之侧，一日
> 焙药，火作，众炮儳发，声如震霆，地动屋倾，四虎悉毙。（前
> 集《炮祸》条）

当南宋末年，外国的炮术传入，有所谓"回回炮"，宋人的制造比原
来的还好。《续文献通考》卷一三四《兵考》载宋、金均有火炮、火
枪之制，当然元人也有火器，火器之用从此越来越普遍。总之，中
国是发明火药最早的国家，文献上证据很多，这已是一般人所知道
的常识了。

　　中唐以来发达起来的制盐业，到了宋代仍继续发展着，依旧是
封建政府的一项最重要的利源，这也是许多人所知道的常识。
（《宋史·食货志》下三："宋自削平诸国，天下盐利皆归县官，官鬻
通商，随州郡所宜，然亦变革不常，而尤重私贩之禁。"）

　　自从唐朝开始普遍饮茶的风气，到了宋朝，制茶的方法更加精
致。宋代的茶有两种：一种叫"散茶"，大概就是现在普通所用的
茶叶；一种叫"片茶"，是一种精制的茶叶。精制茶叶中以福建茶
为最好，福建茶有价格极贵的，《武林旧事》卷二《进茶》条载：

> 仲春上旬，福建漕司进第一纲蜡茶，名"北苑试新"。
> ……此乃雀舌水芽所造，一夸之直四十万，仅可供数瓯之啜
> 耳。

宋代在南方设立管茶的机关，种采茶的人称为"园户"，贩茶的则为商人。宋代的茶法：

> 民之种茶者领本钱于官，而尽纳其茶，官自卖之（此国初之法）。……以十三场茶买卖本息并计其数，罢官给本钱，使商人与园户自相交易，一切定为中估而官收其息（此天圣之法）。……园户之种茶者，官收租钱；商贾之贩茶者，官收征算而尽罢禁榷，谓之通商（此嘉祐之法）。（《文献通考》卷一八）

宋代茶法屡变，其详细制度，不是这里所能尽述。总之，茶也是几乎完全被官府控制着的。

宋代的酒，也和唐代差不多，受官府的控制。但到处都有酒店，各地造酒工业很是发达，有官酒业和私酒业的分别。官酒设有"酒库"，制造并发卖，"其诸库皆有官名角妓，就库设法卖酒"（《梦粱录》卷一〇《点检所酒库》条）。中国古代只有饴糖，没有砂糖，据记载，砂糖是唐太宗时从印度一带传入的。唐代已有糖坊，宋代制糖业大盛，据记载，都市里糖食品已极繁多，有专卖砂糖的小贩。油、酱等业，大概也很普及，据《梦粱录》说：

> （杭州都城）处处各有茶坊、酒肆、面店、果子、彩帛、绒线、香烛、油酱、食米、下饭鱼肉、鲞腊等铺。（卷一三《铺席》条）

碾米和制粉工业，唐代已盛行水磨，宋代继续盛行。如北宋汴京官府就设有"水碨"，见《宋史》太祖、太宗本纪。

纺织业到宋代更为发达，除农村和都市里民间有许多纺织品生产及交换外，官府手工业中，京城有绫锦院等机构。官府又就纺织业中心地设工作场所织造；也向民间市买。《宋史·食货志》上三载：

布帛：宋承前代之制，调绢、绸、布、丝、绵，以供军须。又就所产折科和市。其纤丽之物，则在京有绫锦院；西京、真定、青、益、梓州场院，主织锦绮、鹿胎、透背；江宁府润州有织罗务；梓州有绫绮场；亳州市绉纱；大名府织绉縠；青、齐、郓、濮、淄、潍、沂、密、登、莱、衡、永、全州市平纯。东京榷货务，岁入中平罗、小绫各万匹，以供服用及岁时赐与。诸州折科和市，皆无常数。唯内库所须，则有司下其数供足。……太宗太平兴国中，停湖州织绫务，女工五十八人悉纵之。诏川、峡市买场、织造院，自今非供军布帛，其锦绮、鹿胎、透背、六铢、欹正、龟壳等段匹，不须买织；民间有织卖者，勿禁。……天圣中，诏减两蜀岁输锦绮、鹿胎、透背、欹正之半，罢作绫花纱。明道中又减两蜀岁输锦绮、绫罗、透背、花纱三之二，命改织绸绢以助军。（案《梦粱录》卷九《六院四辖》条载南宋时"左藏库"有"东西两库"，"岁入绢计者率百四十万，以缗计之率一千万，给遣大军，居什之七，宫禁百司禄赐裁三"。）

据此，宋代的纺织业也受到官府控制，民间的纺织手工业的发展，不能不受到些局限。自然，在宋代，民间纺织业，特别是都市纺织业，还是有相当大的发展的。又从上引的记载中可以看出：至少在宋朝南渡前，北方的纺织业仍未衰落，但是南方的纺织业已开始兴起；尤其是四川继承古代纺织技术的遗产，在宋代更一度成为纺织业的大中心。据记载唐代中叶时，江南人还不擅长纺织，江南纺织业，特别是丝织业的兴起，是中唐以后的事（参看李肇《唐国史补》）。又五代以来，湖南、江西等地的纺织，也日趋兴盛。大概到南宋时代，南方的纺织业已有逐渐超过北方的趋势。可是直到宋末，记载上还说广西一带人不善制丝，可见南方纺织业特别是丝织业的兴起，是比较迟的。（案：宋代封建政府对纺织业的剥削是很厉害的，如《宋史·林大中传》载："大中曰：有产则有税，于税绢而科折帛，犹可言也；如和买折帛，则重为民害。盖自咸平马元方建言：于春预支本钱，济其乏绝，至夏秋使之输纳，则是先支钱而后输绢；其后则钱盐分给；又其后则直取于民。今又令纳折帛钱，以两缣折一缣之直，大失立法初意。"）

棉布虽很早已传入中国，但我国种棉和织棉却较晚。"棉"字最初见于宋代的字书，宋袁文《瓮牖闲评》云：

> 木棉止合作此绵字，今字书又出一棉字，为木棉。（据《宋元明经济史稿》引）

中国南方早已有木棉的出产，不过草棉种植较晚。从唐代开始，中国南方已开始种草棉织棉布，所谓"桂布"大概就是棉布。然棉布在唐代和宋代前期，只流行于南方两广、福建一带，到宋末元初，才从福建等地传入浙江、江苏（看《岭外代答》卷六《吉贝》条对于棉布原料还弄不清楚，可见当时所传不广），这在手工业史上，是一件划时代的大事，应当特别提出。赵汝适《诸蕃志》卷下《吉贝》：

> 吉贝……南人取其茸絮……以之为布。

谢枋得《谢刘纯父惠木棉布》诗：

> 嘉树种木棉，天何厚八闽？……所以木棉利，不异江东人。（《叠山集》卷一）

棉布盛行于全中国，是元代以后的事，所以关于棉织业，在这里我们姑且不多叙述。

唐代以前，已有印花布，到宋代，有所谓"京缬"，是一种有名的印花布。《后村大全集》有诗云：

> 儿女需京缬，经时买未归；似嫌无艾虎，不肯换生衣。（卷二二《乙卯端午十绝》之八）

南宋时官吏更有：

　　……乘势雕造花板,印染斑缬之属,凡数十片,发归本家
　彩帛铺,充染帛用。(《朱子大全》文十八)

这可证明当时印花布的盛行。原来印花布本是起于南方的,南北
朝时代,南方印花布称为"斑布",已经有名。据说这种"斑布"的
制造,傜族最为擅长,《岭外代答》卷六《傜斑布》载:

　　傜人以蓝染布为斑,其纹极细。其法以木板二片,镂成细
　花,用以夹布,而熔蜡灌于镂中,而后乃释板,取布投诸蓝中,
　布既受蓝。则煮布以去其蜡,故能受成极细斑花,炳然可观。
　故夫染斑之法,莫傜人若也。

可能印花布原是南方兄弟民族的发明,后来逐渐传入中原,成为全
国的产品。不过当唐代时,中原已有极精致的印花布,据说它是起
源于宫中的。《唐语林》卷四《贤媛》条载:

　　玄宗柳婕妤,有才学,上甚重之。婕妤妹适赵氏,性巧慧,
　因使工镂板,为杂花象之,而为夹结;因婕妤生日,献王皇后一
　匹,上见而赏之,因敕宫中依样制之。当时甚秘,后渐出,遍于
　天下,乃为至贱所服。

南方斑布的北传和宫中秘样的外传,使中国的印花布业,逐渐的发
达起来。

　　至于普通的染色工业,在唐代官府有染坊,民间自然也有染坊
的存在。宋代则都城有染院,各官府纺织场所有染工,民间手工业
中,也有染肆、染铺等:

　　家傍有民张染肆,置簿书识其目……某月、某日、某人、染
　某物若干……(《梁溪漫志》卷九《江阴士人疆记》条)

　　唐仲友关支军资库绢二百匹,令染铺夏松收买紫草,就本
　州和清堂染紫。(《朱子大全》文十九)

这类店铺大概是专门收受他人布帛,代为染色的。

　　陶瓷业到了宋代,也得到空前的发展。在五代时,吴越有所谓"秘色窑",是继承唐代的越窑青瓷的,它的制品更比越窑进步。后周有所谓"柴窑",非常有名,据说是一种天青色的瓷器。这两种瓷窑都是官窑。但是"柴窑"究竟存在与否,还成问题。宋代最有名的瓷器,是京城官府所设"官窑"的产品:北宋和南宋都有所谓"官窑",主要的产品都是青色瓷器。北宋"官窑"在汴京附近,南宋"官窑"有两处,都在杭州。南宋官窑瓷器近来已有出土的,确是相当精致。"官窑"外最著名的,有:(一)汝窑(其中也有官府所设的窑),在汝州,也是一种青瓷,窑土细润,釉色考究(《武林旧事》卷七有"天青汝窑金瓶"的名称,"汝窑""金瓶"是否一物,不详)。(二)钧窑,在钧州,大概是金朝时的瓷窑,因为"钧州"之名是金朝才有的。这种瓷器是天青色的,上面往往有红紫斑,釉色很美丽,但也有较粗糙的制品。这种瓷器在宋代时地位还比不上汝窑。(三)龙泉窑,在浙江龙泉,较精的制品据说是南宋时处州人章姓兄弟设窑所造。兄名生一,所造的窑叫"哥窑"。色多淡青,也有他色,上有碎纹,大概是摹仿"官窑"的,弟名生二,所造的窑袭用龙泉旧窑之名,称为"龙泉窑",也称"弟窑",釉色粉青、翠绿,深浅不一,但少纹片。章氏哥弟二窑,是当时民窑中最有名的。(四)定窑,在定州(后来南方也有"定窑",在景德镇,摹仿北方定窑瓷器),釉色白润,上等的称为"粉定";次等货质粗,微带黄色,称为"土定",多是别处仿造的。这种瓷器与唐代的邢窑都属于北方白瓷的系统。但定窑有时"窑变"为别种颜色,最名贵的是"红定";定窑瓷器上多有花纹。苏东坡《试院煎茶诗》云"定州花瓷琢红玉"(《东坡集》卷三),甚至有加金花的,更是名贵。除了以上有名的瓷窑外,景德镇瓷器据说在唐初已经开始被重视,记载上说唐武德中,镇民陶玉载瓷到关中,称为"假玉器"。到宋代,景德年间,镇民烧造瓷器,质薄色润,真宗曾命进贡,瓷器底书"景德年制",从此天下盛称"景德镇"瓷器。但在宋代,景德镇瓷器还不曾压倒其他瓷器,要到元朝以后,景德镇瓷器才成为中国瓷器的代表。

造纸手工业的发达,也开始于唐代,到宋代更盛。宋代纸料用麻、桑、竹等物,其中心产区是四川和东南各地。那时印书者甚至自造纸张(见《中国雕板源流考》五五页),造纸业的兴盛,是无问题的了(参看元费著撰《笺纸谱》,见《宝颜堂秘笈》)。

造纸业与印刷业有联系,印刷术开始于唐代,唐代中叶以后印刷术逐渐流行。五代时有刻本的儒家经书。宋代官府私家都印书籍,印书工业集中的地方,根据记载是吴越、闽、蜀等地。《文献通考》卷一七四引石林叶氏云:

> 今天下印书以杭州为上,蜀本次之,福建最下。京师比岁印板殆不减杭州,但纸不佳。蜀与福建多以柔木刻之,取其易成而速售,故不能工。福建本几遍天下,正以其易成故也。(又《愧郯录》卷九《场屋编类之书》条载:"自国家取士场屋……故凡编类条目撮载纲要之书……今充栋汗牛矣。建阳书肆,方日辑月刊,时异而岁不同,以冀速售。")

可见印刷业已在开始竞争中了。又官府有"官造会纸局",制造纸币,工匠在千人以上。

活字印刷术起于北宋中期,发明者叫做毕升。他所发明的活字是胶泥制的(参看《梦溪笔谈》卷一八),这是草创的活字印刷术,但已比欧洲的活字印刷术早上几百年。

宋代的印书工业,内部约分为雕刻工、印工和装裱工等。除印书外,还印字画(例如《云谷杂纪》卷三:"京师民画其——司马光——像,刻印鬻之,家置一本。"印刷术在宋代,确已很兴盛了

（官僚甚至有"关集刊字工匠，……刊板既成，般运归本家书坊货卖；……凡材料口食纸墨之类，并是支破官钱"的，见《朱子大全》文十八。又官府也有印书发卖以充公用的，如《梦溪笔谈》宋乾道二年扬州州学汤修年跋说："此书公库旧有之，往往贸易，以充郡帑，不及学校，今兹及是……"）。

由于交通的发达，宋代的造船工业也非常发展。官府设有造船场所。专门修造海船的中心地是浙江明州。海船的装置非常完备宏大（参看《宣和奉使高丽图经》卷三四《客舟》条）。《梦粱录》卷一二载：

> 浙江乃通江渡海之津道，且如海商之舰，大小不等，大者五千料，可载五六百人；中等二千料至一千料，亦可载二三百人；余者谓之钻风，大小八橹或六橹，每船可载百余人。（《江海船舰》条）

> 风雨晦冥时，唯凭针盘而行。（同上）

内地造船业的中心是荆、江、淮、浙等地。当时造船的技术已较外国为高。造船工业的发达，又推进了交通事业和水上战术，唐代李皋发明用人踏的"轮船"，本是作战用的（见《唐书》、《旧唐书》），到南宋时也被应用于作战（见《宋史·岳飞传》。《梦粱录》卷一二《湖船》条"更有贾秋壑府车船，船棚上无人撑驾，但用车轮脚踏而行，其速如飞"）。

宋末元初，意大利人马哥孛罗来华游历，回去后著《游记》。根据他的记载，那时中国手工业发展的程度，已远远超过同时代欧洲工商业最发展的意大利城市了。

二　手工业的生产组织

如前节所说,宋代的手工业是很发展的,现在再来说宋代手工业的生产组织。先说官府手工业的组织:

宋代的官府手工业多隶属于少府、将作、军器三监,此外还有许多隶属于内廷和各部的手工业机关(据《东京梦华录》卷一所载,有"法酒库"、"内酒坊","东西作坊"、"万全造军器所"、"修内司"、"文思院"、"上下界绫锦院"、"文绣院"、"上下竹木务"、"箔场"、"东西窑务"等机构名称),最突出的机关是"文思院",《梦粱录》卷九载:

> 文思院,在北桥东。京都旧制,监官分两界:曰上界,造金银珠玉;曰下界,造铜铁竹木杂料。……但金银犀玉工巧之制,彩绘装钿之饰,若舆辇法物器具等皆隶焉。(《六院四辖》条)

各地方也有不少的官府手工业机关。宋代官府手工业的工作场所,名目繁多,有"作院"、"作坊"、"库"、"务"、"场"、"局"、"作"等名称。官府手工业的内部分工,也颇细密,如:

> 元丰六年,吕汲公大防始建锦院于府治之东……榜曰锦官。公又为之记,其略云:设机百五十四,日用挽综之工百六十四,用杼之工五十四,练染之工十一,纺绎之工百一十,而后足役。(元费著撰《蜀锦谱》,见《宝颜堂秘笈》)

> 蕲春铁钱监……其用工之序有三:曰沙模作,次曰磨钱作,末曰排整作,以一监约之,日役三百人。……(《游宦纪闻》卷二)

因为内部分工细密,所以官府手工业的工作场所是相当大的,例如：

模沙冶金，分作有八；刀错水莹，离局为二。……前为大
闳，冶官别署，于闳之南，群工屯营，于垣之外。……为屋八百
楹。(《金石续编》卷一四《韶州新置永通监记》)

吕汲公大防始建锦院于府治之东……创楼于前，以为积
藏待发之所；……织室、吏舍、出纳之府，为屋百一十七间，而
后足居。(《蜀锦谱》)

像这样大的工作场所，其所用工匠的人数，自然相当众多。

宋代官府手工业劳动者，多由雇募而来，也常用征役之法（一
般的招募与"和雇"之间似尚有区别："和雇"大概与民间雇佣差不
多，一般的官府招募与招兵差不多，被招募后便变成官身，大不自
由了)。如：

文思院上界打造金银器皿，自来只凭作家和雇百姓作匠，
承揽、掌管金银等，拘辖人匠造作，以致作弊。……(《宋会
要·职官》二九之五)

其合用工匠，权于诸军借差，仍量日支食钱，候打造了日，
发遣；如不足，许令和顾。(《宋会要·职官》一六之四)

诸州军差到军器所造弓弩人匠，依旧一年一替；今本州差
人前来交替，如内有不愿交替之人，依旧造作，支破请给。
(同上一六之八)

今来军器所制造军器不多，其诸路州军元差到工匠，并权
发遣归元来去处，仍仰户部各与依例支给盘缠。(同上)

工部……兵匠有关（阙），则随以缓急招募。(《宋史·职
官志》三)

蕲春铁钱监……本钱四可铸十；铁炭稍贵，六可铸十；工
雇费皆在焉。(《游宦纪闻》卷二)

　　　吕汲公大防始建锦院于府治之东,募军匠五百人织造。
(《蜀锦谱》)
在记载上,宋代的"军"、"匠"往往连称、混称。有人说:宋代的兵
是招募的,工匠也是招募的,所以"军匠"、"兵匠"常混合为一。其
实所谓"军匠"、"兵匠"似多是军兵转成的匠。上引文字中的工
匠,大概募雇、征役等都有,其详细制度尚待考证。至于宋代官府
手工业劳动者的工资,分为钱、米二项,如:

　　　本所万全指挥及东西作坊,见役五千七百余人,岁支钱二
　　　十九万缗,约米四万余斛。……更于诸州作院差拨兵士入所,
　　　又一千余人,岁支钱八万余缗,米九千余斛……(楼钥《攻媿
　　　集》卷二六《论军器所冗费》)

　　　御前军器监、军器所万全军匠,以三千七百为额;东西作
　　　坊工匠,以五千为额;本券外复增给日钱百七十;月米七斗半。
(《古今图书集成·戎政典》卷二六六。案:本条未标出处)
据此:当时的工资大概平均每人每年钱几十缗,米几担以上。但有
时也将米粮改为货币,如《宋史·食货志》下七载:

　　　酒匠、役人,当受粮者,给钱。
此外官府工匠的工资还有等级的分别,据记载:

　　　下等工匠每月粮二石,添支钱八百文,每日食钱一百二十
　　　文,春冬衣依借支例。杂役兵匠,每月粮二石五斗,每日食钱
　　　一百二十文,春冬衣依借支例。(《宋会要·职官》一六之五)

　　　……内第二等人匠升作第一等;第三等升作第二等,仍支
　　　本等请受。(同上一六之七)
可见官府工匠工资的制度,也很复杂,不能一概而论。

　　　唐代官府手工业劳动者许多是奴隶或官户(隶属于官府的人
户),同时多行征役制,后来征役逐渐变为纳资代役,甚至官奴婢

和官户也可以纳资代役；唐代前期虽也有雇募的工人，但为数尚不多，中唐以后，纳资代役制兴起，官府的雇募工人逐渐增多。到了宋代，就以雇募制为主体了。不过不论征匠和雇匠，地位都很低微，尤其是军兵转成的匠，地位更低。宋代官府手工业，在招募工匠以外，也还有征役的事。一般工匠最怕官府征役，例如岳珂《愧郯录》载：

> 今世郡县官府，营缮创缔，募匠庀役，凡木工，率计在市之朴斲规矩者，虽扂楔之技无能逃。平日皆籍其姓名，鳞差以俟命，谓之"当行"。间有幸而脱，则其侪相与讼挽之不置，盖不出不止也，谓之"纠差"。其入役也，苟简钝拙，务阂其技巧，使人之不己知；务夸其工料，使人之不愿为；而亟其斥且毕，为（谓）之"官作"。（卷一三《京师木工》条）

我们知道：从征役制变成雇募制，从生产关系方面说，是进步的。因为征役制是一种强迫劳役，而雇募制是比较自由的：所以工匠们不愿征役而愿雇募，虽然受了官府的雇募，仍不很自由。但据宋代人的记载，征役不但有报酬，而且有时工资还很优厚（据《愧郯录》说北宋官匠所受待遇较好，或者可信，凡落后的制度总是愈来流弊愈显著的。但南宋时差役的官匠的待遇也有较好的，如下引《梦粱录》的记载可以为证），《梦粱录》载：

> 然虽差役，如官司和雇，支给钱米，反胜于民间雇倩工钱，而工役之辈，则欢乐而往也。（卷一三《团行》条）

官府所出的工资反胜于民间的工资，这自然不是常例。就令如此，供役与不供役也不自由，所以工匠总是怕应官役。何况官府的征役，有时还是白差呢！而且即使给价，还有被官吏克扣中饱的危险，更有被官吏无偿差役剥削的可能，所以征役制无论如何是工匠们所不欢迎的。总之，从征役变成雇募，从兼支实物工资到纯支货币工资,乃是一种进步。

宋代官府手工业也还应用奴隶或刑徒劳动,奴隶劳动只是古代制度的残余。

宋代官府手工业劳动者的人数,没有完整的记录,大概官造兵器的军匠,每一工作场所不过几千人(参看上引史料)。《宋会要·职官》一六之一二:

> 在京日旧额:万全兵匠三千七百人,东西作坊工匠五千人。依指挥:万全工匠以二千人,杂役兵士五百人为额。

其他工作场所,普通不过几百人到千余人(如《梦粱录》卷九《监当诸局》条载:"会子库……日以工匠二百有四人……""造会纸局……工役经定额,见役者日以一千二百人耳")。但也有人数较多的,如《宋史·五行志》二载:

> (建隆)二年三月,内酒坊火,燔舍百八十区,酒工死者三千余。

这可见宋代官府手工业的发展情况。

在工匠中,有所谓"作头",或称"都匠",就是近代的工头。他们的地位在工匠中是比较高的,往往变成工匠的剥削者和压迫者。

官府手工业的原料来源,约可分为四类:(一)贡赋,宋代岁赋的东西,根据《宋史·食货志》上二,有谷、帛、金、铁,其他物产(六畜、齿革、翎毛、茶、盐、竹、木、麻、草、刍、菜、果、药、油、纸、薪、炭、漆、蜡、杂物等)。(二)和买,宋代盛行和买制,实际上已经近于变相的赋税。(三)征榷,主要是商税和矿山税等收入。(四)官自采办。此外在沿海口岸和边疆互市地点收购所得的原料,当也不少。

宋代官府手工业的成品,多供给皇室、官府使用,或由皇室颁赐臣下,或供给军需,但也有出卖的,如官酒就是一例。

以上所说,都属于官府手工业。(在这里附记一事:宋人小说

《碾玉观音》载一个郡王门下有碾玉匠，工作做得好，"就本府增添请给"，这也是官匠性质的工匠，但隶属于贵族私家，这种工匠似乎比较容易转化为私匠。）

宋代民间手工业生产组织的发展，主要有三点现象：（一）作坊的增多和规模的扩大，（二）雇工数量的增加，（三）独立生产工匠数量的增加。

手工业作坊，在宋代非常兴盛，各种手工业都有作坊，小商人对于作坊的依赖，已成较普遍的现象，如《武林旧事》载：

> 都民骄惰，凡买卖之物，多于作坊行贩已成之物，转求什一之利。或有贫而愿者，凡货物盘架之类，一切取办于作坊，至晚始以所值偿之，虽无分文之储，亦可糊口：此亦风俗之美也。（卷六《作坊》条）

都城如此，他处受影响，可能也有这种情况。这条记载的意思，是说南宋临安的小商人多替作坊行销成品，贫穷的小贩们，甚至连安放货物的盘架，也依赖作坊供给。这条记载很是重要。它说明南宋时代至少一部分商业已与手工业作坊密切结合，这是进步的现象。根据记载：五代后周时，已有一个糕坊的主人经营发财，纳资做了员外官，还经营着旧业，人们把他叫做"花糕员外"（见《清异录》）。那时候的作坊中：有主人，有工匠；有师傅，有徒弟。主人大概往往兼为师傅，同时也往往就是工头。大的作坊和分店，主人甚至可能雇用经理人来代理（岳珂《桯史》卷六《汪革谣谶》条载"（汪革）起铁冶其居旁，又一在荆桥，使里人钱某秉德主焉"），这可看出当时的手工业作坊确已很发展了。宋代封建政府工商税的收入是很多的，这就可证明手工业和商业的发展。

作坊以外，宋代有没有正式的手工业工场，还是问题，但是宋代的作坊，已有规模相当大的，如《东京梦华录》载：

> 凡饼店……每案用三五人，捏剂、卓花、入炉。自五更卓
> 案之声，远近相闻。唯武成王庙前海州张家，皇建院前郑家最
> 盛，每家有五十余炉。（卷四《饼店》条）

五十余炉的饼店，用人至少当在五十人以上：这已近于手工业工场
的规模了。此外如利国监"三十六冶，冶各百余人"（见苏轼《徐州
上皇帝书》），也是规模广大的生产组织。又如《朱子大全》文十八
载：

> ……往（唐）仲友私家婺州所开彩帛铺，高价买到暗花罗
> 并瓜子春罗三四百匹，及红花数百斤，本州收买紫草千百斤，
> 日逐拘系染户，在宅堂及公库，变染红紫。……其余所染到真
> 红紫物帛，并发归婺州本家彩帛铺货卖。
>
> 又乘势雕造花板，印染斑缬之属，凡数十片，发归本家彩
> 帛铺，充染帛用。
>
> 仲友因修造兵器……生丝，除量支作弓弩弦用外，并发归
> 本家彩帛铺，机织、货卖。

"彩帛铺"雕造花板，染印花布；又收买生丝作机织的原料，制造并
出卖成品，一次买卖就是几百匹：可见这所谓"彩帛铺"是一种手
工业场所兼商店的机构，但是像这种大手工业场所是掌握在封建
官僚手中的。唐仲友贵为知州，其所开的"彩帛铺"，当不能由他
自身或家族经营和工作，一定要任用经理人和雇用工匠。看上引
的文字，唐仲友所开的"彩帛铺"，内部包括染色、印花、机织三部
分；同时又是大商店，一次买卖的高贵纺织品多到三四百匹，就商
业讲，在当时也是相当大的规模了（它是官僚收买和出卖物品的
机关）。至于官府手工业具有工场规模的机构，当然更多、更大。
但这些是不是已经可以称为正式的手工业工场呢？我们知道：官
府手工业的工场，主要供给皇室和贵族用的奢侈品，至少其主要的

目的不是制造商品。私家手工业的工场同时还兼着商店的性质，这种手工业工场和作坊一样，至少一半是商店，与资本主义性质的手工业工场，有本质的不同（资本主义性质的手工业工场，就是现代工厂的前身，它至少与商店在逐渐分离着，商店只是它的附属品，而宋代的某些手工业工场，主要还是店铺的性质，所以称为"铺"）。何况它还多掌握在封建官僚的手中。还有一点要附带说明的，就是当时采矿等工业规模虽大，也不能称为正式的手工业工场，这只是一种资本主义前的较大企业。这种企业如果可以称为工场，那末秦汉时早已有手工业工场了。我这里所说的正式的手工业工场，是指带有资本主义性质的手工业工场，与古代手工业工场，是不同质的。

　　要说明宋代的手工业大作坊不是正式的手工业工场，而主要还是商店的性质，最好举印书手工业为例。我们知道：宋代的书店同时就是印书工场，当时记载说："建阳书肆，方日辑月刊，时异而岁不同，以冀速售。"（《愧郯录》卷九）那时的书店一身兼具编辑所、印刷所和书店三项任务，而以书店的任务为主，主要是出卖书籍。它们"日辑月刊"，"以冀速售"，则至少应有编辑员、雕匠、印匠、装裱匠和经理、店员等人才。至于自造纸张、刻印书籍出卖的书店，规模就更大了。但是这类书店无论规模如何大，总是书店而不是工场。我们认为：正式的即资本主义性质的手工业工场，在宋代还没有，它的萌芽，至早要到明代。我们读《史记》、《汉书》，见那时的所谓"商人"往往就是手工企业主，觉得很是奇怪，其实这是不足奇怪的，因为当时的大手工业是附属于商业的，手工业的经营者就是商人，手工业作坊和工场就是商店，这种商店性质的手工业工场，决不能算是正式的手工业工场；正式的手工业工场的出现，就是资本主义的萌芽，在宋代，基本上还谈不到资本主义的萌芽。

中古的封建庄园，是兼具农业和手工业的生产组织，庄园里面一切自给自足，它与原始农村公社的组织，虽有生产高低、规模广狭等的不同，但农业与手工业强固结合的特征，则是一样的。这种手工业，在中古前期，虽有进步的作用，但到了宋代，则已变成落后的东西了。宋代的庄园手工业，还相当的盛，如纺织业和水碾砣，大概是一般大庄园所具有的。不过唐中叶以后的庄园，已经不是贵族地主庄园而多是普通地主庄园了，普通地主庄园的规模比起贵族地主庄园来，完整性要较差，所以不是任何地主庄园都有手工业的，只有较大的地主庄园，才有一定的手工业。庄园手工业，在宋代已开始进入衰落的过程中了。

中古的寺院也是一种庄园。在宋代，寺院庄园的手工业比较发达，它还带有过去的庄园的性质。例如大宋京兆府鄠县逍遥栖禅寺新修水磨记载：

其磨亭正座五间，都成七架；西开客馆，东敞僧房；……岂止独利于禅林，抑亦务资于闾里，约费羡锱三百余缗。……磨主行达。（《金石续编》卷一四）

这是寺院的水磨手工业，也是属于庄园手工业的范畴的。又如：

相国寺……两廊，皆诸寺师姑卖绣作、领抹、花朵……绦线之类。（《东京梦华录》卷三《相国寺万姓交易》条）

西融州有铅坑，铅质极美，桂人用以制粉，澄之以桂水之清，故桂粉声闻天下。桂粉旧皆僧房雹造，僧无不富。……厥后经略司专其利，岁得息钱二万缗，以资经费。群僧乃往衡岳造粉，而以下价售之，亦名桂粉；虽其色不若桂，然桂以故发卖少迟。（周去非《岭外代答》卷七《金石门·铅粉》条）

这些也都是寺院手工业的例证。但是这类的寺院手工业，不是为了供给自用的生活资料，而是制造商品，已属作坊性质的手工业了。

家庭手工业，是从古代以来一直到近代都有的，在中世纪，更是一种始终不衰的手工业。因为中国封建农村的特征，是小农农业与家庭手工业强固结合，这也就是中国封建社会的生产基础。宋代的赋税，尚多收布帛，这可证明农村中的家庭手工业还很盛行。那时候的作坊手工业所以还不能发展成正式的工场手工业，它的主要原因之一，就是庄园手工业和农村中的家庭手工业还不曾完全衰落。与小农农业强固结合的家庭手工业，是最落后的手工业，它的存在，只说明社会的停滞性，在这里我们不多说了。

中国古时有许多种家庭手工业，往往保守秘密，不使外人知道制造方法；有时世代相传，延长到几百年，例如：

> 宣州诸葛氏，素工管城子，自右军以来，世其业。……政和后，诸葛氏之名于是顿息焉。……流传将七百年。（《铁围山丛谈》卷六）

为了保守秘密，宁可失传，甚至有女不嫁。这种家庭手工业，也是一种落后的东西，如不打破，技术将无从进展。

雇佣工匠，宋代较唐代更多，除了官府雇募外，他们都应私家的招雇。宋代都城中受人倩雇的工匠是很多的，据说：

> 即早辰桥、市、街、巷口，皆有木竹匠人，谓之杂货工匠，以至杂作人夫，道士僧人，罗立会聚，候人请唤，谓之罗斋。（《东京梦华录》卷四《修整杂货及斋僧请道》条）

> 凡雇觅人力，干当人、酒食、作匠之类，各有行老供雇。（同上卷三《雇觅人力》条）

宋时私人雇工的工资数不很详细，据《夷坚志》卷六《茶仆崔三》条载：

　　黄州市民李十六开茶肆于观风桥下,淳熙八年春,夜已扃
户,其仆崔三未寝……女曰:汝月得雇值不过千钱,常不足给
用。

那末当时雇工价是不高的,这似是就业竞争的结果(有专门技术
的工匠的工资当较高)。雇工制度的发展和工资的低下,说明农
民转化为工匠的已逐渐增多,这是生产关系已有若干量的变化的
现象。这种现象,唐代中叶以后,已经逐渐在发展了。至于求雇不
得,或可以独立工作的工匠,那就是游离的小生产者,这种人在宋
代数量亦必不少,这也说明封建社会在发展着。(宋人小说《碾玉
观音》载:"崔宁道:……我是碾玉作,信州有几个相识,怕那里安
得身。……就潭州市里,讨间房屋,出面招牌,写着'行在崔待诏
碾玉生活'……日逐也有生活得做。"这是官匠转化的独立私匠。)

　　宋代民间手工业成品的销售方式,有(一)市场交易,(二)门
市交易,(三)定货,(四)批发等类。此外宋代民间作坊,还须把成
品供应官府,称为"当行","官司上下须索,无虑十倍以上",这是
一种很严重的剥削;民间手工业的不得更大的发展,这也是一个重
要的原因。

　　官府手工业以外的手工业,资本的来源有:(一)官僚资本,
(二)商业资本,(三)借贷资本。至于手工业的利润,大概也相当
大,否则就不能说明作坊的发达。不过由于销路的有限,和政府、
官僚的剥削,其发达是有限制的。

　　以上所说,是民间手工业的情况。

三　商业、货币与都市的发展

　　宋代统一中国,商业资本又获得进一步的发展。宋太祖即位

后,就曾下诏:"榜商税则例于务门,无得擅改更增损及创收。"(《文献通考》卷一四)太宗淳化二年又下诏:"关市之租,其来旧矣,用度所出,未遑削除,征算之条,当从宽简,宜令诸路转运使,以部内州军市征所算之名品,共参酌裁减,以利细民。"(同上)"除商旅货币外,其贩夫贩妇,细碎交易,并不得收其算。"(同上)可见宋初的封建政府是有意宽减商税,以发展商业的。宋代农业和手工业比以前进步,生产促进交换,商业比以前发展,自是当然的结果。北宋时代各路货物都汇集到京城销售,那时的漕运路线,据《宋史·食货志》上三说:"宋都大梁,有四河以通漕运:曰汴河,曰黄河,曰惠民河,曰广济河,而汴河所漕为多。""江南、淮南、两浙、荆湖路租籴,于真、扬、楚、泗州置仓受纳,分调舟船,溯流入汴,以达京师。……陕西诸州菽粟自黄河三门沿流入汴,以达京师。……粟帛自广济河而至京师者,京东之十七州;由石塘、惠民河而至京师者,陈、颍、许、蔡、光、寿六州。""广南金银、香药、犀象、百货,陆运至虔州,而后水运。""川益诸州金帛及租市之布,自剑门列传置,分辇负担至嘉州,水运达荆南,自荆南遣纲吏运送京师。"(参看《文献通考》卷二五)据此,当时商运的方便,也可见一斑了。南宋时代的商业,也集中于国都临安,贸易的兴盛更超过北宋。其商运路线,则依靠东南的水道。

辽国的商业,集中于现在的北京(辽的南京)。"城北有市,百物山偫"(《辽史·食货志》下)。南宋时北方的金国,商业虽不及南宋,然它继承北宋和辽的遗产,又多与外国贸易,商业不至完全衰落,也是可以想见的。金国的燕京(北京)"遥望前后殿屋崛起处甚多,制度不经,工巧无遗力"(《揽辔录》)。北京的成为大都市,已奠基于金代了。

北宋与辽和西夏的通商,定例是各于分界处置"榷场",作为互市的所在。宋的香药、茶和布帛等输入辽、夏，辽、夏的畜产品等输入宋（宋与西北国家茶、马的交易是最重要的交易）。但是有许多商品，都被禁断；战争时贸易的中断，更是常理，不必多说。至于民间的私相贸易，也往往有禁令。分裂割据的局面阻碍商业的发展，在这里可以看出。南宋时代宋与金的通商，和北宋与辽、夏的通商差不多。《金史·食货志》五载："榷场，与敌国互市之所也。皆设场官，严厉禁，广屋宇，以通二国之货，岁之所获，亦大有助于经用焉。"此外金又与西夏通商。后来金朝的官僚吕鉴说："尝监息州榷场，每场获布数千匹，银数百两，兵兴之后皆失之。"（同上）可见国外贸易对金朝财政的帮助，是相当大的。由于金人所占领的，是整个北中国，与辽、夏只占领边区不同，所以宋金间贸易的重要性，是超过宋、辽、夏间贸易的重要性的（金地产盐，宋地产茶，互相交易；盐茶都是最大的生产品，获利自然很厚。不过金人认茶为奢侈品，以为"以有用之物易无用之物"，曾下令限制饮茶，然事实上是限制不了的）。

宋代航海技术进步，海上交通更趋发展。那时已开始应用磁石指南针（见沈括《梦溪笔谈》卷二四及朱彧《萍洲可谈》卷二），乘驾巨大的海舶，航行的路线远达非洲海岸（赵汝适《诸蕃志》卷上载当时海外贸易之国有"层拔国"，"层拔"即"桑巴"，在非洲海岸，外人曾在此掘得宋代的铜钱），而外国商人来华的也远自西亚、东欧，所以海外贸易较之前代更盛。北宋时与海外各国的通商，已极发达，南宋时益见广泛。当时称"东南之利，舶商居其一"，政府的用度常依赖它。《宋史·张逊传》载：

> 岭南平后，交趾岁入贡，通关市，并海商人遂浮舶贩易外国物。阇婆、三佛齐、渤泥、占城诸国亦岁至朝贡；由是犀象、香药、珍异，充溢府库。逊请于京置榷易署，稍增其价，听商入

金帛市之，恣其贩鬻，岁可获钱五十万缗，以济经费。太宗允之。一岁中果得三十万缗，自是岁有增羡，至五十万。

宋代设立市舶司，管领海商，广州以外，还有杭、明、泉、密四州市舶司和其他管领海商的机关，东至朝鲜、日本，南至南洋、印度，西至波斯、阿拉伯等国，都有商业往来。中国人用金、银、缗钱、铅、锡、杂色帛、瓷器等，换取外来的"香药、犀、象、珊瑚、琥珀、珠琲、镔铁、龟皮、玳瑁、玛瑙、车渠、水精、蕃布、乌樠、苏木等物"（见《宋史·食货志》下八）。海舶大的载重一千婆兰（三十万斤），次等的也不下三分之一（参看《宋史·食货志》下八"胡人谓三百斤为一婆兰，凡舶舟最大者曰独樯，载一千婆兰；次者曰牛头，比独樯得三之一；又次曰木舶，曰料河，递得三之一"）。中国船数量甚多，且大于蕃船。"太宗时，置榷署于京师，诏诸蕃香药宝货至广州、交趾、两浙、泉州，非出官库者，无得私相贸易"（《宋史·食货志》下八，参上引《张逊传》文）。这是封建政府控制对外贸易的措施，与过去差不多的。后来又下诏宽放一部分货物可以自由买卖。"大抵海船至，十先征其一"（同上）；又收买若干。蕃商要往内地的，由市舶司给予文券，即可通行。宋政府留心招徕蕃商，对于蕃商相当优待，并保护其贸易，禁止官吏侵渔。宋政府禁止兵器等出口，又禁止铜铅出口，华商"出海外蕃国贩易者，令并诣……市舶司，请给官券"，才能出口，回航时仍须于发航处住泊，以防止各种弊端。南宋时，海外贸易继续发展，对于当时云南的大理国和越南，通商也盛。关于宋代的海外贸易，可以参看日本人桑原骘藏所著的《蒲寿庚考》（中国有译本）。宋政府由对外贸易所获的利益，目前尚难详考，但无疑是很大的。据有的记载说：在北宋初期，每年收入三十万至五十万缗，到南宋时更多，占国家岁入的颇大成分。

辽国除与宋、夏通商外，与回鹘通商很盛。辽的上京（今内蒙古巴林左旗东北)南门的东面有"回鹘营",就是回鹘商人的居留地。辽又在高昌、渤海设立互市,并与女真、高丽等国通商。金朝兴起后,自然仍继续这类国外贸易。不过金的对外通商,主要是对南宋,因为南宋是当时最富庶的大国。

随着商业的发展,货币的应用,自然更活跃起来。宋初制定钱文,叫做"宋通元宝"(后来新钱有作"皇宋元宝"的)。其后历代皇帝每一改元,必铸新钱。北宋时曾铸大钱,因为利益很大,民间多有私铸,钱法始乱。铜钱外又铸铁钱(南宋时禁两淮、京西沿边一带用铜钱,只行使铁钱及会子等,其原因是"虑铜宝泄于外"),这是继承五代旧制。徽宗时更铸夹锡钱。《宋史·食货志》下二:

> 钱有铜铁二等,而折二、折三、当五、折十,则随时立制;行
> 之久者,唯小平钱;夹锡钱最后出;宋之钱法至是而坏。

商业愈来愈发展,而钱文越来越恶劣,于是纸币代铜钱而起。

北宋的纸币叫做"交子"。先是"蜀平,听仍用铁钱……而铁钱不出境"(《宋史·食货志》下二),四川商人因为铁钱太重,不便交易,开始造券,称为"交子"。它的性质原与"本票"相近。《宋史·食货志》下三:

> 会子、交子之法,盖有取于唐之飞钱。真宗时张咏镇蜀,
> 患蜀人铁钱重,不便贸易,设质剂之法:一交一缗,以三年为一
> 界而换之,六十五年为二十二界,谓之交子。富民十六户主
> 之。后富民赀稍衰,不能偿所负,争讼不息。转运使薛田、张
> 若谷请置益州交子务,以榷其出入,私造者禁之。仁宗从其
> 议,界以百二十五万六千三百四十缗为额。

案:李攸《宋朝事实》卷一五《财用》条载:

> 始益州豪民十余(万)户连保作交子,每年与官中出夏、
> 秋仓盘量人夫及出修廉枣堰丁夫物料……书填贯不限多少,

收入人户见钱，便给交子，无远近行用，动及万百贯。街市交
易，如将交子要取见钱，每贯割落三十文为利。

有人认为"交子"是民间自然产生的，并非始创于张咏，且其创始
时代可能在宋初。

神宗熙宁初……河东运铁钱劳费……二年，乃诏置交子
务于潞州。

四年，复行于陕西。（参看上二书文）

交子期满，又造新交子抵偿旧交子，推行渐广。哲宗以后，增造日
多，价格低落。徽宗时改造"钱引"，不设本钱，于是本票式的交子
就终于变成不兑现的钞票了。（宋初也曾仿行唐代"飞钱"制度，
参看《文献通考》卷九："太祖时取唐朝飞钱故事，许民入钱京师，
于诸州便换。"）

南宋时又改"交子"为"关子"、"会子"，关子和会子虽然名为
有本钱或抵偿，其实并不一定能兑现，和无本钱抵偿差不多，所以
价格低落，无法维持原价。同时因为会子利厚，伪造者多，严法禁
止，不能禁绝。又官府向民间要的是现钱，而叫民间通用关、会，这
自然要发生流弊。商人们往往用低价收买会子，送到京城来兑现，
政府为维持信用，不得已收下，而旧会子已经破损，于是再造新会
子，以三年为一界，按期造新换旧，禁止伪造。正式的关子、会子之
外，还有各种杂色纸币，往往只流行于某地境内，信用更低。但宋
代的纸币虽然已经发生很多的流弊，政府竭力挽救，还不至于完全
垮台，至于北方的金朝和后来的元朝的纸币，就更弄得全无信用，
不可收拾。

由于女真的入侵，北方生产破坏，商品经济暂时衰落。起初金
人的交易，多用实物，或用辽、宋旧钱，后来虽也铸钱，然并不能通
行钱币。金朝统治者不知从根本着想，只摹仿宋朝的纸币政策，

"造官会,谓之交钱(钞)"。分为若干等,"拟见钱行使,而阴收铜钱,悉运而北,过河即用见钱不用钞"(见范成大《揽辔录》)。这种办法自然会收到失败的后果。其后又铸银币"承安宝货","一两至十两分五等,每两折钱二贯,公私同见钱用"(参看《金史·食货志》):这是中国正式用银币的开始。原来自唐中叶以后,由于商业的发展和铜钱的缺乏,银的使用已稍普遍,宋朝也已渐用银为货币,但正式的银币,可说开始于金朝:这是补救铜钱缺乏和纸币政策的失败的(铜钱渐为钞币所驱逐,公私多兼用银钞,参看《金史·食货志》)。但民间仍旧信用铜钱,政府曾下令限止铜钱的流通,以迫人民用银钞。当时的交易额还不很大,用银不甚便,纸币又不被信用,所以发生这种币制紊乱的现象。金政府虽然竭力推行纸钞,屡次改制,用银为钞本,然终于行不通,因为过河用钱不用钞的办法,证明政府自己也不信任纸币。金朝纸币政策的失败,又替元朝准备下币制紊乱的条件。

宋、金、元三朝的纸币,由于商业需要而引起的作用小,而政府借以图利以解决财政上困难的作用大:这是三朝纸币政策失败的根本原因。

中国古代的市制,本有两个主要特点:(一)有一定的区域,(二)同一的商店集为街坊。这种市制,到了唐代中叶以后,已随商业的发达而趋于分解。到了宋代,市民们已能任意当街建筑房屋,开设门面,有的商店已经开设到"市"以外的区域了。北宋中叶以来,中国旧时对于商业的空间时间的限制,都已逐渐解除,除禁地外,不论何处,都可开设商店;不论何时,都可以经营商业。这变化的发生,是由于生产力发达后,商业交通比前繁盛,都市人口比前增加的缘故。根据记载:北宋时代商业大都市已经兴起,南宋的首都临安已发展成一个拥有三十九万户的大都会了。(《都城纪胜·坊院》条:"今中兴行都已百余年,其户口蕃息,仅百万余家者,城之南、西、北三处,各数十里,人烟生聚,市井坊陌,数日经行不尽,各可比外路一小小州郡,足见行都繁盛。"《梦粱录》卷一九《塌房》条作"近百万余家"。但卷一八《户口》条引《咸淳志》说:"九县共主客户三十九万一千二百五十九,口一百二十四万七百六十。""两赤县城主客户一十八万六千三百三十,口四十三万二千四十六。"今检咸淳《临安志》卷五十八,同。)

但是我们不能误认为资本主义生产方式在这时候已经兴起,事实上,这时候还谈不上什么资本主义生产方式,这时候的都市商业还坚固地保持着封建的特质。宋代以来,封建统治阶级对手工业商业的控制越来越加强,所以商业都市就越发与封建主义发生密切的连锁。同时,农村家内手工业和农业的强固结合,更直接决定都市经济的封建性。在整个的中国封建时代,都市不但不能成为封建主义的对立物,反而变成加强封建主义统治的机构。

唐代以来,在广大的农村里,渐渐有称为"草市"的市集产生,这就是"镇"市的前身。在唐代时,县大多区分为若干乡;到了宋代,在县之内除乡以外,还多设有"镇"市,"镇"市就是小的都市。南宋以来,"镇"市格外发达,如《梦粱录》卷一三载:

> 杭州有县者九,独钱塘、仁和附郭,名曰赤县,而赤县所管
> 镇市者一十有五。(《两赤县市镇》条)

镇市发达的现象,就说明了商业交通的比前繁盛,以及商业的比较深入农村。换句话说,这时的商业是比以前更普及了。宋代在各州县治所和较大镇市,都设有征收商税的机关。

宋代的都城和州县都设有市场,市场买卖多集中于上午:

> 每日交五更……诸趋朝入市之人,闻此而起。诸门桥市
> 井已开……酒店多点灯烛沽卖……直至天明。……(《东京

梦华录》卷三《天晓诸人入市》条)

　　　每日清晨,两街巷门浮铺上行百市买卖,热闹至饭前,市
罢而收。(《梦粱录》卷一三《铺席》条)

事实上最繁盛的都市不但全日有市,而且还有夜市。我们根据
《东京梦华录》和《梦粱录》等书,就能知道宋代都市商业的发达,
它的盛况,真有出人意料之处。

　　北宋汴京商业的盛况,可以参看《东京梦华录》二、三、四等
卷。所谓"集四海之珍奇,皆归市易"(《东京梦华录·自序》),都
市商业确是很发达的。现在摘录《东京梦华录》几段记载如下:
"自宣德东去东角楼,乃皇城东南角也。……最是铺席要闹。
……东去乃潘楼街……余皆真珠、匹帛、香药铺席。南通一巷,谓
之'界身',并是金银彩帛交易之所,屋宇雄壮,门面广阔,望之森
然。每一交易,动即千万,骇人闻见。"(卷二《东角楼街巷》条)
"凡京师酒店,门首皆缚彩楼欢门……向晚灯烛荧煌,上下相照,
浓妆妓女数百,聚于主廊槏面上,以待酒客呼唤,望之宛若神仙。"
(同上《酒楼》条)"大抵诸酒肆瓦市,不以风雨寒暑,白昼通夜,骈
阗如此。"(同上)夜市"直至三更"(同上《州桥夜市》条)。"夜市
北州桥又盛百倍,车马阗拥,不可驻足,都人谓之'里头'。"(卷三
《马行街北诸医铺》条)"夜市直至三更尽,才五更又复开张;如要
闹去处,通晓不绝。"(同上《马行街铺席》条)

　　南宋的都城临安就是现在的杭州,更是繁华:"杭州大街,自
和宁门权子外,一直至朝天门外清和坊……自五间楼北至官巷南
街,两行多是金、银、盐钞引交易铺,前列金银器皿及现钱。……并
诸作分打钑炉鞲,纷纭无数。自融和坊北,至市南坊,谓之珠子市,
如遇买卖,动以万数。又有府第富豪之家质库,城内外不下数十
处,收解以千万计。""自大街及诸坊巷,大小铺席,连门俱是,即无

虚空之屋。……客贩往来，旁午于道，曾无虚日。至于故楮、羽毛，皆有铺席发客，其他铺可知矣。……"（《梦粱录》卷一三《铺席》条）"杭城大街，买卖昼夜不绝，夜交三四鼓，游人始稀；五鼓钟鸣，卖早市者又开店矣。"（同上《夜市》条）"城中北关水门内，有水数十里，曰白洋湖，其富家于水次起迭（造）塌坊十数所，每所为屋千余间，小者亦数百间，以寄藏都城店铺及客旅物货，四维皆水，亦可防避风烛，又免盗贼，甚为都城富室之便，其他州郡无此……"（《都城纪胜·坊院》条。《梦粱录》卷一九《塌房》条略同）"杭州人烟稠密……每日街市食米，……细民所食，每日城内外不下一二千余石，皆需之铺家。"（《梦粱录》卷一六《米铺》条）南宋临安商业的盛况，又超过北宋的汴京了。

宋代的都市经济，根据许多记载看来，是极其发达的。除了封建政府所在的都城汴京和临安外，各地都市普遍发展，尤其是南方的都市，如扬州、苏州等，以及沿海市舶司所在的广州、泉州、明州等都市，大概都具有新兴的气概。此外南方的旧都市和新都市，还有许多。然而北方的都市，自从辽、金、元落后部族侵入后，生产破坏，商业比较衰落，例如过去全国闻名的大都市长安、洛阳等城，则越来越破落了。南北的都市经济，一盛一衰，就说明生产发达的进步意义和落后部族入侵的落后意义。

除了固定的都市外，定期的市集，在宋代也很发达。《漫叟诗话·虚》载：

> 凡聚落相近，期某旦集，交易哄然，其名为虚。柳云："绿荷包饭趁虚人。"临川云："花间人语趁朝虚。"山谷云："笋叶裹盐同趁虚，趁虚人集春蔬好。"

《参寥子诗集》卷一《归宗道中》：

> 农夫争道来，聒聒更笑喧；数辰竞一虚，邸店如云屯，或携

布与楮,或驱鸡与狱。……老翁主贸易,俯仰众所尊;……描写乡村市集交易,很是具体。汴京的相国寺,也是定期的市场,据说:"相国寺每月五次开放万姓交易,大三门上皆是飞禽、猫犬之类,珍禽奇兽,无所不有。第三门皆动用什物。庭中设彩幕、露屋、义铺,卖蒲合、簟、席、屏、帏、洗漱、鞍辔、弓剑、时果、脯腊之类。近佛殿,孟家道院王道人蜜煎,赵文秀笔及潘谷墨;占定两廊,皆诸寺师姑卖绣作、领抹、花朵、珠翠头面、生色销金花样幞头帽子、特髻冠子、绦线之类。殿后资圣门前,皆书籍、玩好、图画及诸路罢任官员土物、香药之类。后廊皆日者、货术、传神之类。……"(《东京梦华录》卷三《相国寺万姓交易》条)像这样盛大的庙会,在当时确是很少的了。

宋代都市商业的发达,如上所述,并不曾促使新的生产方式诞生,相反的,反而加强了封建主义的统治。这种商业配合了高利贷,与地主经济密切结合起来,与封建统治势力密切结合起来,谈不上有多大的进步意义。不过我们也不能片面地看问题,宋代的都市经济发达下去,至少也可以替资本主义生产方式准备好某些条件。南宋时代的手工业和商业如继续得到发展,不受或少受封建统治阶级的摧残和落后部族的破坏,则资本主义生产方式是会从这里面缓慢地诞生的。这种商业即便受到很大的摧残和破坏,经过较长时日的发展,也终于会产生资本主义的幼芽,明代的历史就说明了这点。但从历史的事实看来,宋代的统治阶级对于当时的商业并不惜加以摧残,而辽、金、元落后部族的入侵,对于生产和一般商业,更起了很大的破坏作用。

北宋中期的王安石变法,虽然说是封建专制主义和中小地主、小所有者的结合,对大地主的兼并加以抑制,然而由于中国的大地主经济向来与大商业和大高利贷相结合,所以抑制大地主经济的发展,就不能不连带抑制到大商业和大高利贷的发展。例如王安石变法中的"均输"政策(虽然不曾真正实行),就是抑制大商业资本的,这和汉武帝的政策差不多,所谓"徙贵就贱,用近易远"是"收(富商大贾)轻重敛散之权"的。又如"市易法",在京设"市易务",利用行铺的牙人等,遇有商客卖不出货物,"许至务中投卖……据行人所要物数,先支官钱买之……许令均分赊(与行人)……立一限或两限,送纳价钱;若半年纳,即出息一分;一年纳,即出息二分。……"五年之中,"市易息钱并市利钱总收百三十三万二千缗有奇"。据说,"至使物价腾踊,商贾怨謗","自市易法行,商旅顿不入都",因为"如有商货入门,并须尽数押赴市易司卖;以此商税大亏"。所以王安石的"新法"对商业资本的发展,是确有不利之处的。此外宋代封建政府还有许多掠夺商民的办法。再加上官吏的贪污,甚至"私立税场",苛捐杂税,剥削到空身的行旅,行同盗贼,人民指税所为"大小法场":商业的受摧残,自在意想之中了。

总而言之,宋代的商业虽然相当发展,但受到的摧残和破坏,也并不少。封建势力的控制、压迫商业,是商业不得充分发展和资本主义生产方式迟迟不能诞生的重要原因。

四　行会制度的发达

中国行会制度的起源时代,虽难确考,但到唐代,尤其是安史之乱以后,行会制度显然是在开始发展了。到了宋代,行会,尤其是商业行会更有空前的发展(宋代的"行"还带有行列、街坊的意义,行列街坊的"行"与"团行"的"行"是混称的,有些"行"是指商行一类的组织,我们应了解这些)。所谓"行"的种类,非常复杂。

《都城纪胜·诸行》条说：

> 市肆谓之行者，因官府科索而得此名，不以其物小大，但合充用者，皆置为行，虽医卜亦有职医克择之差占，则与市肆当行同也。内亦有不当行而借名之者，如酒行、食饭行是也。又有名为团者，如城南之花团，泥路之青果团，江干之鲞团，后市街之柑子团是也。其他工伎之人，或名为作，如篦刀作、腰带作、金银镀作、钑作是也。又有异名者，如七宝谓之骨董行，浴堂谓之香水行是也，大抵都下万物所聚，如官巷之花行，所聚花朵、冠梳、钗环、领抹，极其工巧，古所无也。

大概"行"的起源由于工商业开始发展，经营的人不能没有组织，但很快的就被封建政府所利用，作为剥削工商业者的工具，如上引记载所说。宋元时代行会制的发达，从教师和乞丐也成立"教学行"、"乞儿行"（见《黑鞑事略》，据《宋元明经济史稿》引），就可证明。行的名目，根据各种文献，真是多到不可计数，如《东京梦华录》载汴京有"果子行"、"姜行"、"纱行"、"牛行"、"马行"（均见卷二）和所谓"大小货行"（同上）等。咸淳《临安志》卷一九载临安有"鲜鱼行"、"鱼行"、"南猪行"、"北猪行"、"布行"、"蟹行"等（"行"亦称"市"、"团"等）。《西湖老人繁胜录》更记得详细，他说那时的"京都（杭州）有四百十四行"。此外宋人笔记等记载里，"行"的记载还很多（如《武林旧事》卷六《诸市》条就有许多"行"、"团"、"市"的名称，与咸淳《临安志》相合）。这些"行"大致可以分为三类：

（一）手工业的行会，是同行的手工业者所组织，偏重于工业品的制造，如"工作伎巧所居"的"大小货行"便是。《梦粱录》卷一三《团行》条载：

> 市肆谓之团行者，盖因官府回买而立此名，不以物之大

小，皆置为团行……其他工役之人或名为作分者，如碾玉作、
钻卷作、篦刀作、腰带作、金银打钑作、裹贴作、铺翠作、裱褙
作、装銮作、油作、木作、砖瓦作、泥水作、石作、竹作、漆作、钉
铰作、箍桶作、裁缝作、修香浇烛作、打纸作、冥器等作分。
……大抵杭城是行都之处，万物所聚，诸行百市，自和宁门权
子外至观桥下，无一家不买卖者，行分最多。……

这里所谓"作分"，就是"行"的变称。从这条记载里可以看出那时
的都市手工业是附属于商业的，手工业行会就是商业行会的分支，
手工业的发展，也就是商业的发展；而北宋的开封，南宋的杭州，都
是当时最大的工商业都市，也就是工商业行会集中的处所。

（二）商业的行会，是同业的商人所组织，偏重于货品的买卖
（有些近于近代的"商行"），如"鱼行"、"肉行"、"果子行"等，都属
于这类行会。《唐六典》载：

工作贸易者为工，屠沽兴贩者为商。（《尚书户部》卷三）

从这定义里可以看出当时工商业混淆的情况，它与现在所谓"手
工业"、"商业"的定义不同。宋代的手工业作坊也依然在市买卖，
所以我们这里把手工业行会和商业行会分开，是不能十分严格的。

（三）其他职业的行会，凡既不是纯粹手工业，又不是纯粹商
业的行会，都可以归入这类。如"教学行"、"乞儿行"、"苦力帮"
等，都属于这类行会。这里面有许多不需要熟练技术的职业，行会
大概有势力范围的划分，以免除同业者间的竞争；我们知道：在南
宋的杭州，甚至"粪夫"，也有户头或区域的分割（见《梦粱录》卷一
三《诸色杂货》条）。

在封建经济的全盛时代（在中国就是唐宋时代），行会占有很
大的势力，在经济领域内，行会统制了个人，工商业者很难脱离行
会而独立经营。行会因为替封建政府尽了相当的义务（他们替政

府收买货物、征收税役等），政府也就特许它们对于各种职业的独占，并以政府的力量来维持行会规约的威严，取缔行会以外的工商业者。《文献通考》载郑侠奏议跋说：

> 京城诸行，以计利者上言云：官中每所需索，或非民间用物；或虽民间用物，间或少缺；率皆数倍其价，收买供官。今立法：每年计官中合用之物，令行人众出钱，官为预收买，准备急时之用。如岁终不用，即出卖；不过收二分之息，特与免行……才立法，随有指挥：元不系行之人，不得在街市卖坏钱纳免行钱，与人争利，仰各自诣官投充行人，纳免行钱，方得在市卖易；不赴官自投行者有罪，告者有赏。此指挥行，凡十余日之间，京师如街市提瓶者必投充茶行，负水、担粥以至麻鞋、头髮之属，无敢不投行者。（卷二○）

可见行会为封建政府服务所起的作用，主要是供给货物。《都城纪胜》说"市肆谓之行者，因官府科索而得此名"；《梦粱录》说"市肆谓之团行者，盖因官府回买而立此名"，可为明证。封建政府强迫工商业者投行，以便控制剥削；不投行的人，就不得在市上买卖，而且投行必须先到官府报告，纳所谓"免行钱"，方算正式的"行人"。封建政府对于行会工商业者的剥削，是很重的，其先供应官府的货物，往往要出数倍的价钱来收买。宋政府立法补救（每年计算官中应用的货物，叫行人出钱，官府替他们预先收买，准备急用；如到年终不用，即行出卖，官府收二分的利息），工商业者的负担依旧很重，他们的权利，只是加入行会后，营业上可以方便些而已。《宋史·食货志》下五载：

> 其输边粟者，持交引诣京师，有坐贾置铺，隶名榷货务，怀交引者凑之。若行商，则铺贾为保任，诣京师榷务给钱，南州给茶。若非行商，则铺贾自售之，转鬻与茶贾。

又《宋会要·食货》三八之二四载：

> 嘉定二年正月十四日，臣僚言：辇毂之下，铺户不知其几，近来买到物件，其间小户无力结托，虽有收附，无从得钱，又有不系行铺之物，客到即拘送官，且有使用，方使纳中，而终年守待，不得分文，穷饿号泣，无所赴愬……

这可见行会的作用和不加入行会的痛苦了（同时也可见小户之苦）。

总之，宋时行会的主要作用有三：（一）工商业者等因避免同业间的竞争，组织成团体，共同经营，以便利益均沾。有些组织近于近代的商行。（二）抵制业外及他方人的经营，以便本地方本业的人独占利益。（三）为官府服务，也抵制官府的过分剥削，推代表与官府接洽，以保障本业人的利益。行会兴起之后，封建政府就利用它来作为剥削工商业者的工具，剥削虽然要受到一点限制，可是收入比较固定可靠，而且可使工商业者不能逃脱官府的控制：这就是封建政府要维持行会，并扩大行会的原因。

以上总论宋代行会的发达情况、行会的分类和行会的作用，现在应当说一下行会的组织。关于行会组织的详细情况很难考证，根据近人的研究，唐代的"行"多只是区域的组织，以坊店为单位；宋代的"行"已非单纯的区域的组织，而主要是同业的组织。起先似乎只是同业的作坊和同业的商店的组织，后来连散匠、散商都包括在内。散匠、散商等可能还另有行帮的组织。小作坊和小商店要受大作坊和大商店的控制、排挤，而散匠和散商更要受到作坊和商店的控制、排挤，行会似乎主要是由那些大作坊和大商店支配的，而大作坊和大商店又直接受封建政府的控制。宋代的工商业行会，不但它本身具有浓重的封建性，而且它实在是封建政府的御用工具。因此，那时的行会工商业的发达，不能认为是资本主义因素,相反的,这种情况的存在,是说明了封建经济的全盛。

行会中的会员(作坊、商店、散匠、散商等),在名义上,地位似乎都是平等的,其上则推有首领,更有"商行"一类的机构。首领和行头等负责对内对外的一切任务,这些人在唐代多称为"行头"、"行首",在宋代则也称为"行老"。他们的对外任务,约可分为两种:(一)向官府交涉本行的种种事情,如《续资治通鉴长编》卷二四四载"肉行徐中正"和政府交涉"免行"的事情,便是一例。(二)代表本行向外承接生意,如《东京梦华录》卷三载"雇觅人力""各有行老供雇",便是一例。对内的任务,是关于行会中的种种事情负设施、管理上的责任。

"行老"的权力是很大的,他是行会、行帮或商行的操纵者,对内控制会员或行人,对外与封建政府相勾结。宋元际人赵素编的《为政九要》第八项说:

> 司县到任,体察奸细、盗贼、阴私、谋害不明公事,密问三姑六婆,茶坊、酒肆、妓馆、食店、柜坊、马牙、解库、银铺、旅店,各立行老,察知物色名目,多必得情,密切报告,无不知也。
>
> (据《宋元明经济史稿》引)

因为"行老"对于"行会"、"行帮"中的利弊和秘密情事,都知道得很清楚,所以封建政府不能不依靠他们。他们的权力,如所定的货物价格,同业会员都应遵守,《梦粱录》卷一六载:

> 且言城内外诸铺户,每户专凭行头于米市做价,径发米到各铺出粜。(《米铺》条)

"行老"是行会、行帮或商行中的封建把头,是没有疑问的。

那时的行会大概也有驻在办公的地方(可能并作为同业者举行宗教典礼的所在),这在后来称为"公所"或"会馆",有些就是商行。《梦粱录》载:

大抵杭城是行都之处，万物所聚，诸行百市……更有儿童戏耍物件，亦有上行之所。（卷一三《团行》条）

城南浑水闸，有团招客旅，鲞鱼聚集于此。城内外鲞铺不下一二百余家，皆就此上行合撒。（卷一六《鲞铺》条）

"上行"似乎本指到市买卖，但市就是行会所在，行会可能要登记检查货物，收"行用"的。所谓"上行之所"，大概也就是行会办公地点所在。然而当时有些行老要开会议或作交易时，地点似乎多在茶馆。《梦粱录》卷一六载：

又有茶肆专是五奴打聚处（《都城纪胜·茶坊》条作"专是娼妓弟兄打聚处"），亦有诸行借工卖伎人会聚行老，谓之市头。（《茶肆》条）

行会（包括商行）是一种严密的组织，它必然有共同遵守的规约，例如划分会员营业的范围，规定会员的权利和义务，规定货物的价格等等。此外随着行会组织而起的，还有许多习惯，例如使用货币也有行市，《东京梦华录》卷三载：

都市钱陌：官用七十七，街市通用七十五，鱼肉菜七十二陌，金银七十四，珠珍、雇婢妮、买虫蚁六十八，文字五十六陌，行市各有长短使用。（《都市钱陌》条）

这所说的就是"短陌"钱（以少于百钱的钱数当百钱），各种行市是不同的，这种不同，大概由行会来规定。各行的衣服装束也不同，记载上说：

（汴京）其士农工商、诸行百户衣装，各有本色，不敢越外。谓如香铺裹香人，即顶帽披背；质库掌事，即着皂衫角带不顶帽之类。街市行人，便认得是何色目。（《东京梦华录》卷五《民俗》条）

杭城风俗……且如士农工商、诸行百户，衣巾装著，皆有等差:香铺人顶帽披背子,质库掌事,裹巾着皂衫角带,街市买卖人各有服色头巾,各可辨认是何名目人。(《梦粱录》卷一八《民俗》条)

各行服着的不同,恐怕只是相习成俗,但这种习惯也与行会组织有关,它的目的只是要容易辨认。又近代行会为求团结起见,对本行的祖师,都极端崇拜,遇祖师的诞辰,有热烈的庆祝,以作纪念,如木匠的崇拜鲁般,鞋匠的崇拜鬼谷子,都是例子。但这种崇拜在宋代是否已有,已盛行,尚成问题。根据《梦粱录》的记载,则宋代行市确有宗教活动:

> 每遇神圣诞日,诸行市户俱有社会,迎献不一。如府第内官以马为社,七宝行献七宝玩具为社……青果行献时果社……鱼儿活行以异样龟鱼呈献。……(卷一九《社会》条)

这类的记载很多。大体是遇到某个神道的诞辰或节日,行会都有供献,各行的供献是不同的,各自供献他们的货物或生产品等,也有用同样物件供献的。同时遇到节日,行会又举行共同的娱乐,以联络感情,这类事情见于记载的也不少。此外有什么游行赛会,各行会更其踊跃的参加。这些行会的习惯,大概是随着行会制度的发展而发展的。

宋初各行都要供给本行物品与政府,政府虽然要给回若干价钱,但为数甚少,而且运输费由各行自办,实是一种赋税。神宗时,因汴京肉行代表徐中正等的建议,规定按各行工商业者的资力,缴纳"免行钱",代替过去的剥削,官用物品此后照价购买(参看《续资治通鉴长编》卷二四四:"初,京师供百物有行,虽与外州军等而官司上下须索,无虑十倍以上。凡诸行陪纳猥多,而赍操输送之费,复不在是。下逮稗贩贫民,亦多以故失职。肉行徐中正等以言,因乞出免行役钱,更不以肉供诸处")。当时汴京诸行所出的

"免行钱"，一年共计四万三千三百余贯（《续资治通鉴长编》卷三五九：元丰八年九月，"按在京诸色行户，总六千四百有奇，免轮差官中祗应，一年共出缗钱四万三千三百有奇。……"）。但这种办法实行起来，仍有毛病，中下阶层的市民更吃亏，小商人感到负担加重。从北宋末到南宋初，这种办法终于逐渐废罢。

"免行钱"的办法有利有弊，本不可一概而论。大致是遇到比较清廉的官府，严格行法，是可以减轻些剥削的；若遇到贪污的官府，借法作弊，再加上富商大贾等的作弊，那就变成了加重剥削或使负担不均。如从立法的本意来看，不能不谓带着某种进步的意义，因为行户供应官物，原是古代把工商业者看作官户，责成供役的办法，免行钱的意义，实在和官户纳资代役差不多（也属于"免役法"一类的办法），这是反映了生产关系的发展。不过由于封建专制主义的统治，由专制主义下的官僚来执行新的政策，无疑的是会发生许多流弊的。这是当时整个新法失败的根本原因，原不限于"免行钱"一项办法。

"免行钱"实行前后，官府都向行户收购货物，剥削和压迫都免不了，往往变成苛捐杂税。封建社会的工商业，受到封建统治阶级的摧残，只是寻常的事。

又神宗时的"市易法"，也本有"抑制兼并"的用意，《宋会要·食货》三七之一四载：

> （熙宁）五年三月二十六日诏曰：天下商旅物货至京，多为兼并之家所困，往往折阅失业；至于行铺稗贩，亦为较固取利，致多穷窘。宜出内藏库钱帛，选官于京师，置市易务，商旅物货滞于民而不售者，官为收买，随抵当物力多少均赊，请立限纳钱出息。其条约委三司本司官详定以闻。

这就是说大工商业者也是所谓"兼并之家"，他们兼并中小工商业者,也和大地主兼并中小土地所有者一样,中小工商业者为兼并之家所困,往往折本失业,所以宋政府要出官款设市易务,尽量收买商人卖不出的货物,再转卖给各行商人,收取利息。事实上也是收利于官府,近于一种专买专卖的政策。实行之后,却与原来的理想不符,其主要原因似为大商人的从中作祟和官吏作弊。

唐宋时代行会制度的发达,说明那时的市民阶层已有比较严密的组织,他们已稍能与封建统治阶级作抗争,但是势力还微弱,不能取得真正的胜利,行会反被封建势力所利用,作为剥削工商业者的工具;这也是东方封建社会发展停滞的一个原因。在宋代的农民起义中,确已夹杂着有市民的成分,不过单独的市民起义,还找不着多少材料(如《桯史》卷六所载汪革故事,就是手工业企业主率领手工业工人暴动,这个手工业企业主有两处铁冶,并擅酤坊之利,家赀豪富,虽仍有地主豪强性质,但也有市民性质。他的徒众"炭山皆乡农","冶下多遭逃群盗",然"乡农"也是他所"招合"的"流徙者");到了明代,市民阶层对封建统治阶级的斗争,便比较明显了。

　　附记:唐宋时代的所谓"行"、"团"等,性质非常复杂,根据我的初步研究,其中包括后世"公所"、"会馆"一类的行会组织、行帮组织、商行组织、街巷组织等等,要把这种制度完全弄清楚,目前还不可能。上文所述,只是最初步的分析,容待将来再作补正。

第六篇

元代的手工业与商业

一 蒙元统治对于中国手工业与商业的破坏

宋代手工业与商业的发展，本已准备了资本主义萌芽的条件（虽然在当时还没有资本主义萌芽的现象），如果没有元朝的进入和统治，中国资本主义幼芽的发生，可能要提前一二百年。元朝的进入和统治阻碍了这种发展，使得中国的封建经济停滞下来，甚至倒退。在这里，我们先说一说元朝进入和统治对手工业商业的破坏作用。

因为蒙元本是个落后的游牧部族，尚处于原始社会末期到阶级社会的过渡阶段中，这类部族原是习惯于破坏和掠夺的。他们对于中国手工业的破坏和掠夺，主要表现在两个方面：第一，他们破坏了原有的手工业，俘虏和掠夺工匠，以发展他们部族性的贵族性的手工业。元朝统治各地时，对于一般民众，总是大肆屠杀，只有对于工匠，则不加以屠杀，只加以俘虏。蒙古人每次战争，将士报功，常称俘工匠若干。在征服中国后，又时常下令搜括工匠，或就地设官管理，或集中到城里来。他们俘虏的工匠，人数已经极多。至于搜括工匠，如公元 1236 年括中原民匠七十二万户；1275年籍江南民为工匠凡三十万户（《元史·张惠传》）；1279 年籍人

匠四十二万;1287年又括江南诸路匠户。此外,元代各种文献中
所记"抽户为工"、"招巧匠"、"聚诸工"等事还很多;甚至把僧道
逃奴等也变成工匠。至于囚徒从事手工业,更是常事。这样蒙元
统治者就几乎把全国的工匠都集中在官府的手中。这些工匠有的
直接隶属于官府,有的归各贵族管辖。根据《元史·百官志》的记
载:总理匠户的官府机关,分属于朝廷和贵族。他们经营一切的手
工业。但他们不是进行商品生产,只是主要替蒙古官府和贵族们
生产兵器或奢侈品等。这种手工业是一种部族性的手工业,它的
发展,一定要阻碍民间手工业的自由经营和发展。就整个手工业
说,这时候出现了停顿和倒退的现象,我们只须看元代瓷器工业大
部分的倒退(详后),就可证明元代时中国手工业的受到打击了。

蒙元统治者对于民营手工业的剥削、摧残,这里且举瓷器业为
例,以见一斑。元蒋祈《陶记略》说:

> 景德镇陶昔三百余座……窑之长短,率有觊数;官籍丈
> 尺,以第其税。……陶氓食土,不受艺佣,埒赁窑主,以相附
> 合,谓之觊土。……兴烧之际,按籍纳金;……交易之际,牙侩
> 主之,同异差互,官则有考,谓之店簿。……窑有尺籍,私之者
> 刑;釉有三色,冒之者罚。凡利于官者,一涉欺瞒,则牙商、担
> 夫一例坐罪,其周防可谓密矣! 夫何昔之课赋优裕,而今之事
> 于此者,常怀不足之虑也? 宪之头子,泉之率分,统制之供给,
> 经总之移用,州之月桩,支使醋息,镇之吏俸,孤遗作匠,总费
> 月钱凡三千余缗;而春秋军旅、圣节、郊祀、赏赉、试闱、结茸,
> 犹不与此;通融计之,月需百五十缗;则权官可以逭责,反是则
> 谴至矣。……又闻镇之巨商,今不如意者十八九;官之利羡,
> 乃有倍蓰之亏时耶? ……(《浮梁县志》卷八《食货·陶政》
> 引)

由于蒙元统治者出身游牧部族，对于瓷器还不大知道欣赏，所以对于瓷器业的控制比较不严，一部分特别是南方景德镇等地新兴的民营瓷器业因此得到比较大的发展。景德镇的瓷窑，已多到三百余座，瓷器手工业在元代各项民营手工业中是比较发达的。可是，就是这种畸形发展的民营手工业，也受到蒙元统治者的严重剥削，弄得"镇之巨商，今不如昔者十八九"；那么一般民营手工业的更加不振，自可以想见了。

第二，蒙元统治者使已获得相当自由的手工业工人重新沦于奴隶或半奴隶的地位。当元朝开始向南推进的时候，它们的奴隶制正在发展，被俘掳的工匠，至少是处于奴隶地位的边缘的；至少一部分工匠已经变成奴隶。到后来，蒙元统治者受到中国封建经济的影响，隶属于官府和贵族的工匠的身份逐渐农奴化，于是正式确立了所谓"匠户"的制度。匠户大致分为三类：第一类"系官匠户"，他们在官府工作，物料从官库支领，或支领物料钱，由官府或匠户自行收买。隶属于贵族和一部分隶属于寺院的匠户，也属于这一类，他们实际也都是官府匠人。第二类是"军匠户"，他们隶属军籍，战时充当工兵，平时制造兵器；他们实际上也是一种官府匠人。第三类是"民匠户"，他们虽然比较自由，但也受官府的控制，常要受差遣。这三类匠户，实际上都不是完全自由的人。此外，还有手工业奴隶，那就更不自由了。所以在元代，差不多所有的手工业工人都已沦为奴隶或半奴隶。我们且看《元典章》的记载：

> 延祐四年九月，行台札付：……江南各翼军人……唯复依例除铁课官给外，其余物料令军人自行出备，官局人匠带造。……其余翼汉军……差军匠与官局人匠造成。……若无官局法去……先尽军匠，如不敷，管民官司差倩民匠，置局成造。

除军匠外,其余民匠,官为应付口粮、工价。……各万户府,选
差军匠,置局成造,不许差借民匠,并官局带造外。……（卷
三五《兵部二·杂例·军匠自造军器》条）

可见军匠与官匠是相近的,他们都属于官府,由官府养活。只有民
匠,平时自己经营,受差时,官给口粮和工价。但民匠受官府的控
制也很厉害,当时的文献载:

今后遇有各投下拘刷起移民匠,取索钱债,先须经由本路
宣抚司行下达鲁花赤管民官,不系大数民匠合拘刷起移者,依
上拘刷;并不得似以前径直于州县,一同骚扰。……（《秋涧
先生大全文集》卷八二《中堂事记》）

可见当时所谓民匠的自由,也是很有限的。

三类匠户中,只有官匠的身份,尚有争论:有人认为全是奴隶,
有人认为不是奴隶。根据文献看,官匠只是隶属于官府的匠人,其
地位与奴隶还是不相同的。例如元苏天爵编《元文类》载:

国家初定中夏,制作有程,乃鸠天下之工,聚之京师,分类
置局,以考其程度而给之食,复其户,使得以专于其艺。（卷
四二《经世大典序录·诸匠》条）

既然说"复其户",当然不是奴隶。又如:

系官诸色原籍正匠,并改色人匠,见入局造作者,依旧充
匠,除差。（《元典章》卷一七《户部三·籍册·户口条画·诸
色人匠》条）

一丁入局,全家丝银,尽行除免。（《秋涧先生大全文集》
卷八九《论萧山住等局人匠偏负》）

可见当时官匠等确是免去普通赋役的。奴隶无所谓赋役,更无所
谓免除赋役,从免除赋役一点看,只能说他们隶于官府,不是普通
人民,但也不会是奴隶。

又诸贵族辖下的匠户制作手工品献纳贵族的也免差,《元典章》卷一七《户部三·籍册·户口条画·诸色人匠》条说:"诸投下壬子年原籍除差畸零无局分人匠,自备物料,造作生活,于各投下送纳,或纳钱物之人,依旧开除外,不当差役人户,收系当差。""诸投下蒙古户并寄留驱口人等,学习匠人,随路不曾附籍,每年自备物料,或本投下五户丝(系)内关支物料,造作诸物,赴各投下送纳者,充人匠,除差。"贵族辖下的匠户是一种荫户的性质,他们隶属于贵族,和普通官匠隶属于朝廷一样,所以也免差役。

因为官匠户可以免赋役,所以有人为了避赋役而投充官匠户,弄得政府下令对付,如《元典章》卷二六《户部十二·赋役·户役·编排里正主首例》条(大德七年三月)说:

> 其余军站人匠,打捕鹰房,并投下诸王驸马,不拣是谁的户,计和雇、和买、杂泛、差役有呵,都交一体,均当者。

根据这些文献看来,可以确定官匠不是奴隶。然而匠户的地位是世袭的,《元史·刑法志》载:

> 诸匠户子女,使男习工事,女习黹绣,其辄敢拘刷者禁之。

从世袭和隶属性两点看来,至少官匠等接近奴隶,不是自由人;便是民匠,也不是完全自由的人。总结起来说,元代的手工业工人的身份不完全自由,是可以论定的了。但元代后期,官匠渐趋罢减,官府使用民匠渐多,这又说明官府手工业的生产关系有些改变。

由于手工业工匠身份的不自由,所以他们的劳动兴趣不能不受损害,元代官府手工业的生产质量很是低劣,便是证明。

手工业生产既然遭到了破坏,商业的发展就不能不受影响。但元代商业的停滞和倒退,似乎只表现于国内汉族民间的商业,蒙元朝廷、贵族和西域商人所经营的商业,则有畸形的发展。当时的商业是受蒙元朝廷、贵族和西域商人控制的,汉族人民经商受到限制。《元史·刑法志》所载关于商业的禁令很多,厉害的,如:商人出外必须取得文引,连行动都不得自由;海边人民不得擅与番商交通贸易,许多东西都不得私贩下海;甚至江南的铁器也不得在北方贩卖,又私贩铁器也有罪。这些制度主要是对付汉族商人的,蒙古贵族和西域商人的经商,自然可以比较自由。至于商税,更是繁重,商人贸易多依附权贵和僧道的势力,以免苛税,蒙元朝廷曾下令对付这种现象。

元代的商税,主要可以分作三类:(一)正课,就是商业的正税,起初是三十分取一,后来改为二十分取一。(二)额外课,就是正课之外,另行征收的税额,数目有增减。(三)船料税,就是对商船所征的税。此外还有其他苛捐杂征,总税额确是很重的。而且元代商税的征收,有承包的制度,这样又增加了一层剥削。到文宗的时候,天下总入商税额数为九十三万九千五百六十八锭,商税比前大为加重。其中以江浙一带所收的税额为最多。这固然也说明元代的商业仍有一定的发展程度,但剥削苛重,对于商业总不能不说是有害的。

元代不但商税很重,而且商业很受官府的控制。元代的国家商业机关,有所谓"平准库",主管平定物价。又有所谓"回易库",掌管市易币帛诸物。种种制度,主要是控制汉族民间商业的。所以元代汉族民间商业的发展,一定受到相当大的限制。一般所谓"元代商业发达",只是说明蒙古贵族和西域商人等垄断贸易,发展他们种族性的商业罢了。同时元代的国外贸易,由于交通发达等原因,似有比前代发展的趋势,详见下文。

总的说来,元代的工商业是比宋代落后的。落后部族的入侵,破坏如此。

二　交通的发达与都市

　　蒙古帝国是个地跨亚欧的大帝国，所以元代的国内国外的交通都很发达。但交通路线的开辟，主要目的本在于加强帝国的统治和对于人民的剥削，以反对其他国家的征服；发展商业的目的，可说是较小的。元代的交通，可以分四方面来说：

　　第一方面，是国内水运的开辟。元代建都北京，漕运是个很大的问题。他们首先沟通南北的运河。世祖至元二十六年（1289），引汶水以北至临清，开会通河，就是现在山东境内的运河，长二百五十里。二十八年（1291），开通惠河，从北京西达通县，长一百六十四里。这样就基本完成了从北京到杭州的大运河。大运河的完成，对于商业的发展，是起了一定的作用的。

　　第二方面，是海运的开发。因为通惠、会通两河，水闸常坏，修理不易，所以大宗的南北运输，在当时另取海道。当蒙元灭宋时，曾把宋朝库藏的图书从海道运入北京，海运从此开始。至元十九年（1282），命上海总管造平底海船六十艘，运粮四万六千余石，从海道到北京。此后海运的途径，屡有变更。《元史·食货志·海运》载：

　　　　初，海运之道，自平江刘家港（今江苏太仓浏河口）入海，经扬州路通州海门县黄连沙头、万里长滩开洋，沿山岙而行，抵淮安路盐城县，历西海州、海宁府东海县、密州、胶州界，放灵山洋投东北，路多浅沙，行月余始抵成山。计其水程，自上海至杨村马头，凡一万三千三百五十里。……（至元三十年）又开新道，从刘家港入海，至崇明州三沙放洋，向东行，入黑水大洋，取成山转西至刘家岛，又至登州沙门岛，于莱州大洋入

界河;当舟行风信时,自浙西至京师,不过旬日而已,视前二道
为最便云。

这是经常的途径,临时改变的途径,姑且从略。除江浙到北京的海
道以外,东南海间的航运,大概也很便利。元代海运的发达,说明
了航行技术的进步。

第三方面,是陆路交通的发达。元代修筑道路很多,国内国外
的陆路交通都相当方便。国内的陆路交通,以首都北京和其他大
都市为中心,四通八达,并有完备的驿传制度,沿大路都设有驿站,
行路尚为顺利。蒙古人叫驿传为"站赤"。这种制度是以中央政
府所在地为中心,沟通中央和各地方间的联系,它的目的本在于传
递消息和军事等旅行,但实际上也便利了商业。元代国内各行省,
驿站很是普遍,大体分为陆站、水站两种,以陆站为主。

第四方面,是国外交通的繁盛。先说海上的国外交通,根据
《元史·食货志》载,那时的主要贸易港共有七处:温州、广州、杭
州、泉州、庆元(宁波)、上海、澉浦。海外交通的对象,西到欧洲,
南到南洋,东到日本,范围很广。陆上的国外交通,则蒙元帝国和
它的藩属四大汗国的联系,是相当密切的。陆上交通的范围广及
亚欧两大洲。例如元初意大利人马哥孛罗从他的故乡东来,就是
走的陆路,他由君士坦丁堡出发,经过巴力斯坦、西里西亚,到达阿
美尼亚,再由美述不达米亚到波斯,由波斯沙漠北行,越过帕米尔
高原,到达新疆,这样进入中国。去时则由海道往波斯,再沿海回
到君士坦丁堡。马哥孛罗本是个商人,他的来往路线也就是当时
的商道。

国内外交通的发达,自然有利于商业,所以元代的商业,一般
说来,还能维持一定的盛况,而国外贸易尤其发达,对此在下面还
要叙述。

　　在这里，还应当补充说一点，就是元朝的进入和统治，虽然对于中国固有的手工业和商业起了破坏作用，但是游牧部落的习惯，本来重视手工业和商业，因为游牧部落的生产不能完全自给自足，必须对外交换，输入农产品和手工业品。同时畜牧经济的副产品，如皮毛等，可以作为手工业原料。所以发展的游牧部族，也往往有一定的手工业。他们把畜产品和皮毛等原料以及某些手工制品，对外交换他们所需要的东西。蒙古的对外征战，常由商业引起，而他们的重视工匠，搜括被统治地区的工人，到处设立工场，都说明他们对商业和手工业的重视。因此在元代，手工业和商业是有畸形的发展的，他们一方面发展部族性的国外贸易，一方面在国内放纵西域人进行压榨性的商业；同时又集中工匠，发展为贵族服务的奴隶性工业。相反的方面，则破坏了中国固有的手工业和商业；凡此种种，就是元代手工业商业史上的特殊现象。

　　元代交通的发达和手工业、商业的畸形发展，再加上固有的手工业、商业的残余，因此也维持了一定的都市繁荣。现在我们且一说元代的都市。

　　元代的大都市是相当多的，重要的如北京、西安、太原、大同、涿州、临清州、襄阳、杭州、南京、镇江、扬州、苏州、泉州、澉浦、广州等。其中最主要的，是当时的首都北京、南宋的旧都杭州和大贸易港泉州三大都市。当时的北京叫做"大都"，是天下商贾聚集的处所，人口众多，街市纵横，它不仅是全国的政治中心，也是全国的交通中心和经济中心。在这里，我们且引一段《马哥孛罗游记》的记载，以见一斑：

　　　　应知汗八里城（北京）内外，人户繁多，有若干城门，即有若干附郭。此十二大郭之中，人户较之城内更众。郭中所居者，有各地来往之外国人，或来入贡方物，或来售货宫中，所以城内外皆有华屋巨室,而数众之显贵邸舍,尚未计焉。……尚应知者,凡卖笑妇女不居城内,皆居附郭,因附郭之中外国人甚众,所以此辈娼妓为数亦夥,计有二万有余,皆能以缠头自给,可以想见居民之众。外国巨价异物及百物之输入此城者,世界诸城无能与比。……百物输入之众,有如川流之不息,仅丝一项,每日入城者计有千车,用此丝制作不少金锦绸绢及其他数种物品。……(冯承钧译本第二卷第九四章)

这类记载虽然有些夸大,但大致尚可信据。北京是元代的首都,拿它做个例子,可以说明元代都市的特征。从上引的记载看来,元代大都市的特征,就是它不仅是国内的都市,也是国际的都市。这也说明了元代商业的特征。

南宋的旧都杭州,在元初还很繁华,它的工商业的盛况,恐怕并不弱于宋代。根据《马哥孛罗游记》看来,元初的杭州可说是当时全世界工商业最发达的都市。虽然他的记载不免夸大,但总有相当事实作根据。据中国文献的记载:元代的杭州路,户三十六万八百五十,口一百八十三万四千七百一十。大概元初时的杭州,其繁盛情况,与南宋时还相去不远。然而到了后来,由于蒙元统治者的压迫、摧残和杭州的失去政治中心地位,就逐渐衰落了。当然,一定的繁盛情况还是保持着的,这是由于杭州地处江南繁华区域,决不会衰落到像西北都市那样。

泉州是元代对外贸易的最主要港口,所以也非常繁盛,据《伊本巴都达游记》说:

泉州城甚大,为世界最大商港之一,城中织造天鹅绒及缎,品质均极优良。港中船舶极多,大者约有一百,小者不可胜记。其中回回商人,则另成一市。

元代泉州的繁盛情况于此可见一斑。

元代都市的发达，和交通的发达，是很有关系的。由于交通的发达，驿站的普遍，可以想见，沿路的镇集也会发展起来。大小都市和镇集互相联系，越发促进了商业的进展。所以在元代，商业的发展虽是畸形的，然而它的发达的交通和比较普及的都市与镇集，却为明代工商业发展奠定了基础。

三　手工业与商业的状况

蒙古在对外发展前，虽然也应当有些部族手工业和商业，但工商业的发展，是极其有限的。宋彭大雅《黑鞑事略》载：

> 鞑人始初草昧，百工之事无一而有，其国除孳畜外，更何所产。……后来灭回回，始有物产，始有工匠，始有器械。……后灭虏金虏，百工之事，于是大备。

这所说可能有些过分，但元朝在对外扩展前，工业的不发展，自是事实。到对外侵略后，俘掳和搜括各地的工匠，才逐渐发展了官府和贵族的手工业。

元代的手工业，以官府手工业为主，因为当时手工业的匠人，差不多都被蒙元统治者搜括到官府里去了。元代官府手工业的机关，名色繁多，组织庞大；有所谓"诸司局人匠总管府"，下面管五个局；"诸色人匠总管府"，管两个提举司、七个局；"诸路杂造总管府"，管一个局；"茶迭儿总管府"，也管一个局；"大都人匠总管府"，管三个局；"随路诸色人匠都总管府"，管四个提举司。此外还有一个所，两个提举司，三个局，两个窑场。各路也有提举司或局等机关。以上都属工部管辖，设置年代有先后，这些是最主要的官府手工业机关。还有"诸路金玉人匠总管府"，管五个提举司、十个局、一个所、一个监、一个总管府；"异样局总管府"，管三个提举司;"大都等路民匠总管府",管一个院、两个提举司、三个局:以上都属将作院管辖,设置年代也有先后。又"大都留守司"、"武备寺"、"徽政院"、"储政院"等机关,也管辖许多院、局(以上均见《元史》等书)。元代官府手工业机关,种类的繁多,真是记述不尽。这些机关所管的手工业几乎包括所有的门类,如毛织业、制皮业、丝织业、染色业、成衣业、冶金业、玉石业、珠宝业、木器业、竹器业、油漆业、泥瓦业、陶瓷业、制纸业、印刷业、采矿业、制酒业、制糖业、兵器业等;其中以染织工业最为普遍。在官府手工业机关中工作的人匠数,大约在三四十万以上。至于工场的规模,如《金陵新志》卷六载:

> 东织染局……管人匠三千六户,机一百五十四张,额造段匹四千五百二十七段,荒丝一万一千五百二斤八两。

工场规模是大的,工匠人数是多的,但生产量却很低:三千六户人匠,只造段匹四千五百二十七段,荒丝一万一千五百二斤八两。这其间固然有官吏的作弊等原因,但元代官府手工业者的身份低下,影响劳动兴趣,也极有关系。总之,元代官府手工业的规模是巨大的,在当时说来,已很可惊人。又各贵族手中还掌握着不少的工匠,经营各种手工业,这也属于官府手工业的范畴。再元代的僧侣也有贵族性,寺院也拥有若干手工业和商业。手工业有"役水春碓"、酿造和矿冶等。由于这些财产多是政府赐予的,所以也属于官府手工业的范畴。有些寺院的财产归官府管理,也有归寺院自己管理的。这些手工业中有的也进行商品生产,如酿酒、制茶等业。(元代在酿酒业上有制造烧酒技术的发明,附记于此。)

元代的官府手工业虽然规模很大,但在整个社会经济中所起的作用并不重要,它对于促进商业的发展,更是没有多少帮助,所以不必太详细地叙述。元代的民营手工业,虽然一般比较衰落,但其中确有新的因素，这种新因素对后来手工业的发展是起着相当重要作用的。我们在这里只叙述几种重要的手工业，以见元代民营手工业的发展的一面。

先总的一说元代手工业生产力的情况：根据元代官书《经世大典》的记载，当时的手工业，"制作精巧，咸胜往昔"。大概元代手工业工艺尚有一定程度的进步，如某些丝织品的工艺，就是很高明的。陶宗仪《辍耕录》说当时的漆器，有各种考究的制造法，可能漆器的工艺是有发展的。而这种工艺品大多是奢侈品，而且工艺的发展很不普遍。官府手工业所造的奢侈品，似乎有比较精致的工艺表现，但是这并不能说明一般生产力的提高。相反的，官府手工业的生产品，有的生产量很低，生产技艺也很差，经营的方式更是不行，所以《紫山大全集》卷二一说"百工诸府可罢"，其理由是："百工所贵之技，过于实价；百工之力，虚于所掌之吏。"至于民营手工业的生产力，有前进的地方，也有落后和倒退的地方。一般说，元代手工业生产力的发展不大，但不能说一点没有发展。（如景德镇瓷器根据文献和考古出土物看来，颇有精致的。但金代新兴的北方钧窑瓷器则大为退步，过去即以它代表元瓷，"元瓷"变成坏瓷器的代名词，其实是不尽然的！）

再讲生产关系。官府手工业的生产关系已如上述，这里不再重复。民营手工业的生产关系，根据元初《马哥孛罗游记》的记载，则有相当大的发展，《游记》说当时的杭州：

> 此城有十二种职业，各业有一万二千户，每户至少有十人，中有若干户多至二十人、四十人不等。其人非尽主人，然亦有仆役不少，以供主人指使之用。诸人皆勤于作业，盖其地有不少城市，皆依此城供给也。
>
> ……城中有商贾甚众，颇富足，贸易之巨，无人能言其数。

应知此职业主人之为工厂长者,与其妇女,皆不亲手操作,其起居清洁富丽,与诸国王无异。此国国王有命,本业只能由子承袭,不得因大利而执他业。(冯承钧译本五七〇—五七一页)

根据这些记载:手工业主人和他们的家属都已脱离生产,享受奢侈的生活,剥削所谓"仆役",即雇工、徒弟等的劳动力,这很像是资本主义的生产关系。同时所谓十二种职业,大概多是工商业,各业有一万二千户,每户至少有十人,那就至少有十二万人以上:这种情况,说明工商业已非常发达,似乎元初的杭州已呈现资本主义生产的现象。但这类记载是夸大的,多不可信,我们只能说:元初的杭州,工商业还相当兴盛,在手工业中有主人剥削雇佣劳动的现象。可注意的是"仆役"的字样,这说明这些手工业劳动者还有依附性质,不是完全自由的劳动力。又手工业还是世袭的,这也说明资本主义生产关系还没有出现。还有马哥孛罗所说的,是元初的情况,实是南宋经济的余波,后来可能不如此时。如至正年间游历家拔都记述杭州的情况说:

城中有大工场……工场内有高手人匠一千六百人,每个高手人匠又带领着三四个徒工。此种工人皆大汉之奴隶也,足有铁镣,皆居门外,然许其游行街市,唯不得逾城市。……

根据这段记载,元代后期杭州大工场中的工匠都是奴隶,这就说明蒙元统治的结果,使得手工业生产关系倒退,奴隶制关系又复活了。虽然这所指大概是官府工场,而这种记载也不可尽信。我们应当承认:到了元代后期,官府手工业已逐渐衰落,民营手工业稍得发展,雇佣劳动制度又在开始抬头了。如元末徐一夔《始丰稿》卷一《织工对》说:

余僦居钱塘之相安里,有饶于财者,率居工以织,每夜至二鼓，一唱众和，其声欢然，盖织工也。……且过其处，见老屋将压，杼机四五具，南北向列，工十数人，手提足蹴，皆苍然无神色。进工问之曰：余观若所为，其劳也亦甚矣，而乐何也？工对曰：……吾业虽贱，日佣为钱二百缗，吾衣食于主人，而以日之所入养吾父母妻子。……顷见有业同吾者，佣于他家，受直略相似。久之，乃曰：吾艺固过于人，而受直与众工等，当求倍直者而为之佣，已而他家果倍其直佣之，主者阅其织，果异于人；他工见其艺精，亦颇推之。主者退自喜曰：得一工胜十工，倍其直不吝也。

"饶于财者，率居工以织"，说明商业资本已有些投向手工业了。"杼机四五具"，"工十数人"，说明工场的规模还不大。工人所拿的工资是"日佣"，自己"衣食于主人"，而以工资养活家属，说明这种雇佣劳动还是早期的，不很成熟的。技艺高明的工人，可以另找主人，多拿工资，说明这种雇佣劳动已经相当自由。但这种情况，似乎很早的时代就已经有了，雇佣劳动不是元代才有的。单凭这条记载，还不能证明元末已有资本主义的生产关系出现。（元代手工业的生产关系，除了奴隶制的，隶属依附性的和雇佣制的以外，似乎还有一种比较特殊的关系存在，如蒋祈《陶记略》说"陶氓食土，不受艺佣，埽赁窑主，以相附合，谓之覩土"。这段文字不很清楚，似乎是说陶瓷手工业者不受雇佣，他们与窑主之间是一种借赁的关系，大概他们自己有窑，把窑赁给窑主工作，所谓"以相附合"。这种生产关系似乎也有依附性，分散的手工业者"附合"于窑主，以从事较大规模的生产。但这种生产关系的详细情况，现在还不清楚，姑且附记于此，以供参考。）

元代手工业中最突出的部门，是丝织业、棉织业和瓷器业三项，民营手工业就在这里面发展着。先说丝织业。丝织业在宋代本是一种最重要的手工业,中心地带在江南杭州一带。根据《马哥孛罗游记》所述,元初江南一带丝织业还很兴盛;同时在官府手工业中,丝织业大概也是最主要的部门。元代的丝织品有很精致的,但那是一种奢侈品,一般丝织品的质量怎样,现在还不清楚。在元代末年,根据上引《始丰稿》的记载,民营丝织业似乎还相当的发达,它为明代丝织业的全盛奠定了基础。又元代的赋税征收,由绢帛变为丝料,这种税制的产生,固然主要是说明蒙元统治者掠取民间的原料,以供官府手工业的使用,但似乎也说明这时候有些农户都只养蚕缫丝,帛绢的纺织归于所谓"织帛之家",就是丝织业作坊。可见作坊丝织业是在发展着的。然这只是一种推测,实际情况究竟怎样,还待研究。

棉织业的发展,是元代手工业史应该大书特书的一件事。我们知道:木棉的种植,是到元代才开始普遍的。《大学衍义补》说:

> 汉唐之世,远夷虽以木棉入贡,中国未有其种,民未有以为服,官未以为调;宋元之间始传其种入中国,关陕闽广,首得其利。

王祯《农书》卷二一《木棉序》说:

> 夫木棉产自海南,诸种艺制作之法,骎骎北来,江淮川蜀既获其利,至南北混一之后,商贩于此,服被渐广,名曰吉贝,又曰棉布。

原来金、元入侵中原时,对于蚕桑大有破坏,尤其是蒙元入侵时,中原许多地方都变成牧场,北方蚕桑业从此一蹶不振。南方的蚕桑业也受到较小的暂时性的破坏:衣料发生问题(在此以前中国衣料已感不足,甚至以纸代替)。蚕桑业不是较短时期所能恢复的,于是从南方、西域两路输入棉种,广植棉花,以补充丝织业的不足。再加上蒙元统治者对于丝和丝织品剥削很重,对新种的棉花和棉布的剥削暂时还不重，所以人民改种棉花的愈来愈多，棉织业逐渐代丝织业而兴起了。《农桑辑要》卷二说：

> 近岁以来，苎麻艺于河南，木棉种于陕右，滋茂繁盛，与本土无异。二方之民，深荷其利，遂即已试之效，令所在种之。

《元史·世祖本纪》载：至元二十六年，置浙东、江西、湖广、福建木棉提举司，木棉至设专官管理，它的种植的普及，可无疑问。《辍耕录》卷二四载：

> 闽广多种木棉，纺绩为布，名曰吉贝。松江府东去五十里许，曰乌泥泾，其地土田硗瘠，民食不给，因谋树艺，以资生业，遂觅种于彼。初无踏车椎弓之制，率用手剖去子，线弦竹弧置案间，振掉成剂，厥功甚艰。国初时，有一妪名黄道婆者，自崖州来，乃教以做造杆弹纺织之具，至于错纱配色、综线挈花，各有其法。以故织成被褥带帨，其上折枝、团凤、棋局，字样粲然若写。人既受教，竞相作为；转货他郡，家计就殷。

这是棉业史上一件有名的故事，说明棉织业生产技术的进步。黄道婆把南方的棉业生产技术带到了江南来，促进江南棉织业的进展。此后内地人更结合过去丝织业、麻织业等的技术，逐步改进棉织业的生产技术。到了明代，棉织业就由江南逐渐发展到北方，使北方的棉织业也兴盛起来。从此棉织业在中国就逐渐代替了丝织业，中国人民衣服原料问题，于是获得解决。棉织业的代替丝织业，是中国纺织业史上的一件最重要的事情。

瓷器手工业，在元代也有相当大的发展。蒋祈《陶记略》说：

> 景德镇陶昔三百余座，埏埴之器，洁白不疵，故鬻于他所，皆有饶玉之称。其视真定红瓷、龙泉青秘，相竞奇矣。……若夫浙之东西，器尚黄黑，出于湖田之窑者也；江湖川广，器尚青白，出于镇之窑者也。碗之类鱼水，高足碟之发晕，海眼雪花，

此川广荆湘之所利;盘之马蹄、槟榔,盂之莲花、要角,碗碟之绣花、银绣、蒲唇、弄弦之类,此江浙福建之所利。……两淮所宜,大率皆江广闽浙澄泽之余,土人货之者,谓之黄掉。黄掉云者,以其色泽不美,而在可弃之域也。……

根据这段记载,元代景德镇的瓷窑已有三百多座,制造出来的成品,已是像玉那样的白瓷,而且贩卖各处,商场很广。不但有白瓷,而且有别种颜色的瓷,形式也很多样;甚至可弃的器皿,也有市场。《陶记略》又详载制器的技术,也有相当的进步,这些都说明了生产力有发展。《陶记略》又说:"临川、建阳、南丰,他产有所夺。"这又说明景德镇以外,还有别处的瓷窑和景德镇争夺市场。大概瓷器业在元代确是一种比较发展的手工业。原来蒙元贵族重视金银器,不甚重视瓷器,所以对于瓷器业的控制不甚严厉,因此南方民营瓷器业得到了发展。

　元代的瓷器业已经开始集中到景德镇来,元政府曾在景德镇设枢府窑,就是官窑,但没有设官窑厂,是使民窑烧造,贡纳给朝廷的。这种瓷器的品质还相当精致。元代景德镇除烧造白瓷和其他颜色的瓷器外,已开始制造青花和五彩的瓷器,不过技术还很原始,远不及明清的制品。大体说来,由于景德镇大量制造白瓷,并开始制造青花、五彩瓷,可说古朴的青瓷的时代已经基本上结束,白瓷和彩瓷的时代已经开始:这也是瓷器史上的一件大事。此外,元代有个饿金匠户彭均宝,在霍州烧造一种仿定的白瓷,也相当精致,这还是北方白瓷的系统,与南方景德镇的制品,可以匹对。以上所说,都是元代瓷器业的进步方面。至于青瓷,在元代大大衰落,最常见的元代瓷器是所谓"元钧",便是元代仿钧窑的瓷器。这种瓷器质地很粗,釉作天蓝色,上有红紫斑痕,颜色呆滞,比起宋代的钧窑瓷器来要差得很远。近来出土的汉晋南北朝的原始瓷器,骨董商常误认为"元瓷",这就是因为元代的普通瓷器非常粗糙,很像原始瓷器的缘故。以上所说,是元代瓷器业的落后和退化方面。

元代的其他手工业,前进的少,而落后和退化的多;比较发展的,有酿酒、制茶等业。至于手工业中比较重要的矿冶业,如冶铁业,在元代的官府手工业中,时设时罢;民间的大冶铁业,虽然还有,然而发展的情况,似远不及前代。

元代的国内商业,特别是汉族的民间商业,是比较衰退的。但国外贸易则有畸形的发展。蒙元在统治中国以前,就已很重视国外贸易,常有西域等地的商人出入于北方的朝廷,西域商人逐渐控制了蒙元统治地区的商业。到了蒙元统一中国之后,西域商人的势力尤其强大,他们几乎垄断了中国的商业,在蒙元统治者的纵容之下,汉族人民的商业是受到他们的压制的。外国商人在中国的横行,是元代商业史上的一个特殊现象。

元政府颇注意扩张海权,在征服江南时,宋提举福建泉州市舶司阿刺伯人蒲寿庚以泉州投降,蒲寿庚曾擅番舶之利三十年,对于经营海外贸易是很有经验的,元代统治者得到这样一个向导,发展海外贸易就更容易了。元代统治者的发展海外贸易,其目的与历代统治者相同,主要是寻求奢侈品,以供享用。这种国外贸易,对于国内经济的发展,是起不了多少帮助作用的。元世祖曾命使臣"诏谕"诸番,海外诸国并通朝贡,在朝贡中就实行贸易。回回商人的势力尤其巨大,他们既由陆路通商,又从海道贸易。《续通考》卷二六《市舶互市》条说:

> 帝既定江南,凡邻海诸郡与番国往还互易舶货者,其货以十分取一,粗者十五分取一,以市舶官主之。其发舶回帆,必著其所至之地,验其所易之物,给以公文为之期日,大抵皆因

宋旧制而为之法。

仁宗延祐元年，禁止人民下番，官府自己发船招商人贸易，回来的时候，细物十分抽二，粗物十五分抽二。事实上官府已经控制了海外贸易。但元代的海外贸易，确是相当兴盛的。根据马哥孛罗的记载，泉州一港，印度商船来的很多，输入香料及其他珍异，他把泉州和亚历山大城认为是世界两个最大的贸易港。还有人说：泉州是当时世界的最大贸易港。上面已经说过：泉州以外，还有六所市舶司，每岁召集外国商船，买卖珍宝、香货等物，输出物中有手工业制品，此外就是金、银、铜钱等。中国拿有用的物品和货币换取奢侈品，这种贸易自然是不上算的。杭、泉两州市舶司，官府自备船只和本钱，选商人到海外去贸易，所得的利息，官取七分，商人取三分。官府禁止权势和富豪人家自出本钱入番贸易，定罪很重（参看《续通考》）。当时的国外贸易既被官府所垄断，国内贸易又受官府的控制，所以元代商业的畸形发展，对于中国社会经济的发展，不起什么作用。

元代商人的种类是很多的，除汉族商人外，有蒙古人、契丹人、女真人和西域人。西域人称为"色目人"，包括中亚人、西亚人和欧洲人等。又蒙元崇尚宗教，教徒经商的特别多，常受政府的优待。宗教商人有佛教徒、道教徒、回教徒、基督教徒、犹太教徒等，其中以回教徒的人数为最多，他们来自西域，杂居中国内地，把握商业霸权。《续通考》卷二六《市舶互市》条载：

　　文宗天历元年九月……中书左丞相拜布哈又言："回回人哈哈达，自至治间贷官钞，违制别往番邦，得宝货无算，法当没官，而都尔苏私其种人不许，今请籍其家。"从之。

这可见当时回回商人倚靠权势违法经商的事实。当时不但国外贸易多买卖奢侈品，就是国内贸易，珠宝等奢侈品，也是重要的商品。

总之，元代的商业缺乏生产的基础，对于发展经济的作用，实在不大。

在元代，唐宋以来的旧式行会制度仍旧存在着，当时有所谓"一百二十行"，甚至妓女也有行会。不过旧式行会的全盛，还是在宋代，旧式行会制度到了元代，由于商业的复杂性，起的作用似乎已比宋代为小。旧式的行会，主要是为官府服务的，它是官府控制民间工商业的一种机构，这种制度的逐渐衰落，对于工商业的发展是有利的。后来兴起的行帮制度，虽然也是封建性的组织，但其作用主要是工商业者保卫自身的利益，其性质和旧式行会颇有不同。关于这种行会，我们将在明清手工业商业史中去叙述。

四　高利贷的横行与币制的紊乱

随着商业的畸形发展，高利贷也横行起来。元代的主要高利贷者，也同商人一样，不是汉人，而是所谓"色目人"。当蒙元征服中国时，西域的回回人随着蒙古军所到的地方大放其高利贷，使汉族人民破产，《元史·太宗本纪》载：

> （太宗十二年〔1240〕）是岁以官民贷回鹘金偿官者，岁加倍，名羊羔息，其害为甚。诏以官物代还，凡七万六千锭，仍命凡假贷岁久，惟子本相侔而止，著为令。

回回高利贷者不但剥削人民，而且剥削官吏，逼得蒙元政府下令限制，可见他们放债的手段了。但这种情况，决不是政令所能限制的，到世祖时，更是变本加厉：

> 有西域人自称驸马，营于城外，系富民，诬其祖父尝贷息钱，索偿甚急，民诉之行省（北京行省），希宪命收捕之。（《元史·廉希宪传》）

大都路左警巡院咸宁坊住人魏阿张,年一十六岁,适魏子明蔓,其夫荒纵,不事家业,取回回债二定,将魏蔓监收,夤夜擘锁逃窜,不知所往,其魏阿张父代还所欠钱数。(《元典章》卷三三《礼部六·魏阿张养姑免役》条,至元十年二月中书省吏部奉中书省判送御史台呈)

西域高利贷者甚至伪造债权,拘系人民,如此横行,真令人骇怪!

回回人外,犹太商人也在中国放高利贷,剥削人民更是厉害。《元典章》载:

至元二十九年(1292)十月,圣旨:……如今过得的每,明有显迹,斡脱每若有呵,与者。别个失散了的,无保人的每,休要者。做头口与来的斡脱每真个被不拜户,要了呵。委实穷暴无气力呵,休赔者。要了钱的斡脱每,委实穷暴生受呵,休要者。富的本钱休要,交纳利者;穷的若有呵,他的本钱交纳者。……(卷二七《户部十三·斡脱钱》条)

这段话大意是说:犹太人的债权,没有保人的,不得追索;为偿债而交来的头口,可以领有;债务人确实穷苦无力支付时,不得追索;富的债务人叫他们纳利息,穷的债务人叫他们只还本钱。由于犹太商人扣押债务人的家属和财产,蒙元政府也曾下令限制。

放高利贷的自然不限于色目商人,凡是有钱的人,都可以放高利贷,如一般地主、商人等。不过在元代,主要的高利贷者都是些色目商人,因为他们在商业上也是垄断者,这种外来的高利贷,只会起剥削的作用,在当时的条件下,是不会有助于社会经济发展的。元代商业高利贷者的横行,只说明社会在停滞或倒退而已。

外来的商人在放高利贷,元朝的统治者也在施行掠夺的纸币政策,两面夹攻,就使当时的汉族人民急剧地破产。元代的货币制度,基本上是纸币制度。中国的纸币萌芽于唐,形成于宋,这种货币的出现，自然也反映商品经济的发展（它起初只是一种支票的性质），可是在这时候，有信用的正式纸币的出现，实际上还不够条件。宋元时代的纸币制度，只是中古时期商品货币关系发展过程中的一种畸形现象而已。封建政府利用商业发展的条件，发行实际无基金的纸币，以掠夺人民，并以解决财政上的困难。在宋、金时代，纸币政策的流弊，已很显著，到了元代，弊害就更深刻而普及了。

元代的货币本来是很复杂的，有钱，有金，有银，有钞，钞就是纸币。钱的制造最后要到元代中期武宗的时候，这时曾铸铜钱"至大通宝"，但因铜的产量少（这是纸币流行的一个原因）和其他原因，钱法始终不能行通。在元初世祖的时候，曾禁止江南使用铜钱，并搜括天下的铜钱，然民间信用钱文，不能完全禁绝。可见钱法的所以不能行通，并非民间不信用铜钱，而是由于钱少和元政府政策的不当。至于金、银的使用，本不曾严格的禁止（参看《廿二史札记》卷三〇），元代也曾铸银锭，蒙元大将伯颜灭宋后，回到扬州，曾把部下掠夺到的银子铸成银锭，每锭重五十两，叫做"扬州元宝"。后来又把从辽东得到的银子铸成"辽东元宝"。此外政府铸的银锭，通称"元宝"，重四十八九两不等。但金银的通用也不很广，终元一代，流通的货币只是纸钞而已。可是有一点，在这里应当提出，那就是古代硬币的钱本位，到这时已渐为银本位所代替。入元以后，中国币制更趋向银本位，这主要是由于唐宋以来商品经济发展的结果，到了明代，就不得不使用银两为主要货币。元代前期的币制，以钞与银相权，本位已经是银了。

蒙元一开国时，就是施行钞法的，但直到宪宗时，钞法尚未大行。世祖中统元年，下令造纸钞"中统元宝"，从十文至二贯文，共九等（十文，二十文，三十文，五十文，百文，二百文，五百文，一贯，二贯），不限年月，诸路通行；每二贯准白银一两，十五贯准赤金一两。钞以银丝为本，每五十两银为一锭，合百贯钞，值丝千两；"诸物之值，并从丝例"。但元代官书计算财政收支，都以"锭"为单位，这可见元代实在是行银本位制的。又以文绫织为"中统银货"，分为一两、二两、三两、五两、十两五等，每两同白银一两，这显然是一种以银为本位的币制。在开始造钞的时候，本以实物和金银为本，钞本尚充足，发行额也有限制，所以"行之十七八年，钞法无少低昂"（《元史新编》卷八七）。后因国用不足，逐渐滥发纸币，以致"中统钞行垂三十年，省官皆不知其数"。至元十二年，增造厘钞二文、三文、五文三种；十五年罢印。二十四年，改造"至元宝钞"，从二贯至五文共十一等，与中统钞并行，每一贯当中统钞五贯，这说明中统钞已跌价到五分之一。到武宗时，又改造"至大银钞"，从二两至二厘共十三等，每一两当至元钞五贯，白银一两，黄金一钱，这说明至元钞又跌价到五分之一了。仁宗时罢"至大银钞"，仍用至元、中统二钞，这也说明至大钞又已跌价。顺帝至正十年，因为财政困难，更造"至正交钞"，与铜钱相权，至元钞依旧通行。不久物价飞腾，超过十倍。又因人民起义，军需浩繁，后来到了"每日印造，不可以数计"的地步，于是钞价大跌，在京城里，拿十锭钞换一斗粟还办不到，各地方都用实物相交易，从此纸钞变成废纸，财政无法挽救，元朝也迅速灭亡了。

在《马哥孛罗游记》里，说元代的纸币通行全国，他宣扬元代纸币的流通，认为与金银有同样的值价，这只能代表元初的情况，实际上元代的纸币并不像他所说的那样完美，到了后来，纸币的流弊是非常显著的。

　　始造钞时，以银为本，虚实相权。今二十年间，轻重相去数十倍，故改中统为至元；又二十年后，至元必复如中统。

（《续文献通考》卷九《钱币三》）

这段话是对的，元代币制的紊乱，确乎空前，但它也是继承前代制度的流弊。

有人认为：元代纸币的流行，是说明当时产业的发达，这种看法未免片面。如果元代的纸币政策确是产业发达的结果，那么它的流弊就不会这样厉害；因为随顺社会经济发展的东西，是不会大失败的。元代的纸币政策结果完全失败，虽然执行的政府有问题，可是事实上也说明这种政策有违反社会经济发展规律的倾向。我们只须看明代和清代前期，纸币虽然不曾完全绝迹，但是明清两代的主要货币，却是银两和铜钱；而银两、铜钱的流通，并不曾妨碍社会经济的发展，这就说明了宋元的纸币政策并不是适合当时的社会经济条件的。明初还想勉强施行纸币，到后来总归失败，而且资本主义萌芽的条件越发展，纸币也就越隐没下去，可见纸币政策与资本主义萌芽并没有多大的关系。元代的社会经济，一般说是比宋代落后的，而金人的经济，自然也不及宋人，可是金、元两代，纸币最为流行。我们知道：金、元的统治者都是入主中原的后进部族，都是以统治汉族人民为政策的，这就完全可以说明当时的纸币政策主要只是一种掠夺政策，它只有破坏社会经济的作用，而决没有多少推进社会经济的作用。宋、金、元三代的纸币，与近代的纸币性质上是不相同的，不可混淆为一；宋、金、元三代的滥发纸币，还是继承前代的"大钱"政策而已。

社会经济的发展，是不能长期阻滞和倒退的，社会经济的发展一定要冲破各种力量的压制；元朝近一百年的统治，终于被人民群众所推翻，就证明了这一点。

第七篇

明代的手工业与商业

一　手工业者地位的改变与行会制度的转化

明代手工业的技术和生产,无疑地是比宋元时代提高和发展的,这主要是由于手工业者劳动技能和经验的积累,以及整个社会经济的发展,但手工业者地位的逐渐改变,更是起着非常重要的作用的。我们知道:在宋代,手工业主要还是农民的副业,正式的手工业工资劳动,还在萌芽状态之中。在元代手工业者大多数被蒙元统治者所奴役,他们的身份地位沦于奴隶和半奴隶的地位,这大大阻碍了手工业的进展,甚至使它倒退。到了明代,手工业和农业结合的情况,虽然还不曾有大的改变,但手工业的工资劳动,确实比宋代发展了一步。由于元朝统治政权的被推翻,商品货币经济的发展和手工业者的斗争,手工业者就逐渐由被奴役的状态解放出来,这大大有利于雇佣劳动的发展,于是明代中期以后,就逐渐产生资本主义萌芽的现象。可是当明代的前期,元代的残余影响还不曾消除,手工业者的身份地位还是相当低的,这时候还有所谓"匠户"的制度。根据记载,明王朝早在其帝国建立之前,就已经有了官用工匠的设置,但一直到洪武十八年,对于工匠的征集和使用,还没有具体的规定。洪武十九年,才"量地远近,以分为班次,且置籍为勘合付之（工匠），至期赍至工部听拨，免其家他役，著为令"（《明实录·太祖洪武实录》卷一七七）。根据这个法令，全国各地被划入匠籍的工匠，分为若干班，轮流到京师服役，每次服役时间定为三个月。大致每一工匠隔两年赴京服役一次，每一地方的匠户由地方官府加以编组，每年都有匠户轮班赴京服役。但是轮班服役的匠户到京之后，"至有无工可役者，亦不敢失期不至"，许多工匠不免徒劳远涉，明政府遂于洪武二十年举行一次改革，"先分各色所业，而验在京诸司役作之繁简，更定其班次"（《明实录·太祖洪武实录》卷二三〇）。这种办法就是按各部门实际需要，定为五年一班、四年一班、三年一班、二年一班、一年一班五种轮班法（参看《明会典》卷一八九）。又根据《明会典》的记载：轮班工匠共有六十二行业，二十三万二千八十九名。在这种新的轮班制之下，"轮班诸匠正班虽止三月，然路程弯远者，往返动经三四余月，则是每应一班，六七月方能宁家；其三年一班者，常得二年休息；二年一班者，亦得一年休息；惟一年一班者，奔走道路，盘费罄竭"（正统《实录》卷一五三）。因此各地匠户就纷纷以逃亡方式对统治阶级进行反抗。景泰五年，明政府被迫下令，"轮班工作二年、三年者，俱令四年一班"（《明会典》卷一八九）。此后全国匠户都划一为四年一班（参看成化《实录》卷二六五）。

匠户服役的地点，在洪武时代，因为都城在南京，所以都集中在南京工作。永乐时迁都到北京，匠户服役的地点就重点在北京了。正统《实录》载当时的匠户，"南京五万八千，北京十八万二千"（卷二四〇）。匠户的主管机关是工部，他们大多数服役于工部附设的工场和临时的工程，只有小部分是拨给内府监局和地方官府工场使用。《明会典》卷一八八说："若供役工匠，则有轮班、住坐之分，轮班者隶工部，住坐者隶内府内官监。""住坐"就是附籍于京师或京师附近地方,一般说是就地服役。此外还有因特殊制作的需要而存留于地方的,叫做"存留工匠"。轮班匠提供的劳动,都是无偿的,不但上工的时候没有代价,连往返京师的盘费,也要自筹。统治阶级最初还特许"免其家他役",但后来规定,"本户差役定例与免二丁,余丁一体当差,设若单丁重役及一年一轮者,开除一名"(《明会典》卷一八九)。轮班匠户世代服役,只得到这么一点优待。

住坐工匠分为民匠和军匠两种:民匠是直接从民间征集来的,隶于匠籍,属于内府等;军匠则隶于军籍,属于都司卫所。住坐工匠服役的时间一般比轮班匠长,轮班匠从景泰年间确定为四年一班后,平均每年只服役二十二天左右;住坐工匠一般规定每月服役十天(《明史·食货志》:"不赴班者,输罚班银,月六钱。"这也是一种以银代役制度)。永乐十九年规定:"令内府尚衣、司礼、司设等监,织染、针工、银作等局,南京带来人匠,每月支粮三斗,无工停支。"军匠的待遇比民匠稍高。隆庆以后,由于银的普遍使用,工匠的月粮也改为给银,有些衙门的军匠,还"岁给冬衣布花",此外住坐工匠还有月盐的支给。

匠户服役的办法,是封建时代劳役制在官手工业中的体现,这种制度,在明代时,自然已成了束缚生产力发展的落后的生产关系,它阻碍着工商业的进展,这不能不引起激烈的阶级斗争。工匠们斗争的主要形式是逃亡,远在宣德元年,工匠逃亡的就有五千余人之多。正统以后,工匠的逃亡更是严重。景泰元年,逃匠总数达三万四千八百余人。此后工匠逃亡的情况愈来愈严重。由于工匠运用怠工、逃亡等形式向统治阶级不断斗争,使官手工业劳动力的提供发生了困难,官手工业的成品不合规格,不堪应用,于是封建政府就被迫采取向工匠征银的办法。明代工匠以银代役,始于成化末年，成化二十一年规定，"轮班工匠有愿出银价者，每名每月南匠出银九钱，免赴京；所司类赍勘合，赴部批工。北匠出银六钱，到部随即批放。不愿者仍旧当班"（《明会典》卷一八九）。嘉靖四十一年又规定，"行各司府，自本年春季为始，将该年班匠通行征价类解，不许私自赴部投当，仍备将各司府人匠总数查出，某州县额设若干名，以旧规四年一班，每班征银一两八钱，分为四年，每名每年征银四钱五分。……"（同上）

　　匠户以银代役，虽然只是改变了剥削的形式，但比起过去的劳役制来，已有很大的进步。尤其是匠户对封建主的人格依附趋于缓和一点。明代的匠户本来是属于小生产者的，自从被划入匠籍之后，他们的独立性才受到侵害。以银代役后，他们逐渐恢复了独立性，依旧变成了小生产者，这就提高了他们劳动生产的主动性和积极性，从而使生产力和生产关系发展得更快，明代后期资本主义生产的萌芽，这是一个有力的推动因素。

　　在这里还须附带一谈明代官府制盐业中的"灶户"问题。灶户是封建政府直接控制下的盐的生产者，他们被束缚于灶籍，和匠户、军户的性质相同。明初的灶户，有一部分是从元代遗留下来的，但在明代，也有不少的人民被划入灶籍。灶户受着封建劳役制的剥削，生活是很困苦的。明代盐的生产，在前期主要就是施行这种劳役经济制度来进行的，它的目的是为王朝财政服务。中叶以后，在商品货币关系急剧发展的冲击之下，王朝对灶户也逐渐改变了剥削方式，由征收实物而改征货币。统治阶级对盐的流通的控制也逐渐放松了：这就促使盐的生产逐渐具有商品经济的性质。盐的直接生产者从劳役制束缚下摆脱出来，日益接近于小生产者的地位，这种变化，是和匠户地位的变化相同的。在沿海经济发达的地带，特别是两淮、两浙盐区的灶户，还在急剧地向着贫富两极分化,贫的灶户变成富的灶户的剥削对象,富灶和贫灶的关系,是带有若干劳役性质的雇佣关系。商业资本也逐渐打入了盐的生产领域,取得了收购灶户的产品,提供贷款,甚至提供生产工具的类似包买主的地位,这种生产关系是带有若干资本主义的性质的。

民间手工业者,在元代和明初,本来还部分保持着宋代民间手工业者的自由身份。从明初到明中叶,他们的数量大概是在发展着,似乎就是因为民间的自由手工业者数量的扩大,影响了官府的匠户,促使匠户大量逃亡,隐入民间手工业者的队伍,这就逼迫封建政府不得不改变对匠户剥削的方式。这样,官府就也逐渐用银钱雇募工匠来应役,官府雇募工匠制的推广,又使雇工人数增多,影响民间的雇工制,这样,手工业上的雇工制就发展起来了。又在匠户解放的过程中,一定会发生民间手工业者的技术和匠户的技术相结合的情况,这就推进了手工业技术的发展。自由手工业者比起官府手工业者来,劳动兴趣要高些,尤其是自己经营的手工业者,劳动兴趣更高,在推进手工业技术的发展上,他们应当是主力分子。

但在这里有一点必须提出,那就是明代雇工的身份问题。有人强调明代雇工制的发达,认为这就是资本主义生产关系发展的征象,这一论断,是很可商榷的。雇工制度,特别是明代的雇工制度,不能在它和资本主义生产关系之间划个等号,这两者之间是有差别的。它们的差别,可以从两方面来说:第一,明代的雇工还受着行会制度的严重束缚,和资本主义社会自由出卖劳动力的雇工不同。第二,明代的雇工大部分还或多或少带有封建的依附性,特别是农业雇工,依附性更强;只有小部分的雇工,身份比较自由,这种雇工制度和资本主义社会的自由雇工制度很不相同。第二点的区别尤其重要,它明显地把封建社会和资本主义社会的雇工制划分开来。我们且看原始史料，《明实录》万历朝卷一九四载：

> 刑部尚书李世达……等题，申明律例未尽条款，凡六事：
> 一、奴婢。官民之家，凡倩工作之人，立有文卷，议有年限者，
> 以雇工论；只是短雇受值不多者，以凡人论；其财买义男，恩养
> 年久，配有室家者，同子孙论；恩养未久，不曾配合者，士庶家
> 以雇工论，缙绅家以奴婢论。

据此，直到明代后期，雇工尚非自由身份，只有短雇工才有自由身
份。实际情况大约是：农业雇工与长雇工身份比较不自由，手工业
雇工与短雇工接近自由民的身份；特别是江南工商业发达的区域，
雇工的身份要比较自由些。万历二十九年，织工葛贤起义时，地方
官吏说这地方的织工和染工"皆自食其力之良民"，这类雇工才接
近资本主义生产关系中的雇工。这类雇工和业主的对立，才可以
说是资本主义生产关系的萌芽。

旧式行会制度，到了明代，更有退缩、转化的现象，这对于手工
业雇佣制度的发展，也是有帮助的。虽然此后行会制度仍然存在，
在某些方面反而有所加强，但新式的行会制度，毕竟和旧式的行会
制度有所不同，在某种意义上，新式的行会制度也是代表新的经济
因素的。新式的行会制度，对抗封建统治势力比较明显，它的主要
作用，是保卫本行业的利益。它固然也是一种封建性的组织，但它
至少在明代，还有推进工商业发展的作用。明代后期小说《拍案
惊奇》说：

> 衣冠中尚且如此，何况做经纪客商，做公门人役，三百六
> 十行中，有狼心狗行狠似强盗之人，自不必说。

元代的"一百二十行"，到这时变成了"三百六十行"，这说明工商
行业在发展情况下更分化了。自然，我们不曾忘记南宋时杭州有
"四百十四行"，但这似乎只是部分地区的情况，一般说来，宋代行

业的区分,不会比明代更细,至多只是相等罢了。"三百六十行"这句老话,一直流传到现在,它代表明清时代行业数量众多的情况。行业多自然行会就多,明清时代(特别是清代)新式行会的发展,是颇为明显的,它一面有保卫工商业的作用,一面也有束缚资本主义生产因素发展的作用。所谓新式的行会制度,就是"行帮"、"会馆"等制度。行帮就是行业和地方的行会,愈到后来,地方性愈强。这是由于明清时代交通和工商业比较发达,离开故土作客他乡的人多了,所谓"地多异省之民",因此在各地方形成一种乡土性的行会组织,是很自然的事。会馆就是这种组织的具体形式。关于会馆制度的起源,不很容易弄清楚,刘侗《帝京景物略》卷四载:

> 尝考会馆之设于都中,古未有也,始嘉、隆间,盖都中流寓十土著游闲屃士绅,爰隶城坊而五之:台五差,卫五缉,兵马五司,所听治详焉。惟是四方日至,不可以户编而数凡之也,用建会馆,士绅是主。凡人出都门者籍有稽,游有业,困有归也;不至作奸;作奸未形,责让先及,不至抵罪;抵于罪,则籍得之耳,无迟于扑。会馆且遍,古法浸失,半据于胥史游闲,三奸萃焉。继自今,内城馆者,绅是主;外城馆者,公车岁贡士是寓。其各申饬乡籍,以密五城之治:斯亦古者友宗主数两系邦国意欤!

根据这段记载,会馆制度的起源,是比较晚的。明代中叶,都城中才有会馆的设立,它的作用还主要是维持治安,所谓"四方日至,不可以户编而数凡之也,用建会馆"。这种会馆以士绅为主,它要使"人出都门者,籍有稽,游有业,困有归",亦有帮助同乡人找寻职业,救济困难的作用,而主要是使他们"不至作奸","不至抵罪"。后来会馆制度逐渐普及,被胥史游闲等所盘据。刘侗提议:

"内城馆者,绅是主;外城馆者,公车岁贡士是寓。"就是要把会馆划归封建士绅管理。但会馆制度发展的结果,变成工商行帮的机构,这是由于在封建统治势力压迫下,工商业者有保卫自身利益的需要,特别是在作客他乡时,更有团结起来,以便经营行业的必要,他们组织乡土性的行会,不能没有机构,会馆正是现成的地盘,所以会馆和行帮就逐渐合而为一了。

最古的会馆制度,详细情况不易弄清楚,根据后来的制度看来,会馆就是行帮的机构,它的范围有大小的不同:有由一县人组成的,有由一府人组成的,有由邻近几县、几府人组成的;有由一省人组成的,有由邻近几省人组成的;在海外的中国人,还有国家性的会馆组织。这种制度是逐渐发展的,从明代到清代前期,是会馆制度的全盛时期。

旧式的行会——团行,与封建政府保持着极密切的关系,它是封建政府的一种御用机关,对抗封建统治势力的作用很小,因此它束缚工商业的发展,非常厉害。新式的行会——行帮、会馆等,虽仍与官府有关系,但保障同乡、同业人的利益的作用比较大;而其组织性和束缚力,则至少不如西欧的行会那样强,因此它对于工商业的自由经营,阻碍作用也比较弱,然其巩固存在却较为久长。

手工业者地位的改变,和旧式行会制度的衰落、转化,都说明明代工商业的发展。手工业者地位的改变,影响尤其巨大,只有这样,才能使工业上的雇佣制度发展起来;手工业上的工资劳动者逐渐增多,这就使得资本主义的幼芽得以形成。但这种手工业上的变化,大致是起于明代中叶以后的;明代的前半期,只是逐渐克服元代所造成的手工业的颓势,逐渐恢复宋代工商业发展的倾向;到了明代中叶以后,瓜熟蒂落,这才有资本主义的萌芽。

二　手工业技术与生产的发展

明代是中国中世纪手工业最活跃的时期,手工业的技术与生产都有显著的提高,这是与农业生产和商业的发展分不开的,它是整个社会经济发展的一个方面。明末宋应星的《天工开物》序说:

> 幸生圣明极盛之世,滇南车马,纵贯辽阳;岭徼宦商,衡游蓟北,为方万里中,何事何物,不可见见闻闻。若为士而生东晋之初,南宋之季,其视燕秦晋豫方物,已成夷产,从互市而得裘帽,何殊肃慎之矢也。

这是说明代的统一和交通、商业的空前发达,使人们的见闻广扩,所以才能搜集工艺的技术,写成一部大书。事实上,工艺技术的提高,与交通和商业的发达,也是有关系的。只有在生产与交换发展时期,技术才有提高的可能,而技术的提高,又促进生产与交换,于是整个的社会经济也就进展起来了。

但是,明代各地区手工业的发展,不是平衡的:有些地区进展较快,有些地区进展较慢,有些地区甚至没有什么进展。大致说来,明代一般手工业最发达的地区,是江南一带,而手工技艺的精致,尤推"三吴"地带。张瀚《松窗梦语》卷四说:

> 今天下财货聚于京师,而半产于东南,故百工技艺之人,亦多出于东南,江右为夥,浙、直次之,闽、粤又次之;西北多有之,然皆衣食于疆土,而奔走于四方者亦鲜矣。……民间风俗,大都江南侈于江北,而江南之侈,尤莫过于三吴。自昔吴俗习奢华,乐奇异,人情皆观赴焉。吴制服而华,以为非是弗文也;吴制器而美,以为非是弗珍也。四方重吴服,而吴益工于服;四方贵吴器,而吴益工于器;是吴俗之侈者愈侈,而四方

之观赴于吴者，又安能挽而之俭也。……矧工于器者，终日雕镂，器不盈握，而岁月积劳，取利倍蓰；工于织者，终岁纂组，币不盈寸，而锱铢之缣，胜于寻丈；是寻握之器，足以当终岁之耕；累寸之华，足以当终岁之织也。兹欲使其去厚而就薄，岂不难哉！

由于江南一带是当时农业最发达的地区，生产品丰富，商业也很发展，所以手工业随之而兴盛，技艺高明，胜于他处。农、工、商业的发展，使人们的生活水平提高。在阶级社会时代，自然要产生奢侈的风俗。"三吴"一带的风俗，就是最奢侈的，讲究服用器具，所以"百工技艺之人"，虽以"江右为夥"，但手工技艺的精致，还推"三吴"为首。"三吴"的制服、制器，为四方所瞻仰，这就说明吴地的手工技艺，在当时是首屈一指的。

中世纪中国是农业与手工业密切相结合的，与农业相结合的手工业，主要是纺织业，所以中国中世纪手工业的发展，不得不从纺织业开始。在明代，手工业较发展的江南地区，最主要与最发展的，也是纺织业。明代纺织业的生产力，颇有提高，许多生产技术继承宋元的已有成就而进一步发展。在工具方面，除花机、腰机等已普遍使用外，又发明了许多新的工具，如轧棉工具搅车，在以前就有了，但在这时，除普通式之外，又有"句容式，一人可当四人；太仓式，两人可当八人"。纺线工具"纺车，容三繀，今吴下犹用之；间有容四繀者；江西乐安至容五繀"（《农政全书》卷三五）。织机也有改进，"缎机故用五层，弘治间有林洪者工杼轴，谓吴中多重锦，闽织不逮，遂改缎机为四层，故名曰改机"（万历《福州府志》卷三七）。最特殊的是水转纺车，《农政全书》卷一八载：

　　水转大纺车：此车之制，但加所转水轮，与水转辗磨之法俱同。中原麻苎之乡，凡临流处所多置之。今特图写，庶他方绩纺之家,仿此机械,比用陆车愈便且省,庶同获其利。
这是一种初步的纺织机械,对于提高生产力,是有相当帮助的。但
它的应用普遍到怎样程度,现在还不清楚。

在技术方面,《天工开物》卷上说:"凡纺工能者,一手握三管,
纺于铤上。""纺苎纱能者用脚车,一女工并敌三工。"《物理小识》
卷六载:"(纺纱)有纺双缕者,有一手勾三线者,省用天车者,松
江、徽(州)、池(州)、合州、九江皆能之。"

单就丝织业说来,《天工开物》上除载有花机、腰机、结花等各
种工具和技术外,特别指出绫绢上的提花技巧,又说明织罗里的软
综、硬综、桃综,以及五梭、三梭、两扇、八扇等工具和技巧。更指
出:

> 就丝绸机上织时,两梭轻,一梭重,空出稀路者名曰秋罗。
> 此法亦起近代。凡吴越秋罗,闽广怀素,皆利缙绅当暑服。
> (卷上《乃服》第二《分名》条)

织业技术很有分工的倾向,《天工开物》载,用提花机织造的供给
皇帝服用的龙袍,在苏州、杭州织造,龙袍上各色花形,是经过各个
机房技巧的配合而成的,足见那时分工项目已很细密了。就棉织
业说来,工具如搅车、纺车、拨车、弹弓、织机等,都有改进;技术除
能织一般粗布外,更能织云花、斜文、象眼等花样。别的纺织业的
工具和技术,也多有改进。

明代纺织业中,最重要的是丝织业和棉织业,资本主义生产因
素主要就萌芽在这两种行业里面。生产关系的发展,决定于生产
力的发展。表现丝织业和棉织业生产力的工具和技术,我们已经
在上面讲过,现在再重点地讲讲这两种手工业的生产情况。在丝
织业中,有官府手工业和民间手工业的区分;在棉织业中,也有为
官府服务的成分;官府手工业范畴中的丝织业和棉织业,主要是向

统治阶级提供奢侈品的,在整个生产中,意义不大。官府自己有纺织业的生产机关,它的主要生产品是奢侈性的丝织品,民间织户也有为官府生产的,主要是生产"贡品"。在这些生产中,都没有什么新的经济因素存在,重要的还是民间的纺织业生产。民间的纺织业生产,大致可以分成两大类:一类是与农业结合的纺织生产,所谓"男耕女织",这还是过去的旧式生产,在这里面也缺乏新的经济因素。一类是独立的或比较独立的商品生产,在这类生产中,才有新的经济因素存在。我们在这里所叙述的,主要就是这类生产。先讲丝织业。丝织业生产,多聚于城中或镇市附近,有的是小生产者的生产,有的是雇佣制的生产,而后者尤为重要,它已是大生产或较大的生产了。《苏州府志》载:

> (明万历年间)苏民无积聚,多以丝织为生,东北半城皆居织户。郡城之东皆习织业,织文曰缎,方空曰纱,工匠各有专能,匠有常主,计日受值,有他故,则唤无主之匠代之,曰唤找。无主者黎明立桥以待,缎工立花桥,纱工立广化寺桥,以车纺丝者曰车匠,立濂溪坊,什百为群,延颈而望,粥后散归。若机户工作减,则此辈衣食无所矣。每桥有行头分遣,今织造府禁革,以其左右为利也。(这段史料似混有清代情况,姑录于此。)

蒋以化《西台漫记》卷四也说:

> (苏州)大户张机为生,小户趁织为活。每晨起,小户百数人,嗷嗷相聚玄庙口,听大户呼织,日取分金为饔飧计。大户一日之机不织则束手,小户一日不就人织则腹枵,两者相资为生久矣。

这些史料说明明代后期苏州城中,有许多从事丝织业的市民,他们的住所要占据半个城。在他们之中有雇主,有佣工,进行着雇佣关系的生产。当然也应该有独立的小生产者进行着小生产。这些手工业者各有专能,而且有雇佣他们的经常主人,按日计算工资。还有许多散工等候随时雇佣。他们原来是受行会控制的,后来官府禁革行会(清代事?),这就更便利了手工业雇佣制度的发展。属于苏州的吴江县,丝织业也很盛,《吴江县志》卷三八说:

> 绫绸之业,宋元以前,惟郡人为之。至明熙、宣间,邑民始渐事机丝,犹往往雇郡人织挽。成、弘以后,土人亦有精其业者,相沿成俗,于是盛泽、黄溪四五十里间,居民悉逐绫绸之利,有力者雇人织挽,贫者皆自织,而令其童稚挽花,女工不事纺绩,日夕治丝,故儿女自十岁以后,皆早暮拮据以饶馌其口;而丝之丰歉,绫绸价之低昂,即小民有岁、无岁之分也。

这段史料典型地说明江南地带丝织业发达的过程。到了明代,无论城乡,都有雇佣劳动的存在,至少作坊手工业是相当普及的。至于男子纺织,女子治丝,童稚挽花,这是家庭分工。这种家庭已不是"男耕女织"的自给自足的家庭,而是手工业专业家庭,它们已在进行商品生产了。他们至少要拿纺织品去换别种生活用品。乡间家庭手工业作坊的逐渐兴起,最足以说明生产力进步后商品经济的抬头。又如吴江县所属的盛泽镇,据弘治《吴江县志》,还只是一个普通小村落,据嘉靖《吴江县志》,也还只是"居民百家",但到晚明,据《醒世恒言》卷一八的描写,已经非常繁盛:

> 镇上居民稠广……俱以蚕桑为业,男女勤谨,络纬机杼之声,通宵彻夜。那市上两岸绸丝牙行约有千百余家,远近村坊织成绸匹,俱到此上市;四方商贾来收买的,蜂攒蚁集,挤挤不开,路途无停足之隙。乃出产锦绣之乡,积聚绫罗之地。

像这样为商品而生产的丝织业,自然会形成较大的手工业工场。这篇小说又记载说:

　　且说嘉靖年间，这盛泽镇上有一人姓施名复……夫妻两口，别无男女，家中开张绸机，每年养几筐蚕儿，妻络夫织，甚好过活。……施复是个小户儿，本钱少，织得三四匹，便去上市出脱。……施复每年养蚕，大有利息，渐渐活动。……那施复一来蚕种拣得好……每筐蚕又比别家分外多缫出许多丝来，照常织下的绸，拿上市去人看时，光彩润泽，都增价竞买，比往常每匹平添钱多银子。因有这些顺溜，几年间就增上三四张绸机，家中颇颇饶裕。……（某年）蚕丝利息比别年更多几倍……恰好间壁邻家住着两间小屋，连年因蚕桑失利，急切要把来出脱，正凑了施复之便。……（此后施复）夫妻依旧省吃俭用，昼夜营运，不上十年，就长有数千金家事，又买了左近一所大房屋居住，开起三四十张绸机，又讨几房家人小厮，把个家业收拾得十分完美。

这段记述虽未必是真事，但它却真实地反映了江南市镇间丝织业发达的情况。它说明了如下几点事实：（一）当时市镇间有专业的手工业家庭。（二）这种家庭就是所谓"机户"，机户有大小的区别：小的机户户主和家属自己生产，大的机户雇佣工人或使用奴婢等生产。（三）镇市上有牙行、商人，收买机户的生产品。（四）机户很容易发财，但有的机户则贫困下来，富的机户兼并贫的机户的产业。（五）富的机户可能有几十张织机，这已是手工业工场的规模。总之，由于商品经济的发展，丝织业中广泛存在着扩大再生产的可能，小生产者已处于贫富分化的状态之中。如果说在这段史料中还缺乏手工业家庭即机户雇佣工人生产的证据，那么我们还可以看上引《吴江县志》"有力者雇人织挽"一语；此外还有陆粲《庚己编》卷四《郑灏》条的记载，它说苏州郑灏家有"织帛工及挽丝佣各数十人"，可见当时纺织业家庭确有雇佣多数工人以进行生产的事；就人数说来，这确实已是手工业工场的规模了。

为了说明问题，我们再举几条史料，以见当时丝织业生产发展的情况。张瀚《松窗梦语》说：

> 余尝总览市利，大都东南之利，莫大于罗、绮、绢、纻，而三吴为最。即余先世亦以机杼起，而今三吴之以机杼致富者尤多。（卷四）

> 毅庵祖……以酤酒为业，成化七年，值水灾……所酿酒尽败……因罢酤酒业，购机一张，织诸色纻币，备极精工，每一下机，人争鬻之，计获利当五之一。积两旬，复增一机；后增至二十余。商贾所货者，常满户外，尚不能应，自是家业大饶。后四祖继业，各富至数万金。（卷六）

沈德符《野获编》卷二八说：

> （苏州潘氏）起家机户织手，至名守谦者始大富，至百万。

这三段史料说明：（一）江南一带工商业之利，以丝织业为最大，倚靠这种事业发财的人很多。（二）丝织业扩大再生产的可能性极大，这是商品经济发展的结果。（三）小生产者变成大企业主的人并不少。现在再举两条史料，说明当时商业资本和丝织业结合的情况。当时商人收买丝织业成品，往往组织牙行，以垄断丝织品的买卖，这种牙行在一个镇市上就可以有"千百余家"之多，已见上引《醒世恒言》的记载。但别处来的商人们，除通过牙行收买丝织品外，还有直接向机户定货的，二刻《拍案惊奇》卷三九载：

> 有一纺织人家，客人将银子定下绸罗若干。

还有本地商人贩卖丝织品到远方去的，明代小说《石点头》卷四载：

> 嘉兴府去城三十里外，有个村镇，唤做王江泾，这个地方北通苏、松、常、镇，南通杭、绍、金、衢、宁、台、温、处，西南即福

建、两广，南北往来，无不从此经过。近镇村坊都种桑养蚕，织
绸为业，四方商贾俱至此收货，所以镇上做买做卖的挨挤不
开，十分热闹。镇南小港去处，有一人姓瞿号滨吾，原在丝绸
机户中经济，做起千金家事，一向贩绸走汴梁生理。

这段史料证明当时江南市镇上有贩买本地丝织品到远方去的商
人，远方商人也到市镇上来收货，此外更可证明当时江南丝织业市
镇的普遍兴起。同时从这条记载看，似乎当时丝绸机户还有兼做
商人的或者机户发财后有转为商人的，不过原文"原在丝绸机户
中经济"一语，意义不很清楚，还需要研究。

大概太湖流域苏、杭一带是当时丝织业的中心地，根据上引的
史料已可证明。但明代丝织业的发展，是相当普遍的，除江南苏、
杭一带外，还有几个重要的丝织品产地，第一是福建，万历《福州
府志》卷八载福建：

出有丝绸，绢线，绢丝，缎改机。

如上所述，福建缎机是有改进的，大概它的丝织品逐渐向苏杭一带
的丝织品看齐。广东也盛产丝织品，乾隆《广州府志》引《嘉靖府
志》说：

粤缎之质密而匀，其色鲜华、光辉、滑泽。

粤纱，金陵、苏、杭皆不及。

故广纱甲于天下，缎次之。

可见广东的丝织品质地还超过江浙的产品，这可能是对外贸易的
刺激所致。但粤缎"必吴蚕之丝所织，若本土之丝，则黯然无光"；
粤纱"亦用吴丝，方得光华不褪色"。可见原料还是太湖流域所产
的好。此外山西潞州也是丝织品的重要产地，主要是生产"贡
品"，但也生产商品，而且商品的销路很广。顺治《潞安府志》卷一
载：

在昔(明)殷盛时,其登机鸣杼者,奚啻数千家。

其机则九千余张。

贡篚互市外,舟车辐辏者转输于省直,流衍于外夷,号称利薮。

郭子章《郭青螺先生遗书》卷一六载:

潞城机杼斗巧,织作纯丽,衣天下。

明代潞州的丝织品生产确是很盛,技术也很高,但这里面有没有资本主义生产因素,还不敢断定。《农政全书》卷三一载明代中期:

东南之机,三吴、闽、越最夥,取给于湖(浙江湖州)茧;西北之机,潞(山西潞州)最工,取给于阆(四川阆中)茧。

《天工开物》卷上载:

凡倭缎制造起东夷,漳泉海滨效法为之,丝质来自川蜀,商人万里贩来,以易胡椒归里。

这两段史料证明:明代丝织业最发展的地区确是江南、闽、广和潞州(福建因对外贸易的关系,还摹仿日本的丝织品),但原料产地不一定就是成品产地;成品产地与原料产地的分工,说明商品经济的发展,许多地区的经济已互相依赖,全国性的市场已在形成之中。这就证明在明代确已可能产生资本主义生产因素。自然,这种因素还是很微弱的。附带要说一下的,是过去曾兴盛一时的丝织品产地,如河北、河南、山东、四川等地区,这时候它们的丝织业已衰落了(但如四川还生产原料),这一面由于落后部族入侵的破坏,一面由于社会经济的转变,同时还有其他历史原因,大体从南宋时代起,东南一带的丝织业已逐渐代替西北一带的丝织业而兴起了。

再说棉织业。棉织业是一种新兴的纺织业,它的发展前途比丝织业要广阔得多,因为丝织品多少都带些奢侈性,不如棉布的普通。在封建前期，手工业主要为少数的贵族地主服务，在那时候，丝织业在手工业中的地位，当然是首要的；但随着生产力与生产的发展，一般人民生活水平逐渐提高，人们对于衣服的需要比过去增加，这样适应一般人民需要的棉织业，自然逐渐兴起而代替丝织业的地位。固然，在明代，丝织业的重要性似乎还比棉织业高些，但棉织业确乎已在逐步夺取丝织业的地位了。自元、明两代提倡种棉以后，到明代中叶，养蚕和丝织都只分别发达于某些特殊的区域，一般说来，在广大的乡村里，养蚕和织丝的事业已渐被种棉和织布的事业所驱逐。这主要是因为丝织品太贵，不能普遍应用，只有广泛种棉以后，才能解决人民的衣服原料问题。人们的衣服原料既已广泛使用棉布，棉织业自然日益兴盛了。明初政府就下令："凡民田五亩至十亩者，栽桑、麻、木棉各半亩，十亩以上倍之。"不种桑出绢一匹，不种麻和棉出麻布和棉布各一匹。"又税粮亦准以棉布折米"（《明史·食货志》）。这是用税法强行推广桑、棉、麻的种植，对于纺织业原料的生产，是起着一定作用的。这里面织布的原料，特别是棉，更被重视。此后种棉的地区日见扩大，到嘉靖年间，发展尤其迅速，所以棉织业的发展也很迅速。

棉织业的中心地是松江一带。松江本是江南棉织业的发祥地，在元代时，它的棉织业已经开始发展，到了明代，松江"俗务纺织，他技不多，而精线绫、三梭布、漆纱、剪绒毯，皆为天下第一。……百工众技与苏杭等。要之，松郡所出皆切于实用，如绫、布二物，衣被天下，虽苏、杭不及也"（《农政全书》引《松江志》）。"纺织不止乡落，虽城中亦然。里媪晨抱纱入市，易木棉以归，明旦复抱纱以出，无顷刻闲。织者率日成一匹，有通宵不寐者"（《古今图书集成·职方典》卷六九〇引明曹蕃《郡乘补》）。这些都是商品生产。属于松江的上海，棉织业也很发达，叶梦珠《阅世编》卷七说："棉花布吾邑所产,已有三等,而松城之飞花,尤墩眉织不与焉。上阔尖细者曰标布,出于三林塘者为最精,周浦次之,邑城为下,俱走秦、晋、京边诸路。……其较标布稍狭而长者曰中机,走湖广、江西、两广诸路。"这里所说的兼指上海、松江一带的棉布,这一带所产的棉布,除上所述两种最主要的以外,还有扣布(密而狭短,单行于江西的饶州,亦见《阅世编》)、稀布(产于上海的龙华镇,见张春华《沪城岁时衢歌》注)、紫花布(用紫花织成,见《布经要览》)、药斑布(见嘉靖《上海县志》)、番布(见弘治《上海县志》)、斜纹布(见同上)、飞花布(见《布经要览》)、尤墩布(亦见《阅世编》)、眉织(见同上)等,种类非常繁多。

松江、上海之外,江南一带还有许多地方棉织业很发达,如昆山三区"多种木棉,土人专事纺织"(归有光《震川先生文集》卷八《论三区赋役水利书》)。嘉定"邑之民业,首借棉布,纺织之勤,比户相属,家之租庸、服食、器用、交际、养生、送死之费,胥由此出"(万历《嘉定县志》卷六)。常熟布匹远输山东,供给山东人民的衣服(见嘉靖《常熟县志》卷四)。海宁"棉布,万历志云:卉织为布,出海宁硖石者,视他县为佳"(乾隆《宁志余闻》卷四)。嘉善"绵纱,穷民无本,不能成布,日卖纱数两以给食,故谚云'买不尽松江布,收不尽魏塘纱'"(万历《嘉善县志》,《浙江通志》卷一〇二引)。总之,江南一带的棉织业确是非常兴盛的。

由于棉织品比丝织品更为普通,所以棉织品的行销更为普及深入,如松江的棉布,号称"衣被天下"。《阅世编》卷七说:

(棉布)富商巨贾操重赀而来市者,白银动以数万计,多或数十万两,少亦以万计,以故牙行奉布商如王侯,而争布商如对垒。

褚华《木棉谱》说:

> 明季从六世祖赠长史公，精于陶猗之术，秦、晋布商皆主
> 于家，门下客常数十人，为之设肆收买，俟其将戒行李时，始估
> 银与布捆载而去，其利甚厚，以故富甲一邑(上海)。

可见松江、上海一带棉布行销量的巨大和行销地区的广远。褚华
的从六世祖是个典型的大布商，他是住坐营业的，设肆收买大量棉
布，替远来的商人服务。他设的"肆"，就是一种牙行，他从生产者
那里收买布匹来，转卖给远方商人，一转手之间，就可赚钱很多，所
以成为一邑的首富。同时可见上海在明末时已成为一个棉布业的
大市场了，嘉定的棉布也"商贾贩鬻，近自杭、歙、清、济，远至蓟、
辽、山、陕，其用至广，而利亦至饶"(万历《嘉定县志》卷六)。此
外，还有江南商人到别处去组织商行贩卖布匹的，如乾隆《临清州
志》卷一一载：

> 店在白布巷，自明成化二年，苏州、南翔、信义(昆山)三
> 会合而为行，隆、万间浸盛。

所谓"三会"，大概是三个行会，这是地方行会所组织的商行，势力
当然是比较巨大的。又江南有的地方所产的布匹，甚至本地用的
少，而远销别省的多，如嘉靖《常熟县志》卷四载：

> 至于货布，用之邑者有限，而捆载舟输行贾于齐鲁之境常
> 什六，彼氓之衣缕，往往为邑工也。

这可见江南地区的棉布生产多是商品生产，而不是自给自足的生
产。又布号所在的地方，替布匹加工的作坊也都聚集在那里，顾公
燮《消夏闲记摘抄》载：

> 前明数百家布号，皆在松江枫泾、朱泾乐业，而染房、踹坊
> 商贾悉从之。

丝织品的生产处所多在城中，所以贩卖丝织品的店号也多在城中；
棉织品的生产处所多在城外乡间，所以贩卖棉织品的店号也多在

城外的市镇上。当然,丝织品的生产和贩卖也有在城外的,而棉织品的生产和贩卖也有在城中的,不能一概而论。

由于松江所产棉布多而且好,所以不但棉布的贩卖很盛,而且还有棉布制成品的专业商店,范濂《云间据目抄》载:

> 松江旧无暑袜店,暑月间穿毡袜者甚众。万历以来,用尤墩布为单暑袜,极轻美,远方争来购之,故郡治西郊广开暑袜店百余家,合郡男妇皆以做袜为生,从店中给筹取值,亦便民新务。

《古今图书集成·职方典》卷六九〇也载:

> 郊西尤墩布轻细洁白,市肆取以造袜,诸商收鬻,称于四方,号尤墩暑袜。妇女不能织者,多受市值,为之缝纫焉。

布袜店的广泛开设,说明人们生活程度的提高和商品经济的发展。合郡男女从店中取值,替他们做袜,即以此为生,这近乎一种工场手工业的场外劳动。当然,依此一点就说明代棉织业中已有资本主义生产因素,证据还不够,但这种生产至少已接近资本主义性质的生产了。

明代江南棉织品的原料,固然本地也有生产的,如《阅世编》卷七说:

> 吾邑(上海)地产木棉,行于浙西诸郡,纺绩成布,衣被天下,而民间赋税、公私之费,亦赖以济,故种植之广,与粳稻等。

吴梅村《木棉吟》序说:

> 隆、万中,闽商麋至镇洋,采购木棉,州赖以饶。

可见江南不但产棉花,而且所产的棉花还行销浙西、福建。但江南所产的棉花,仍是不够本地纺织之用的,所以需从北方输入棉花。《农政全书》卷三五说:

> 今北土之吉贝(棉花)贱而布贵,南方反是,吉贝则泛舟

而鬻诸南，布则泛舟而鬻诸北。

为什么会这样呢？它接着说：

> 近来北方多吉贝，而不便纺织者，以北土风气高燥，绵毳
> 断续，不得成缕，纵能作布，亦虚疏不堪用耳。……南方卑湿，
> 故作缕紧细，布亦坚实。……

其实这是一种地方经济分工，北方供给原料，南方供给成品；这也说明手工业与农业的分工。同时明代时南方棉织业所生产的大多是商品，北方的农产品原料也已变成商品，南方和北方的产物互相交换，商人在其间上下其手，就可以大发其财了。但用原料去换取成品，是不大上算的，所以北方也逐渐自己织起棉布来，所产棉花原料逐渐供给自己织用，而不运销南方。《农政全书》又说：

> 数年来（河北）肃宁一邑所出布匹，足当吾松十分之一
> 矣；初犹莽莽，今之细密，几与吾松之中品埒矣。

《古今图书集成·职方典》卷二三〇载：

> （山东）濒汶一带，擅水土之饶……西则地宜木棉，纺车
> 之声相闻。

北方棉织业发展的结果：

> 今北方自出花布，而南方织作几弃于地矣。（万历《嘉定
> 县志》卷七）

因此清初人褚华所著的《木棉谱》就说：上海棉织业所用的棉花都从崇明、海门贩来，间有从丹阳贩来的，"然江北绝无至者"。

在明代，不但有棉花生产和棉布生产的地方分工，而且棉布的制造还有地方分工。《天工开物·布衣》条说"凡棉布寸土皆有"，"织机十室必有"，可是"织造尚松江"，"浆染尚芜湖"。地方经济分工愈细，愈说明商品经济的发展。

明代次于纺织业的主要手工业是陶瓷业。瓷器的中心产地是

江西景德镇,明政府在这里设立"官窑",为统治阶级服务。官窑的产品虽然只供统治阶级的奢侈享用,但它资本大,集中的精巧技工多,所以就工艺水平说来,产品是最为精致的。然而某些民窑产品,也很精致,可以和官窑产品竞美。

明代瓷器的手工技术,确是比前代高明多了。从遗留下的瓷器看来,它的进步大概有如下三点:(一)胎质比过去细致,已是近代型的瓷器胎质了。(二)所施的釉颜色纯粹,和过去青瓷釉色混杂不纯粹不同;特别是白釉,好的真是莹澈如玉;其他单色釉,也很考究,精致的不下于清代的产品。(三)花绘也远比过去精致,青花、五彩的绘瓷技术,萌芽于宋,开始发展于元,而大成于明。在明代青花瓷最为发展,好的制品甚至超过清代。画青花的颜料,有的来自外国,颜色鲜艳,增加了青花瓷的美观,这是对外贸易发展的结果;五彩瓷虽还不及清代,但也有很精致华丽的,水平大大超过宋元。明代瓷器最高级的产品,是中期宣德、成化年间和晚期万历年间所制造的官窑瓷器,有"鲜红"、"青花"、"五彩"等式样。又明代景德镇的官窑开始有"脱胎瓷器"的制造,胎薄如纸,几乎看不到胎土。后来民窑有更精致的制品,如吴为所造的"卵幕杯","薄如鸡卵之幕,莹白可爱";此外还有"流霞盏"为"五彩流霞不定之色",都很有名。至于一般的瓷器都既美观,又适用,表现了中国瓷业的高度技术水平。根据《天工开物》卷中的记载,制造瓷器的具体工序,略有和土、造坯、过利、汶水、打圈、过锈(釉)、入匣、满窑等过程。每件瓷器的烧造,分工很细。据《天工开物》说:"共计一杯工力,过手七十二,方克成器。"这更可见明代造瓷业技术的高度发展。

明代景德镇瓷场的面积是很广大的,人口也很众多。《西江志》卷二六说:"浮梁之俗……富则为商,巧则为工。"工商结合,使景德镇成为一个新兴的手工业都市。《天工开物》卷中说：

> （瓷器）合并数郡，不敌江西饶郡产……中华四裔驰名猎
> 取者，皆饶郡浮梁景德之产也。

王世懋《二酉委谭》说：

> （景德镇）天下窑器所聚，其民繁富甲于一省，余尝以分
> 守督运至其地，万杵之声殷地，火光烛天，夜令人不能寝，戏目
> 之曰四时雷电镇。

这可见当时景德镇瓷器工业的发展和地方的富庶。《饶州府志》
载：

> （嘉靖间景德镇）统辖浮梁县里仁、长香等都居民，已与
> 饶州府所属鄱阳、余干、德兴、乐平、安仁、万年及南昌、都昌等
> 县，杂聚窑业，佣工为生。

《浮梁县志》载：

> （景德镇）乃五方之民廛焉，主客无虑十万余。

光绪《江西通志》卷四九载萧近高参内监疏说：

> （万历时）镇上佣工皆聚四方无籍游徒，每日不下数万
> 人。

这些记载证明明代景德镇瓷业中的雇佣劳动是很发展的，劳动力
从四方来，其身份多是"无籍游徒"。在这种雇佣劳动中，究竟有
多少资本主义生产因素，还很难说，因为生产关系中有无封建依附
性，或者有封建依附性，又强到怎样程度，以及行会势力的控制怎
样，我们都还不很清楚，所以不能速下结论。

明代景德镇的瓷器行销已经非常广远，嘉靖《江西省大志》卷
七说：

> （景德镇瓷器）其所被，自燕云而北，南交趾，东际海，西
> 被蜀，无不至，皆取于景德镇，而商贾往往以是牟大利，无所复

禁。

明代景德镇瓷器不但畅销国内,而且在对外贸易中,也是一种主要商品,行销到很远的地方。这有许多记载可以证明。

除了景德镇外,明代著名的窑场还很多,分布于浙江、福建、广东、河北、河南等省。其中比较重要的,有宜兴窑场,制造陶瓷器"鬻于四方,利最博"(王稚登《荆溪疏》)。广东窑场在石湾。"石湾多陶,业陶者亦必候其工而求之……故石湾之陶遍二广及海外之国"(屈大均《广东新语》卷一六)。这两种瓷业都是新兴的,它们的成品行销也很广远,所以在这里附带一说。至于浙江的龙泉窑,已经衰落,但制品还有相当好的,在市场上也还有相当的势力。

明代的矿冶业,总的说来,也比前代发达。采矿技术从用铁锤点滴敲击到改用火药爆炸(见陆容《菽园杂记》卷一四,顾炎武《天下郡国利病书》原编第二十九册),冶炼从木炭、石炭混合使用到全部用煤或用礁(焦炭),就这两点,已可看出明代矿冶业的生产力有显著的提高,所以生产也相当发展。大体说来,官府矿冶业由盛而转衰,民间矿冶业则由衰而转盛,这也表明了商品经济的逐步发展。我们先讲金银矿。金银矿主要为官府所经营,禁止民间采取。明初洪武时,福建、浙江已有银场,都收税课(矿冶不论民办和官办,都对国家纳税)。永乐时又开陕州一带银坑八所,福建坑冶三所,派官在湖广、贵州采办金银课,还在贵州等地设立金场局、银场局。大概说,明代前期的官办金银矿,是屡开屡停的。洪武年间,官矿的金银课很少,永乐、宣德间,金银课逐渐增加,此后又逐渐衰落。《罪惟录·贡赋志》说:"成化以前,凡金场,宝庆等府,武陵等县,共二十有一,役民夫五十五万有奇,额金一十五万两,时夫之伤于蛇虎大水者无计,仅得金三十五两。成化十年,罢湖广及辽东黑山淘金,旋尽闭金场。"到万历时,曾大举搜求,开采金银矿,结果只是扰害百姓，没有什么效果，都停罢了。明政府对于金银矿，一般地说，防守很严，所以在这方面，民间的经营是不盛的，只有些所谓"盗采"而已。

铜矿，洪武初年，只在安徽池州府采铜十五万斤。宣德年间，江西德兴、铅山每岁产铜五十余万斤。中叶以后，政府逐渐重视云南的铜矿。嘉靖时起，因为铸钱的缘故，屡开云南铜矿，收获也不大。民间的采铜业，则是逐渐发达的，永乐、宣德间，铜课还只有二千斤到三千斤之间，生产量并不大。到后来逐渐发展，《春明梦余录》卷四七引万历年间郝敬的话说：

> 二百余年来，钱法不修，天下废铜在民间为供具什器者，不知几千万亿；其处于各处名山者，豪姓大贾负贩以擅厚利，又不知几千万亿。

> 今云南、陕西、四川、广东各省有铜矿，为奸商专擅。

可见明代后期民营铜矿业是比较盛的，民营铜矿业已经压倒了官营铜矿业。

最重要的还是铁矿，明代的官铁矿，据《明会典》卷一九四说："国初定各处炉冶该铁一千八百四十七万五千二十六斤。"《春明梦余录》卷四六说："洪武七年，命置铁冶所官，凡一十三所。"大概在十三冶外，还另有官铁冶的存在。洪武十八年和二十八年，都曾罢各处铁冶，此后：

> 民得自采炼，而岁给课程，每三十分取其二。（明太祖《实录》卷一七六、二四二）

从此铁的官冶就逐渐少了，民矿逐渐多起来。到万历时，最大的官铁冶——遵化铁冶，"山场封闭，裁革郎中及杂造局官吏，额设民夫匠价，地租银征收解部，买铁支用"（《明会典》卷一九四）。这说明官铁业已经基本上垮台，相反的民铁业却逐步发展。根据《明实录》的记载:铁课在永乐元年为七万九千八百多斤,到宣德九年,上升为五十五万五千多斤,按课税率来计算生产率,那么三十多年之间,铁的产量上升了七倍以上。这种情况,基本上标志出民营铁矿业发展的迅速。此后民营铁矿业还继续有发展。

锡、铅等矿,明代的开采也很盛,据《肇域志》第十三册的记载:湖南耒阳锡的生产规模很大:"四方之贾群萃其中,采其奇赢,役使大众,开坑三十余场,坑夫数十万。"

最后说一说煤炭的开采。煤炭在明初就已有多处的开采,万历、崇祯间,煤炭的用途日广,开采自然更盛。李时珍《本草纲目》卷九说:

> 石炭,南北诸山产处亦多,昔人不用,故识之者少;今则人以代薪炊爨,煅炼铁石,大为民利。土人皆凿山为穴,横入十余丈取之。

这是一种新兴的矿业,大概投资的人是很多的。

明代的冶金业,最主要的,当然还是冶铁业,技术有相当的提高。铁的熔炼和铸造,大部分使用煤炭。在遵化的炼铁炉,规模较大,炉高一丈二尺,每炉容纳矿砂二千多斤,扇炉风箱必用四人或六人工作。至于铁器的铸造,各地工匠分有专业,多有超越前代的成就。在这里我们且介绍一下当时广东特别是佛山镇的冶铁业。屈大均《广东新语》载:

> 铁莫良于广铁……凡开炉始于秋,终于春。……凡一炉场,环而居者三百家,司炉者二百余人,掘矿者三百余,汲者、烧炭者二百有余,驮者牛二百头,载者舟五十艘,计一铁场之费,不止万金,日得铁二十余版则利赢,八九版则缩。……(卷一五)

> 诸炉之铁冶既成,皆输佛山之埠。佛山俗善鼓铸,其为镬

……凡铸有耳者，不得铸无耳者；铸无耳者，不得铸有耳者；兼铸之必讼。铸成时……鬻于江楚间。……其炒铁，则以生铁团之入炉，火烧透红，乃出而置砧上，一人钳之，二三人锤之，旁十余童子扇之，童子必唱歌不辍，然后可炼熟而为镰也。计炒铁之肆有数十，人有数千，一肆数十砧，一砧有十余人，是为小炉。炉有大小，以铁有生熟也；故夫冶生铁者，大炉之事也；冶熟铁者，小炉之事也。（卷一五）

佛山多冶，业冶者必候其工而求之，极其尊奉，有弗得则不敢自专，专亦弗当：故佛山之冶遍天下。（卷一六）

广东的冶铁工场规模是很巨大的，内部俱有分工，劳动力当是使用雇工，这种雇工的身份怎样，还待研究。佛山镇是与景德镇齐名的大镇，景德镇瓷业开始盛于明代，佛山镇的铁业大概也兴起于同时。佛山的铁业有显著的分工，如冶炼生熟铁的大、小炉的分工。佛山的铁业规模也相当大，是一种工场手工业的形式，而且工人技术很高明，业主必争取得良工，然后可以开冶。"佛山之冶遍天下"，说明其营业的发达和成品的流通各处。

上述四项手工业——丝织、棉织、陶瓷、矿冶——是明代最主要的手工业。明代其他各项手工业也多有进展，现在再选其中比较重要的约略一谈。

明代造纸业很发达，分布于浙江、福建、安徽、湖南、江西、四川等省，造纸的原料包括竹、麻、棉、树皮、稻草等。安徽所产的宣纸，可以供书画之用，是一种很考究的纸张。福建、江西所产的连史纸、毛边纸，产量最多，在印刷书籍上应用极广。江西广信所产的"榜纱纸"，在纸浆里加有丝绵，纸色洁白，坚韧不易断裂。四川特产一种"薛涛笺"，是用芙蓉皮为原料，煮成纸浆，再加芙蓉花末和各种色汁而造成的，据说是五代时薛涛所用的笺，留名到后世。明代纸的种类繁多,产量丰富,质地有很好的,说明造纸业的进步。

由于造纸业的进展,印刷业也更进一步发达起来。明代印刷业的进步首先表现在活字版的普遍应用上,有木活字、铜活字、锡活字、铅活字等。弘治初年,江苏无锡华燧曾用铜活字大量印书。铜活字的最初产地,是江苏的无锡、南京、苏州、常州和浙江的湖州等处,以后逐渐推广。在明代中叶,又发明了彩色套印的木刻画。至于套印的书籍在以前已有了,到这时候才盛行起来。最早的彩色木刻画,是用几种颜色涂在雕板上,然后覆上纸张印刷出来,但很快的就发明了"饾板"法,那就是将彩色画稿先行分开各种颜色,每色各刻一块木板,印刷时依次逐色套印。同时又发明了一种"拱花"的方法,那就是不用任何彩色,只是把雕板用压印的办法,使素白的花纹凸出地显现在纸上。凸出的花纹多半是天上的白云、流水的波纹或花叶的筋脉等,与彩色的画面互相映衬。明末徽州人胡正言应用"饾板"、"拱花"两种方法,编印十竹斋画谱、笺谱二种,是很精致的印刷品。

水上交通的发达,使造船业也成为明代的重要工业部门,明代所造的船有很巨大而可惊人的,如郑和下西洋的"宝船",大的长四十四丈,阔达十八丈。福建大海船,有楼四层,中间并可安放大炮。

武器的制造,尤其是火器,在明代有很大的进步,已和近代的武器相接近。

此外,如制盐业、制糖业、制酒业、制茶业等,也都在前代的基础上继续发展。制盐业仍是封建政府的主要财源之一,明政府使用灶户等进行生产,把盐控制在自己手里,后来制盐业逐渐民营化,成为商人致富的一个财源。盐商是明清时代最大的商人之一。制盐的技术,过去都是用煎熬的方法的,明代在福建首先发明了日晒的方法，这也是一个很大的进步。收盐税的方法，有所谓"中盐"之法，由商人输粟或驱马至边，即准领盐若干引。制糖业在明代也有发展，中国古时没有白糖，在明代嘉靖时，才开始有白糖的制造（见刘献廷《广阳杂记》卷二）。制酒业根据小说等记载看来，很是普遍发展，主要是民营的，而由官府征税。制茶业的发展虽然似乎还不及清代，但茶叶已经是明代的出口物大宗，明政府用茶去交易西北各部族的马，所以和盐一样，制茶业也紧紧控制在封建政府的手里。但茶有官茶商茶之分，茶的收税方法，大略与盐税相同。

　　为了节省篇幅起见，别的手工业，我们在这里就姑且从略了。

　　生产力的发展，使手工业发展；手工业的发展，使人们生活程度提高；人们生活程度提高又倒转来促进手工业的发展。范濂《云间据目抄》卷二说：

　　　　瓦楞骢帽……价甚腾贵。……万历以来，不论贫富，皆用骢，价亦甚贱。……又有朗素、密结等名，而安庆人长于修结者，纷纷投入吾松矣。……郡中绝无鞋店与蒲鞋店，万历以来，始有男人制鞋，后渐轻俏精美，遂广设诸肆于郡治东。……宕口蒲鞋……自宜兴史姓客于松，以黄草结宕口鞋甚精……谓之史大蒲鞋。此后宜兴业履者，率以五六人为群，列肆郡中，几百余家。……松江旧无暑袜店……万历以来，用尤墩布为单暑袜……故郡治西郊广开暑袜店百余家。……设席用攒盒，始于隆庆，滥于万历……郡城内外，始有装攒盒店。……细木家伙，如书桌、禅椅之类，余少年曾不一见，……隆、万以来，虽奴隶快甲之家，皆用细器，而徽之小木匠，争列肆于郡治中，即嫁装什器，俱属之矣。

这段史料典型地说明：由于人们生活上的需要增高，刺激了手工业,使手工业发展起来。大概明代后期江南各城市多有这种情况,不仅松江如此。

上面大致描绘了一下明代手工业发展的情况,比较着重民营手工业,因为这是当时社会生产中的新因素,在这种因素中就包含了资本主义的萌芽,所以应当重点叙述。但民营手工业的史料比较零碎,凑合起来,虽然可以看出一个大概轮廓,然而究竟还嫌不够系统。只有官府手工业的史料比较完整,容易看出系统来。在上面所述各项手工业中,我们固然也提到官府手工业的部分,但嫌分散,看不出整个的面貌,现在我们再大略一叙官府手工业的系统,使概念明确些;在后面我们也综述一下民营手工业的大概情况,拿它和官府手工业比较一下,也是有用处的。

明代前期,官府手工业还和元代相近,庞大的机构指挥着劳役性的匠户,进行生产。它的生产大致可以分成下列几个主要方面:(一)营造方面,以修建宫殿等的工程为最浩大。这类手工业当然主要是为皇室、贵族,官僚等服务的,对于国家、人民服务的成分并不大。(二)武装方面,最重要的是制造火器。明代官军的总数约有一百数十万,其需要的武装数量,自然非常巨大。(三)织造方面,主要是织造皇室,贵族等服用的奢侈品。单就皇帝所用的袍缎而言,一年就可以达到一万几千套匹,其数目是非常惊人的。(四)窑冶方面,包括制瓷、冶金、铸钱等项。单是景德镇的官窑瓷器,出产数目就非常庞大,如宣德八年一次差官往饶州造成各式瓷器,达四十四万三千五百件,铸钱的数量当然也很大。(五)其他烧造方面,包括砖瓦、石灰等的烧炼,是为建筑等服务的。(六)船只修造方面,以粮船的制造规模为最大。(七)一般造器方面,皇室、贵族们的需要很多,所以器物制造的数量也很不少。至于官府手工业的领导机构,大致有工部、内府各监局、户部、都司卫所、地方官府五种。此外为了保证官府手工业的生产，还有以都察院监察御史和六科给事中为骨干的监察组织，以及以刑部为中心的刑事组织。凡有经常生产工作的，有固定的组织机构；没有经常生产工作的，则只设立临时机构。

明代前期，官府手工业劳动力的提供，如前所述，还是采取从前的劳役经济制度的。物料的榨取，也多折收货币，到市场上去购买。同时官府所需要的东西，有些也已可以从市场上买到。这样，自给性的官府手工业就有日趋萎缩的倾向，官府手工业的衰落，就说明民间手工业的发展，也说明生产力发展后商品经济的成长。（官府所控制的制盐业，也是一种官府手工业，其大概的情况，上面已经说过，这里从略。）

民营手工业的情况，综合说来，大致如下：其种类主要有纺织、陶瓷、矿冶、造纸、制糖、制酒等项，而以纺织业为最发达。和农业相结合的家庭手工业还和过去差不多进行着"男耕女织"的生产，这是数量最多和最普遍的手工业生产。但是有些农家副业的手工业生产品，已经变成商品，投到市场上去，成为商人渔利的对象了。还有些农家全户改营手工业，形成家庭手工业作坊，他们的生产品更完全是商品，他们可以自己生产，自己出卖，慢慢扩大再生产，变成比较正式的手工业作坊，甚至工场。他们也可以接受商人的定货，为商人生产，商人收买他们的生产品转卖出去，以发财致富。在城市和镇市上，有人经营独立的手工业小生产，也有人经营手工企业，召集雇工来大量生产，这就形成了大的手工业作坊或手工业工场。雇工多半是破产流浪在城市中的农民，或者其他游民，他们没有资本进行独立的生产，就出卖劳动力，为手工企业主生产。他们之中有些人是受行会控制的，或者对于主人有依附性，真正比较自由的雇佣劳动者，数量似乎不大。只有在东南各城市中，我们才能明显地看到有比较自由的雇工存在,所以资本主义生产因素,在明代实在是很微弱的。在矿冶业中,确有大量的雇佣劳动力的存在,但他们的身份究竟怎样,自由到什么程度,都是值得商讨的。在明代,确有许多企业者跑到山里去,召集雇工等开矿,他们的工场规模有很巨大的。如果这种手工业中的生产关系确带有资本主义性质的话,那么资本主义生产因素在明代,就有一定程度的发展了。从制盐业方面看,明代后期富灶户役使贫灶户,其生产关系封建依附性还很强。是否矿冶等业的生产关系,也有类似的情况呢?这在目前我还不敢断定。不过雇佣劳动在明代确是相当发展的,这多少总可以说明当时社会中已有新经济因素存在。又明代雇工的法律身份很低,常有依附性,工资也很微薄,明代的手工业主剥削雇工很是厉害,虽然技术较高的工匠,为要求更高的工资,可以找新雇主,雇主也以较高的工价雇佣较熟练的劳动者,但是一般的工匠,所得的工资既低微,工作又很劳累。如黄省曾《蚕经》载:

> 养(蚕)之人,后高为善,以筐计,凡二十筐庸金一两。看
> 缲丝之人,南浔为善,以日计,每日庸金四分,一车也六分。

各种行业的工资当然不会一样,但一般也不会相差过远,当时的工资确是相当低的。

总之,手工业技术的发展,手工业门类的增加,手工业成品的商品化,扩大再生产可能性的较大,以手工业致富的人的增多,以及官府手工业的渐趋衰落,民间手工业的渐趋进展,手工业中劳役性制度的没落和雇佣劳动制的发展,资本主义生产因素的萌芽等等,都说明明代手工业的进步是空前的。

三　国内商业与都市的发展

随着手工业发展而发展的是商业。使明代商业发展的动力，自然主要是生产力的提高。农业生产力的提高，使农产物增多，农产物更商品化，手工业生产力的提高，使手工产物增多并精致化，手工产物更商品化。商品的增多，自然要刺激商业，使它更趋发展。明代的整个商业，开始呈现了空前的蓬勃气象。

我们先说一说农业生产物的商品化。明代，尤其是后期，全国范围的农业，自然还是很普遍地处在自然经济樊篱之中，而在工商业比较发达的地区，如东南一带接近城市的农村，商品经营性的农业已在发展着。农民多经营桑蚕培养、棉花种植和果品种植等，这种农业，是为手工业提供原料，为商业提供商品的。同时，农业的主要产品谷物，也大量地商品化，在有些地方，因为城市工商业发展，人口集中，所以城市对于粮食的需要量提高了。比如江南嘉定是个重要的纺织业城市，但是"县不产米，仰食四方，夏麦方熟，秋禾既登，商人载米而来者，舳舻相衔也"（《天下郡国利病书》卷二○）。这种情况，别的城市也有存在着的。边镇地区，军队的粮食也多出银购买，这些都说明封建地主从农民那里剥削来的生产物，已大量的投入商品经济之中。农村副业的手工业生产，这时候也更见发达，而且产品更商品化。江南苏、松一带近城的农民："耕渔之外，男妇并工捆屦、缏麻、织布、耒石、造器。"这些农村副业的手工业产品，也至少一部分已变成商品了。甚至经济较为落后的西北，也有这类现象存在，当时吕坤的奏议说："洮兰之间，小民织造货贩以餬口……弃农桑而捻绒者数百万人，提花染色，日夜无休。"上述现象说明着农业和手工业分工，手工业与商业结合的进一步加强。小农经济已初步向小商品生产方面转化。

某些地方,如东南沿海地区,在国内外商业相当发展的条件下,已确乎有资本从土地中游离出来而投入手工业和商业经营之中的倾向。何良俊《四友斋丛说摘钞》说:

> 正德以前,百姓十一在官,十九在田。……自四五十年来,赋税日增,民命不堪,遂皆迁业。……昔日逐末之人尚少,今去农而改业为工商者,三倍于前矣;昔日原无游手之人,今去农而游手趁食者,又十之二三矣。

这就是说:明代中叶以前,工商业还不很发展,正德以后,工商业才发展起来,游民也大量出现,这些游民的一部分就是雇工的前身。又据说明中叶以后,有些"富室不肯买田",其原因是:"一条鞭未行之时,有力差一事,往往破人之家,人皆以田为累。"(《天下郡国利病书》卷一四)"至正德末、嘉靖初……商贾既多,土田不重,操觞交接,起落不常。……迨至嘉靖末、隆庆间,则尤异矣,末富居多,本富益少;富者愈富,贫者愈贫。……资发有属,产自无恒,贸易纷纭。……迄今(明末)三十余年,则夐异矣,富者百人而一,贫者十人而九。……"(同上卷三二)这些现象,就说明商业资本脱离土地而独立经营的倾向在发展着。虽然这种倾向事实上并不很普遍、不十分严重。这时候"商贾虽余赀,多不置田业"(同上),所以商业就更趋发展。在这种倾向之下,甚至小农也丢弃自己的田产,去经营工商业,"淮扬人户,多弃业逃徙,以兴贩为生"(明世宗《实录》卷一六九)。又明代的新安,据归有光说:"多大族,故虽士大夫之家,皆以畜贾游于四方。"(《震川先生全集·白庵程翁八十寿序》)农民和地主舍弃土地、农业而去经营工商业,这是商品经济高度发展的结果。

元末富人已有相当数量,这是由于元代后期汉族地主经济和工商业初步恢复并部分发展的缘故。明初政府为了繁荣京师,更控制商业资本,曾两度大举迁富豪于京师,这还是沿袭秦汉的政策。洪武二十四年,命户部籍浙江等九布政司、应天十八府州富户四千三百余户,以次召见,徙其家以实京师。永乐元年,复选应天、浙江富户三千户,附籍北京。同时明初政府减轻商税,关市之征由什一减至三十税一,并下令禁止和雇与和买。明初政府对于商业确是相当奖励的,这也是促进商业发展的一个动力。

明代商业的繁盛,这里且先举一个典型的范例,以为说明。根据记载,明代江西铅山的市场是这样的:

> 其货自四方来者:东南福建则延平之铁,大田之生布,崇安之闽笋,福州之黑白砂糖,建宁之扇,漳海之荔枝、龙眼。海外之胡椒、苏木。广东之锡、之红铜、之漆器、之铜器。西北则广信之菜油,浙江之湖丝、绫绸,鄱阳之干鱼、纸钱灰,湖广之罗田布、沙湖鱼,嘉兴西塘布,苏州青,松江青,南京青,瓜州青、红、绿布,松江大梭布、小中梭布,湖广孝感布,临江布,信阳布,定陶布,福建生布,安海生布,吉阳布,粗麻布,书坊生布,漆布,大刷竟,小刷竟,葛布,金溪生布,棉纱,净花,子花,棉带,褐子衣,布被面,黄丝,丝线,纱罗,各色丝布,杭绢,绵绸,彭刘缎,衢绢,福绢。此皆商船往来货物之重者。(《铅书》卷一)

这样一个较闭塞的地区,流通的商品竟如此广泛,可见东南一带商业的发达了。这里再引明代后期人张瀚《松窗梦语》卷四的话,以见明代商业发展的一斑:

> 余尝宦游四方,得习闻商贾盈缩。京师……四方财货骈集于五都之市……以故畜聚为天下饶。……南北舟车,并集于天津,下直沽、渔阳,犹海运之故道也。河间、保定,商贾多

出其途,实来往通衢。……京师以南,河南当天下之中,开封
其都会也。……商贾乐聚。……河以西为古雍地,今为陕西
……西安为会城……自昔多贾;……至今西北贾多秦人,然皆
聚于汧、雍以东,至河华沃野千里间,而三原为最。……河以
北为山西……以太原为省会,而平阳为富饶。大同、潞安倚边
寒薄……然多玩好事末。独蒲坂一州,富庶尤甚,商贾争趋。
南则巴蜀……成都其会府也。绵、叙、重、夔,唇齿相依,利在
东南,以所多易所鲜。……洛阳以东,泰山之阳为兖,其阴则
青……济南其都会也。西走赵、魏,北输沧、瀛,而川陆孔道,
并会德州、临清、济宁之间。……大江以南,荆楚当其上游
……武昌为都会。郧、襄……其民寡于积聚,多行贾四方,四
方之贾亦云集焉。沿大江而下为金陵……五方辐辏,万国灌
输,三服之官,内给尚方,衣履天下,南北商贾争赴。……自金
陵而下,控故吴之墟,东引松、常,中为姑苏,其民利鱼稻之饶,
极人工之巧,服饰器具,足以炫人心目,而志于富侈者,争趋效
之。庐、凤以北,接三楚之旧,苞举淮扬……煮海之贾操巨万
赀,以奔走其间,其利甚巨。自安、太至宣、徽,其民多仰机利,
舍本逐末,唱櫂转毂,以游帝王之所都,而握其奇赢,休、歙尤
夥,故贾人几遍天下。良贾近市利数倍,次倍之,最下无能者,
逐什一之利。其株守乡土而不知贸迁有无,长贫贱者,则无所
比数矣。浙江……嘉禾边海,东有鱼盐之饶;吴兴边湖,西有
五湖之利;杭州其都会也。……米资于北,薪资于南,其地实
啬而文侈,然而桑麻遍野,茧丝绵苎之所出,四方咸取给焉。
虽秦、晋、燕、周大贾,不远数千里而求罗绮缯币者,必走浙之
东也。宁、绍、温、台并海而南,跨引汀、漳,估客往来,人获其
利。严、衢、金华,郛郭徽饶,生理亦繁,而竹、木、漆、柏之饶,

则萃于浙之西矣。江西……南昌为都会，多设智巧，挟技艺，以经营四方，至老死不归。……独陶人窑缶之器，为天下利。九江据上流，人趋市利；南、饶、广信，阜裕胜于建、袁，以多行贾，而瑞、临、吉安，尤称富足。南赣谷林深邃，实商贾入粤之要区也。福州会城及建宁、福宁……民多仰机利而食，俗杂好事，多贾治生，不待危身取给……故其民贱啬而贵侈。汀、漳人悍嗜利……而兴、泉地产尤丰，若文物之盛，则甲于海内矣。粤以东，广州一都会也，北负雄、韶，兵饷传邮，仰其权利。……高、廉、雷、琼滨海，诸夷往来其间，志在贸易，非盗边也。顾奸人逐番舶之利，不务本业，或肆行剽掠耳。广以西……桂林为都会。……南宁、太平，控遏两江；苍梧开府，雄镇一方；多珠玑、犀齿、玳瑁、金翠，皆自诸夷航海而至。……滇南……食不待贾，而贾恒集，以丹砂、朱汞、金碧、珍贝之所产也。……贵阳首思南……土无货殖……而况商贾万里来投，安能有固志哉！

根据这段记述，可以看出明代商业的分布。大致说来，东南和滨海一带，是商业集中的处所。但江南地区虽然很富庶，由于工商业发展比较普遍，商业资本的集中，似乎还不及皖南和山西。谢肇淛《五杂俎》卷四说：

　　　富室之称雄者，江南则推新安，江北则推山右。新安大贾，鱼盐为业，藏镪有至百万者；其它二三十万，则中贾耳。山右或盐，或丝，或转贩，或窖粟，其富甚于新安。

皖南和山西商业资本特别集中的原因很多，最主要的原因似乎是：工商业的发展比较不普遍，远走各地转贩的都是些大商人，他们拥有许多伙计，役使小商人为他们服务，小商人对于大商人有依附性，这样就造成大商人利用资本、人力垄断商业的局面。

明代国内商业的发展,是极不平衡的(虽然它比起唐宋时代来,已经发展得比较普遍),有的地区商业极盛,有的地区则几乎没有什么商业可言。上面已经指出:东南滨海一带和皖南、山西,商业的发展最为突出,现在再仔细分析一下明代国内商业分布的情况。大致说来,那时候国内商业发展的地区,共有四类:第一类是生产最发达,特别是农业发达、交通方便的地方,如江南平原一带。第二类是靠海对外交通方便的地方,如广东、福建一带。第三类是沿江河水运发达的地方,如长江流域、运河流域等地区。第四类是内地生产不发达,需要外来商品的地方,如山西、皖南等区域。在这四类地区之中,只有第一、二类是商业最有发展前途的地方,在这些地区的商业资本,已经逐渐有脱离土地,与手工业结合的倾向。在这些地区的商业中,是有一定的新的经济因素的。

在明代,商品经济发展的结果,已经使得各地区之间经济联系进一步加强,这个地区与那个地区在经济上已有彼此互相依赖的明显趋势。换句话说,地方经济分工已进一步加强了。例如各地区的农业,已有若干分工的趋势(有的地方多种谷物,有的地方多种桑棉等);各地区的手工业分工,更为明显;有的地区侧重农业,有的地区侧重手工业,地区之间也有了农业与手工业的分工;手工业原料和成品的生产,各地区也有分工的倾向。地方经济的分工,是商品经济发展的结果,而地方经济的分工,又倒过来推进商品经济的发展。在明代,各地区经济上的互相依赖,最明显的,如北方地区一般依靠南方运来的棉布,而南方棉织业区域,又依靠北方运来的棉花原料。又如江南、闽、粤的丝织业,依靠湖州的丝茧;山西潞州的丝织业,依靠阆中的丝茧。四川的丝,由商人不远万里贩到福建去织倭缎。又如西北延安一带,绸缎依靠江、浙输入,棉花、棉布依靠河南、湖北输入。这些例子,都说明地方经济分工的加强。

在商品上说来，市场上固然还不乏奢侈品，但日用品已占主要地位，这也说明商品经济的发展。当时最主要的商品，是农产品谷物等，制布帛的原料丝、棉和布帛，以及瓷器、铁器、盐、糖、酒、茶等，甚至制成的衣服、细木家具等，都已成为重要的商品。而在唐、宋、元时代最突出的商品珠宝等奢侈品，已经不是重要的商品了。

明代的商人确乎是很多的，他们发财比较容易，这里且举几个例子，以见所谓"货殖起家"的一般情况。黄省曾《吴风录》载：

> 自刘氏、毛氏创起利端，为鼓铸囤房，王氏债典，而大村名镇必张开百货之肆，以榷管其利，而村镇之负担者俱困，由是累百万。至今吴中缙绅大夫，多以货殖为急，若京师官店，六郭开行债典，兴贩盐酤，其术倍克于齐民。

《松窗梦语》卷四载：

> 吾浙富厚者，多以盐起家，而武林贾氏用鬻茶成富，累世不乏。

从这两段材料，已可看出商人们是怎样容易发财，特别是大商人，拥有雄厚的资本，众多的伙计，并且结成行帮，以操纵交易，一方面剥削生产者，一方面又剥削买主，一转手之间，就可获得厚利。他们排挤小商贩，用大资本压倒小资本，于是大商业愈来愈发展，商业资本逐渐集中起来。同时商业的发达，使"缙绅大夫多以货殖为急"，说明地主经济已有部分向商业资本转化。但当时的商业资本固然也有与手工业结合的，商人有变成手工业企业主或"包买主"的，而总的说来，明代的商业资本和手工业结合很不够，一般商业封建性还很强，商业资本的大部分还和土地相结合，商人和地主还很难划分开。同时行会的作用很是强固，愈是落后的地区，行帮的作用就愈益显著。

明代商店的开设，当然比宋、元时代还要普遍，宋、元时代的商店,绝大部分在城市中,城市外的商店,似乎还不很普遍。明代的商店,不但广泛开设在城、镇中,而且郊区和乡间,似乎也有不少的商店。上文所引的松江史料,和下文所引的苏州史料,都已可证明这点。又镇市上牙行开设之盛,如《醒世恒言》等书的记载,更是出人意外。至少在江南各富庶地方,城外的商店和牙行是不少的。自然,内地闭塞的地区,商店和牙行等不会多,甚至极少。

商店有大小之分,在明清间已有规模很大、组织很完备的商店,如:

> 苏州皋桥西偏,有孙春阳南货铺,天下闻名。铺中之物,亦贡上用。……其为铺也,如州县署,亦有六房:曰南北货房,海货房,腌腊房,酱货房,蜜饯房,蜡烛房。售者由柜上给钱,取一票,自往各房发货,而管总者掌其纲,一日一小结,一年一大结。自明至今已二百三十四年,子孙尚食其利,无他姓顶代者。(钱泳《履园丛话》卷二四《孙春阳》条)

像这样规模的商店,非在商业资本非常发达的条件下不能产生,这说明明清间的商业和手工业一样,也是空前兴盛的。

商业的发展是与交通的发展分不开的,特别是地方经济分工后,如果交通有阻碍,必将影响生产和供应。明代继元代交通发展之后,进一步发展国内水陆交通,因此更便利了商业。例如大运河的基本完成,虽始于元代,但在元代,运河工程还有很大的缺点,以至不能充分利用,南北运输主要依靠海运,然在当时条件下,海运并不是很安全的,而且路线也较长,所以当时南北运输还不能十分通畅。特别是京城的物资供应,是会发生些困难的。明代对于大运河进一步修建,使大运河成为工商业和运输的命脉,河运代替了海运,这在当时说来,对于商业是有很大帮助的。明成祖建都北京后,起初“运粮由江入淮,由淮入黄河,运至阳武,发山西、河南二

处丁夫,由陆运至卫辉,下御河,水运至北京"(《元史纪事本末》卷
一二引丘浚语)。后来重开已淤塞的会通旧河,改进工程技术和
途径,大加修理,筑坝抑汶水入南旺,至南旺而中分,山东运河于是
完成。

　　手工业、商业和交通这样发展,自然都市大为繁荣。明代都市
发达的情况,虽然似乎不及宋代那样集中,但比宋代更为普及。和
过去的都城相同,明代的都城南京和北京,也都不只是政治中心,
同时也是经济中心。明初南京人口达百万余,城区扩大,街巷繁
多,工商买卖各有地区,如铜铁器在铜作坊、铁作坊,弓箭在弓箭
坊,木器在木匠营;此外还有绫庄巷、锦绣坊、颜料坊等。顾起元
《客座赘语》卷一《风俗》条说:

> 自大中桥而西,由淮清桥达于三山街,斗门桥以西至三山
> 门,又北自仓巷至冶城,转而东至内桥中正街而止,京兆赤县
> 之所弹压也。百货聚焉,其物力客多而主少,市魁驵侩,千百
> 嘈哄其中。

这可见南京当时商业的发达,其中最主要的一句话是:"客多而主
少。"这说明由于商业和交通的发展,远方作客的人众多,在都城
里已有喧宾夺主的倾向。外方商人多而本地商人少的现象,只有
在商业高度发展的条件下才能产生的。顾氏又说:

> 南都浮惰者多,劬勤者少;衣丝蹑缟者多,布服菲屦者少;
> 以是薪粲而下,百物皆仰给于贸居;而诸凡出利之孔,拱手以
> 授外土之客居者。典当铺在正德前皆本京人开,今则细缎铺、
> 盐店,皆为外郡、外省富民所据,而俗尚日奢,贸易之家发迹未
> 几,倾覆随之。

这段话说明南京风俗的奢侈和商业的发达,与苏、杭相近。最特殊
的一点,还是客帮的商业势力压倒本地人。史料指出:这种情况,

中叶以后更发展,最大的利源典当铺、细缎铺和盐店等,都逐渐落到外方人的手里去了。同时商业资本的互相倾轧,大概很厉害,所以"贸易之家发迹未几,倾覆随之"。

北京从明成祖经营以来,就奠定了今日北京城的规模。北京城的修建,在很多方面都和近代都市规划的原理相符。北京是当时世界上最杰出的城市。它首先集中了北方的商货,影响北方都市的发展,《续文献通考》卷一八载山东巡抚陈济说:

> 淮安、济宁、东昌、临清、德州,直沽,商贩所聚,今都北京,百货倍往时。

同时它也吸收南方的商货,甚至海外的商货,所以明代北京的商业,大概不在当时的南京之下。特别是到了明代中期以后,商业更趋发展,据《松窗梦语》卷四说:

> (北京)列肆贸易者,匪仅田亩之获,布帛之需,其器具充栋,与珍玩盈箱,贵及昆玉、琼珠、滇金、越翠,凡山海宝藏,非中国所有,而远方异域之人,不避间关险阻,而鳞次辐辏,以故蓄聚为天下饶。
>
> 四方之货,不产于燕而毕聚于燕。

看"四方之货不产于燕而毕聚于燕"一句话,就已可证明当时北京商业的高度发展。大概北京外地商人的众多,也不下于南京。但是明代北京的商业,似乎有一点和南京不同,就是按时开市的市集,似乎比南京发达,这表明了北方商业的特征。由于北方城市和镇市的商业比较不发达,所以市集很盛,市集不是天天有的,它只是按照一定的时期,商贩们运货到一定的地点,买东西的人也在一定的时期内,赶去交易;这是定期的商场。这种商场在北方不但乡间有,甚至城市中也有,好像北宋时代大相国寺的市场一样。明代的北京城中,有寻常的商市,也有定期的市集。寻常的大商市,如米市、煤市、猪市、羊市、牛市、马市、果品市、缸瓦市等，各有定所。定期开市的，则有灯市、庙市、内市之分。灯市在东华门王府街东，崇文街西，长两里光景，有南北二市，贩卖珠玉宝器以及日用微物，无不完备。市中多有高楼，是宴会的地方，晚间在楼上点起灯来，像天空的星一般。每年从正月初八日开市，到十八日结束。庙市在城西的都城隍庙，从庙东到刑部街止，也有两里光景，市场的繁华，约与灯市相同。每月初一、十五和二十日开市。东皇城北有内市，在初四、十四、二十四日开市，不及庙市的繁盛。

此外还有一事，在这里附带一提，那就是明代的"塌房"制度。"塌房"是贮藏商货用的，为政府所建立，借此向商人收一笔税款。明初在南京建立塌房，其商货以三十分为率，内除一分税钱，再出免牙钱一分，房钱一分，与看守者收用。这是由于商业发达，统治者看出有利可图，就用官栈房代替私栈房，并代替牙行的一部分作用，就中夺取些商人的利益。这虽属于官府剥削的范畴，但也有便利商业的地方，而且如果商业不发达，这种办法是不会出现的。成祖迁北京后，也在北京建立塌房，后来这种制度普及到各地。由于商业兴盛，塌房税也成为政府的一笔重要收入。

南京、北京以外，明代还有大工商业都市三十多处，如苏州、杭州、福州、广州、武汉、南昌、成都、重庆、开封、济南、临清等。其中苏州、杭州，在某些方面，繁盛还超过两京；所谓"上有天堂，下有苏杭"，就是明清时代流行的俗话。《天下郡国利病书》原编第五册说：

> 苏州衡五里，纵七里，周环则四十有五里。卧龙街东隶长洲……而西则吴境。公署、宦室以逮商贾，多聚于西，故地东旷西狭。……盖吴民不置田亩，而居货招商，阛阓之间，望如绣锦，丰筵华服，竞侈相高，而角利锱铢。

这里说苏州人不买田,而经营工商业,确是指出了明代苏州的地方特点。它说公署宫室和商贾多聚于城西,好像城东很是荒凉,这是说得不全面的。根据《苏州府志》的记载,"东北半城皆居机户,郡城之东皆习织业",可见东城是工业区,比西城还要重要。《古今图书集成·职方典》说:

> (苏州)城中与长洲东西分治,西较东为喧闹,居民大半工技,金阊一带,比户贸易,负郭则牙侩辏集。

> 货物店肆,充溢金阊,贸易錙至辐辏。然依市门者称贷鬻财,多负子母钱,远方贾人挟资以谋厚利。……(卷六七六)

这里所说比较全面。它还指出了一个特点,就是做买卖的多借高利贷,这可见大商人比较少,而商业比较普遍。放高利贷的多是远方商人,他们利用苏州商业的特点,专到苏州来放高利贷。换句话说,苏州的一般商业,是受外方来的高利贷的控制的。这种高利贷和普通高利贷有些不同,它有促进商业的作用,这似乎和苏州一带资本主义的萌芽有些关系。同书又叙说苏州手工业的普遍发展,连郊区都有作坊手工业广泛分布着:

> 扇骨粗者出齐门……席出虎丘,其次出浒墅。铜香炉出郡城福济观前……麻手巾出齐门外陆墓……竹箸阊门外有削箸墩。藤枕治藤为之,出齐门外,粗者出梅里。蜡牌出郡城桃花坞……斑竹器出半塘……铜作旧传木渎王家香球及锁皆精……木作出吴县香山……窑作出齐门陆墓……染作出娄门外维亭。(卷六八一)

所以总的说来,明代的苏州是个手工业都市。但它的商业也相当发达,商业也普及到城外,《松江府志》卷五四说:

> 吴阊至枫桥,列市二十里。

可见市区的广远了。

杭州在元代大概遭受过破坏，曾经一度衰落，到明代又逐渐兴盛起来。万历《杭州府志》卷九说：

> 嘉靖初年，市井委巷有草深尺余者，城东西僻有狐兔为群者。

但到万历年间，就已"内外衢巷绵亘数十里……民萌繁庶，物产浩穰"；"车毂击，人肩摩"（同上卷三四）。可见其发展的迅速。同上书又说：

> （杭州）为水陆之要冲，盖中外之走集，而百货所辏会。

《松窗梦语》卷四说：

> （杭州）米资于北，薪资于南，其地实啬而文侈，然而桑麻遍野，茧丝绵苎之所出，四方咸取给焉。虽秦晋燕周大贾不远数千里而求罗绮缯币者，必走浙之东也。

杭州在明代也是一个工业大都市，当然它的商业也是繁盛的。

其他江南的都市还有很繁华的，如松江就是一个很有名的工商业都市，而松江附近的上海，虽然地处海滨，但到明代，也渐趋繁荣，陆楫《蒹葭堂杂著摘抄》说：

> 自吾海邑（上海）言之：吾邑僻处海滨，四方之舟车不一经其地，谚号为小苏州，游贾之仰给于邑中者，无虑数十万人，特以俗尚甚奢，其民颇易为生尔。

在明代时，上海的发展并不是由于对外贸易的原因，而主要是受苏、松的影响，纺织业发达，所以成为新兴的一个工商业都市。

明代的都市，大部分集中在东南沿海一带，江、浙两省差不多就占了全国大都市的三分之一，而整个北方，只占四分之一。这是由于生产力进一步发展后，南方在生产上具备了有利的条件，再加上海外贸易的发达，刺激了生产，所以南方经济逐步发展，而北方则由于自然条件的转变，特别是经过契丹、女真、蒙古的破坏，经济不但不能发展,而且有逐渐萎缩的倾向。到了明代,南方的经济已经大大地超过了北方,在都市上看,这点也很明显。不过北方沿运河线的城市,则有新兴的,如临清就是一个新兴的大都市,"周围逾三十里,而一城之中,无论南北财货,即绅士商民,近百万口"(《明清史料甲编》页九二三)。在北方说来,这已是个特殊的都市了。又北方沿边地带,因互市的关系,也有大城市的兴起,如谢肇淛《五杂俎》卷四说:"九边如大同,其繁华富庶,不下江南。"

明代的都市,按其经济性质说,大致可分三类:第一类是手工业都市,多分布于东南一带,如苏州、杭州、松江、景德镇等。第二类是国内商业中心的都市,多分布于交通线,特别是水运线上,如武汉、重庆、临清等。第三类是对外贸易的都市,多分布于沿海和沿边一带,如广州、福州、大同等。

总的说来,明代的都市还带有浓重的封建性,还是整个封建经济的一部分,当然它不能和西欧的独立的自由城市相比。它在政治上还受着封建专制主义的严密控制。但是,我们也应当承认:明代后期的某些都市中,已有新的因素在滋长,比较壮大的市民阶层已经出现,这类新因素就是促进封建经济瓦解的力量,虽然在明代时,社会各种新因素还处于萌芽或初步发展的状态之中。

最后,还应当比较详细地讲一讲明代后期工商业市镇的兴起。在上面我们已经指出江南盛泽等市镇的兴起(景德镇、佛山镇等,实际上已成为都市,不能再算作市镇了),现在再举些例子,说明这类市镇的兴起是很普遍的,如乾隆《震泽县志》卷四载:

震泽在十都……去县治西南九十里,元时村市萧条,居民数十家,明成化中,至三四百家,嘉靖间倍之,而又过焉。……平望镇在二十四都,去县治东南四十七里……明初居民千百家,百货贸易如小邑,然自弘治迄今,居民日增,货物益备,而米及豆麦尤多，千艘万舸，远近毕集，俗以小枫桥称之。双杨市在十一都，去县治西南五十里，明初居民只数十家，以村名，嘉靖间始称为市，居民至三百余家，自成市井。……严墓市在十七都，去县治西南八十里，明初以村名，时已有邸肆，而居民止百余家，嘉靖间倍之，货物颇多，始称为市。……檀丘市在十八都，去县治西南五十里，明成化中，居民四五十家，多以铁冶为业，至嘉靖间，数倍于昔，凡铜、铁、木、朽、乐艺诸工皆备。……梅堰市在十九都，去县治西南六十五里，明初以村名，嘉靖间居民五百余家，自成市井，乃称为市。

此外如归安的双林、菱湖、琏市，乌程的乌镇、南浔，嘉定的新泾，上海的周浦等，更都是新兴的有名市镇。单就吴江一县说，在弘治以前，共有三市、四镇；嘉靖时就发展成十市、四镇，其中有七个村发展为市；万历时又发展成十市、七镇，又有三个村发展为镇。新的工商业市镇这样普遍兴起，越发说明了生产力发展后新的经济因素的成长。

四　国外贸易的发展

随着国内手工业、商业的进一步发展，明代的国外贸易，尤其是海上贸易，也比以前扩展得多；而国外贸易的扩展，又回过来刺激国内手工业和商业，使它们更趋发展。明代资本主义的萌芽，就是在这样条件下形成的。

明代海外诸国"入贡"时，附带方物，与中国贸易。明政府继承前代的制度，设立市舶司，管理对外贸易。市舶司初设太仓黄渡，后改设于宁波、泉州、广州。宁波市舶司专掌对日本的通商，泉州市舶司专掌对琉球的通商，广州市舶司专掌对南洋诸国的通商。

明初定制，以市舶附于贡舶，优予贡值，而免市税："定朝贡附至番货，欲与中国贸易者，官抽六分，给价偿之，仍免其税。"（《续通考》卷二六）中国出海去贸易的客商，回舶到岸，也必须将"宝物"尽实报官抽分，不得停顿在沿港的土商、牙侩家里，违者有罪。洪武二十七年，倭寇侵犯浙东，明太祖认为海外诸国多诈，绝其往来，只许琉球、真腊、暹罗三国入贡，并下令严禁沿海人民私自出海贸易，是为明代锁国政策的开始。但这种违反经济发展的政策，自然不能收得效果，海外通商仍不曾真正断绝。后来中国地方官吏，甚至公然承认非贡舶的商舶，而征其税。中国人民到海外去贸易的，也禁止不了。在永乐时，对于海外诸国"入贡"贸易的禁令，已经放宽，如永乐初年，"西洋"剌泥等国来"朝"，附载胡椒，与民互市，有司奏请征税，成祖不许。后来因诸番国"贡使"来的更多，乃于浙江、福建、广东三市舶司所在地设立驿站，作为番使的馆舍。又曾设交趾、云南（？）二市舶司，掌西南诸国互市之事。这些都说明永乐年间海外贸易曾一度比较兴盛，所以这时候出现了郑和下西洋的事件。（明代市舶司曾经罢废，后又恢复。）

　　郑和下西洋，是历史上一件有名的大事，史书上说郑和奉使的主要目的是探求建文帝的下落和宣扬国威，但如果根据原始史料仔细分析，我们可以说：郑和下西洋的主要目的，是想打通海上的国家贸易路线，也就是打通到南洋去寻取"宝物"的路线。我们知道，洪武年间所以要禁止海外诸国到中国来"朝贡"贸易和中国人到海外去贸易，是想防止海寇犯边，其目的在安定刚刚建立起来的帝国，也有出于不得已的地方。但是这样一来，封建统治阶级所需要的海外"宝物"，就断绝了来源。同时国内生产恢复后，也需要对外输出商品，尤其是沿海居民想到海外去贸易获致厚利的愿望，是禁遏不住的。这样海外通商既成为上下一致的要求，就不能不开海禁,但是为禁防海寇并防止海外诸国对中国发生不利的企图,就必须耀兵海上,以掌握贸易路线:这才是郑和下西洋的主要使命。

唐宋以来,中国的造船技术和航海技术已有高度发展,且早已使用罗盘针航海。到明初,造船业更发达,郑和下西洋的"宝船",如上面所说,最大的长四十四丈,阔十八丈。这是当时世界上还不曾有的航海巨舶,再加上强大的武装,真是一支"无敌舰队"。这一切为郑和下西洋准备了物质条件。郑和下西洋共计七次,每次均带有相当数量的武装船只、大量金银和各种产品,他们曾遍历越南、暹罗、马来半岛、南洋群岛诸地,并到了印度、波斯、阿剌伯,远达非洲的东岸。所经诸国,多曾通好或通商。同时还有许多中国商人随着郑和舰队,或遵循他们的航行路线,远航海外。郑和们七次下西洋,比较欧洲航海家的航海事业,要早半个世纪以上,由此可以看出:中国经济和文化,在明初时还保持着世界最先进的地位。

说郑和下西洋事件有贸易性质,特别是说它的主要目的是为发展海外贸易,有些史学家是不相信的。我们必须举出些坚强的证据,才能使人信服。其实《明史》上已说郑和下西洋:"所取无名宝物,不可胜计,而中国所费,亦不赀。"这里面已说明了下西洋事件的主要性质。原始史料如《瀛涯胜览》等书,已有不少证据说明郑和下西洋时曾进行国际贸易,大家可以覆查原书。在这里我们只举两条比较典型的证据,来证明我们的结论。《西洋朝贡典录》载:

> 和至古里,其王遣头目哲地见使者,择日论价,将中国锦绮百货议定,乃书合同价数各存之。头目哲地与正使众手相拿,其牙人言曰:某月日,众手拍一掌无悔。哲地始携珊瑚、珍

珠、宝石来价,二三月方定,凡算番物若干,该纻丝等物若干,
照原打之货交易。

《瀛涯胜览·祖法儿国》条载:

中国宝船到彼,开读赏赐毕,王差头目遍谕国人,皆将乳
香、血竭、芦荟、没药、安息香、苏合油、木别子之类,来换易纻
丝、磁器等物。

这样郑和下西洋就开拓了海外市场,由于南洋、印度洋沿岸的市场
开拓,中国人到海外去贸易的就更多起来,这必然要刺激国内商品
生产的增长。又郑和下西洋以后,"朝贡"贸易制度更发展了,明
代的"朝贡"制度,通常是三年一贡,"贡"道有不同的规定,人船之
数也有限制;当时外人来华,往往借"朝贡"之名,行互市之实,"朝
贡"就是贸易。

在这里,有一点必须说明,那就是明政府的对外贸易,无论
"朝贡"贸易,或郑和下西洋时的对外贸易,都不是当时国外贸易
的主流。因为"朝贡"贸易制度,主要是明廷需要海外来的奢侈
品,其真正目的并非发展商业。这种对外贸易甚至是亏本的,所以
明廷对"朝贡"贸易,要加以限制。郑和下西洋,主要是替明廷寻
求"宝物",并非想发展一般商业。只有民间的对外贸易,才是当
时国外贸易的主流,它有发展社会经济的作用。但明政府却想抑
制这种贸易,并不保护,甚至加以摧残。这说明封建政府是不愿新
经济因素发展的,因为这种因素含有否定封建社会的性质。

现在就说一说那时中国人民对海外各地贸易的情况。当时我
国航海技术日有进步:"异时海贩船十损二三,及循习于常,所往
来舟无恙若安澜焉。"(《天下郡国利病书》原编第二十六册引《漳
州府志·洋税考》)于是福建、广东沿海一带的人到南洋、日本等
地去经商的越来越多。在南洋方面,他们经商的地点,有吕宋、美

洛居、占城、真腊、暹罗、爪哇、三佛齐、满剌加、锡兰、苏门答腊、柔佛等处。中国人用瓷器、丝织品、金属品等，向南洋诸国换取香料、药材、珠宝等物（印度支那半岛上的米，也从这时起开始输入中国）。根据记载：福建人到吕宋去经商的多到数万人，往往久居不返，虽然遭到屠杀和压迫，去的人还是很多。当时南洋一带的华侨，可能多到几十万人：这证明当时中国人民热衷对南洋贸易。

现在且引一段史料来说明明代中国人对南洋贸易的情况。《天下郡国利病书》原编第二十六册说：

> 海外之夷，有大西洋，有东洋。大西洋则暹罗、柬埔诸国，其国产苏木、胡椒、犀角、象牙诸货物，是皆中国所需。而东洋则吕宋，其夷佛郎机也……银钱独盛。中国人若往贩大西洋，则以其产物相抵；若贩吕宋，则单得其银钱。是两夷者，皆好中国绫、罗、杂缯；其土不蚕，惟借中国之丝到彼，能织精好缎匹，服之为华好。……而江西磁器、福建糖品、果品诸物，皆所嗜好。

这所说大体上是明代后期的情形。这种海外贸易的利润是极高的，高到二倍、数倍，甚至更高的倍数。所以东南沿海的人出海贸易的，日见增多，关税也大有增长，如福建的对外关税，从万历初年的二万多两长到崇祯十二年的五六万两（见丁元荐《西山日记》卷上）。

在明代海外贸易的主要地点是南洋，因为南洋的物产丰富，多为中国人所需要。但对于日本的贸易，在明代也很兴盛，由于倭寇侵扰的关系，明政府对于日本的海禁是特别严的，而日本却因文化接近中国，比南洋各地还需要中国的货物。姚叔祥《见只编》说：

> 大抵日本所须，皆产自中国，如室必布席，杭之长安织也；妇女须脂粉，扇、漆诸工须金银箔，悉武林造也。他如饶之磁

器,湖之丝绵,漳之纱绢,松之棉布,尤为彼国所重。由于日本人特别需要中国的物品,而明政府对于日本的海禁又特别严,所以对于日本的贸易的利润最大。当时沿海的人颇有冒险走私的,如王胜时《漫游记略》卷一说:

> 闻往时,闽中巨室皆擅海舶之利,西至欧罗巴,东至日本之吕宋(?)、长歧,每一舶至,则钱货充牣。先朝禁通日本,然东之利倍蓰于西,海舶出海时,先向西洋行,行既远,乃复折而入东洋。

明代中期以后,欧洲人东来,逐渐占领了南洋许多地方,压迫华侨无所不至,使得中国的海外贸易发生若干挫折。但是由于中国地大物博,欧洲人和南洋人都需要中国的货物,所以中国与南洋的贸易,依旧在发展着,而且扩大到与欧洲的贸易。不过这种贸易逐渐受到欧洲人的控制,其间发生了许多纠纷,中国人在南洋的势力,不得不受到许多限制。

正德年间,葡萄牙人东来,占领了满剌加,派使来“贡”方物,进行贸易。后来因为明廷看出他的野心,绝其“朝贡”,葡萄牙人就来侵犯广东,被明兵所败。但葡萄牙人终于逐渐进入澳门,通过与中国官吏的勾结,占据澳门作为租借地,垄断欧洲人对中国的贸易。中国人与欧洲人和南洋人的贸易,受到了障碍。西班牙人与荷兰人,也在中国与南洋的贸易上,起了些侵害作用,中国人与他们之间,也曾发生过冲突,他们也得不了什么便宜。荷兰人曾侵占本属我国的领土台湾和澎湖,作为对中国经济侵略的根据地,向中国要求互市。天启四年,中国兵赶走澎湖的荷兰人;到清初,郑成功又驱逐了台湾的荷兰人,克复故土。

总的说来,明代的海外贸易,大体可分为两个大阶段:在正德以前,和中国贸易的国家,主要是南洋各地和日本、琉球等东方国家,明政府先是禁止、限制这些国家对中国的贸易,后来逐渐开放些;这一阶段的海外贸易,基本上是中国站在主动地位的。到了正德年间,特别是嘉靖以后,欧洲殖民者相继东来,向中国强求互市,或勾引中国奸人进行走私掠夺。明政府一面感到根绝贸易的困难,一面也由于财政上的需要,就推行"抽分"的办法,以剥夺外商和本国商人一部分的利益。隆庆年间,倭寇已经平息,明政府开放洋禁(仍有些限制),海外贸易就更趋发展。这一阶段的海外贸易,对欧洲人说来,中国渐趋被动的地位,但仍能掌握海防,外人要想进攻深入,还是不容易的。

海外贸易的发达,使明政府收入逐渐增加,对于财政很有帮助。《东西洋考》周起元序说:

> 我穆庙时除贩夷之律,于是五方之贾,熙熙水国,刳艅艎,分市东西路,其捆载珍奇,故异物不足述,而所贸金钱,岁无虑数十万,公私并赖,其殆天子之南库也。

由于中国地大物博,生产发达,明代对外贸易长期保持出超,大批银钱流入中国,对于中国经济很有好处,同时也刺激了中国货币经济的发展。根据估计,明穆宗以来,墨西哥银洋输入中国,每年达数十万至一二百万的巨数;从此墨洋也在中国成为流通的货币。《粤中见闻》卷三四说:"用银始于闽粤,而闽粤银多从番舶而来。"则中国的广泛用银,确与海外贸易有关。

据顾炎武说:明代"军需国库,半取于市舶"。广东官吏的俸禄,甚至多用番货代替。因为"货至者寡",巡抚林富奏说:

> 粤中公私诸费,多资商税,番舶不至,则公私皆窘。今许佛郎机互市,有四利焉:往时诸番常贡外,原有抽分之法,稍取其余,足供御用,利一。两粤比岁用兵,库藏耗竭,借以充军饷,备不虞,利二。粤西素仰给粤东,小有征发,即措办不前,

若番舶流通,则上下交济,利三。小民以懋迁为生,持一钱之
费,即得展转贩易,衣食其中,利四。出国利民,两有所赖;此
因民之利而利之,非开利孔为民祸也。(《岭南文献轨范》卷
一)

从这段话里可以看出当时海外贸易的重要,尤其可以看出这时封
建政府在财政上对海外贸易的依赖。

由于对南洋贸易的发达,广州在明代成为中国最大的贸易港,
《羊城古抄》中有描写广州当时盛况的记载:

峨峨大舶映云日,贾客千家万家室。

香珠、犀象如山,花鸟如海,番夷辐辏,日费数千万金。

至于葡人所盘据的澳门,则"商栋飞甍,栉比相望,闽粤商人趋之
若鹜"(《明史·佛郎机传》)。华南一带,尤其是广东经济的发展,
确是很依靠海外贸易的。

在西北一带边境,又有茶马等的交易。唐宋以来,就开始以茶
换马的方法。明代设茶马司于西北,西北诸部族用马来换茶,这也
是一种重要的贸易。明代对蒙古的贸易很频繁,中国输出缎、绸、
绢等丝织品,梭布等棉织品,米、盐、糖、果等食品,针线、锅釜等日
用品,蒙古输入马、牛、羊、骡、驴、骆驼等畜产和金银等。此外,明
代对朝鲜的贸易,也很繁盛。

五 货币经济的发展

随着商品经济和国内外贸易的发展,货币制度也发展了。宋
元以来,纸钞制度的流弊愈来愈显著,明初就想恢复硬币的行使。
洪武年间,设局铸钱,由于原料的缺乏,责成人民出铜,民间也缺乏
铜,就毁坏器物,输给官府铸钱,而当时需要的货币量很大,所以铸

钱颇感困难。民间则多私铸铜钱，杂入官钱，引起币制的紊乱。同时因商业的发展，远道买卖货物，输送铜钱，甚为不便，于是明政府就又下令制造纸币——大明宝钞：百文为一串，十串为一贯。分为六等：一贯，五百文，四百文，三百文，二百文，一百文；与铜钱并行。凡商税课程，钱钞兼收，钱三钞七；百文以下，则只用钱。"每钞一贯，准钱千文，银一两；四贯准黄金一两。禁民间不得以金银物货交易，违者罪之"（《明史·食货志》）。后又禁用铜钱，下令军民商贾所有铜钱都送官府，敢有私自行使及埋藏弃毁者，有罪。然这些办法都行不通，天下税粮仍以钱钞、钱绢代输；民间交易常用金银布帛，尤其是通行银两。明政府屡次严立法令，命通行纸钞，终归无效。到了嘉靖年间，钞一贯只抵银三厘，这还是官家的定率，民间私相授受的，更不及此率。

由于纸钞政策的失败，影响财政，明政府屡次想办法打通难关。早在宣德四年，明政府认为钞法不通，是由于商人囤货不纳税，就在京、省商人聚集的地方，市镇、店肆、门摊，增加税课五倍。两京蔬果园出卖蔬果，塌房、库房、店舍囤放商货的，骡、驴车受雇运载的，都须纳钞。在城门口检查受雇的舟船，计算所载货物的多少，路途的远近以纳钞：这就是所谓"钞关"制度。在临清、北新、济宁、徐州、淮安、扬州、浒墅、九江等交通要地，设立钞关。许多地方只检查舟船的大小宽长，分等收税，称为"船料"，不税货物。只有临清、北新兼收货税。从南京到通州，经过淮安、徐州、济宁、临清各地，每船一百料纳钞百贯。后来船钞的数目虽有裁减，正德、嘉靖以后，并不纳钞，而收税的钞关，却并未废除。可是纸钞制度，从此就逐渐消隐了。

明代的铸钱是相当多的，但仍跟不上商品货币经济的发展。明代铸钱最多的时期，如嘉靖二十二年，铸钱一千万锭，每锭五千文,达五百亿文之多;另铸洪武至正德九号钱,每号一百万锭,达四百五十亿文。统计自洪武四年至嘉靖二十一年,只铸钱三百三十亿文,仅及嘉靖二十二年所铸的三分之一弱:这说明嘉靖年间商业发展的迅速,需要货币的迫切。但大量的交易,使用铜钱还是不方便的,所以铸钱虽多,仍不能彻底解决货币问题。

明代的制钱有京、省的区别,京钱叫做"黄钱",七十文值银一钱,后来百文只值五分;外省的钱叫做"皮钱",百文值银一钱,后来只值四分:这说明铜对银的比价逐渐低落,银已取得主要货币的资格了。和别的朝代一样,明代到了末年,也乱制恶钱以图利,钱法大乱。

明代的钞法固然完全失败,钱法也不见得有多大的成功,明代的主要货币实在已转成了白银。银的使用,按重量计算,还不曾铸成定形货币:这说明明代货币经济的发展还有相当大的局限性。从英宗时起,税收开始普遍折银(以前收税已经逐渐折银),"弛用银之禁,朝野率皆用银,其小者乃用钱"(《明史·食货志》)。从此银在实际上已成为法定的主币。这在货币史上说来,是一件划时代的大事。世宗时国家收支已大部分用银,不仅"钞久不行",而且"钱亦大壅","益专用银"。这说明贵金属的银已正式成为普遍流通的货币了。随着白银的正式成为主币,黄金也逐渐当作货币使用,虽然它还只是当做大量白银的代用品,还不曾取得正式货币的资格。从此以后,人们计算财富,就主要以金银来衡量。金银既已成为人们积蓄财富的主要手段,所以到了万历年间,明政府就大量开采金银矿,作为搜括财富的一种办法,但所花工本大而成效少,结果只好停罢(这主要是由于内监、官吏等贪污、腐败,官办手工业的落后等原因所造成的)。明政府严厉禁止人民开采金银矿,而官办的矿业又经常失败,这样就会使主要的货币来源缺乏,以致影响货币经济的继续发展;幸而这时中国的对外贸易长期保持出超,有大量银钱流入国内,使得货币经济还保持着发展的趋势。

有人说:汉代已大量使用黄金,所以明代的用银并不足以说明货币经济的发展,这种看法是欠周到的。因为在汉代,主币只是铜钱而不是黄金,这只须看汉政府对于铸钱事业的认真和注意,就可以知道。汉代不仅不曾把黄金当做流通的主要货币,甚至铜钱的流行也是很有限度的,广大的农村大概还普遍保持着以物易物的办法,所以东汉以后,由于各种原因,实物经济终于逐渐代替了货币经济。汉代黄金大量使用的原因,只是说明汉代财富比较集中和黄金储存量的庞大,这是古代史上的特殊现象,并不能证明这时候货币经济已比明代发展。至于明代的用银,则说明:(一)商品经济的发展与普及,货币需要量增大,铜钱既重而铜又缺乏,纸币政策又行不通,所以只好使用银两。(二)这时候因商业的发展尚有限度,还不需要大量使用黄金,而同时黄金数量似乎比汉代减少,或者黄金比汉代分散在民间,总的数量还不够多。总之,使用黄金为主币的条件还不曾成熟。(三)中国产白银虽较少,但由于宋元以来,白银在民间已经流通,对外贸易的扩展,海外白银大量输入中国,更助长了白银的使用。银的成为主币和广泛流通的条件,在明代确已成熟。

如上所述,白银在明代中叶已成为法定的货币,政府收支和民间收支多使用白银,在明人的记载里,尤其是在小说里,我们可以看到银两通用的普遍和民间的重视白银。黄金、铜钱和纸钞,只是白银的辅助币(但明代因国内白银数量的增多,银价似较元代为低)。贵金属白银的成为主要货币和它的流通量的广大,说明了商品经济的高度发展,这也是资本主义萌芽时代的一种现象。

六 封建专制主义对于工商业的 摧残与市民的反抗

如上几节所说,明代的手工业与商业是有相当高度的发展的,在这里面已萌芽了微弱的资本主义萌芽的成分,可是这种新成分的发展非常缓慢,这和中国封建经济的特点专制主义的压迫是分不开的。作为中国封建经济主要的特点,是商业资本和土地相结合,商业资本常转化为高利贷资本,以剥削农民,兼并土地,商业资本与手工业的结合很是不够。同时手工业中最普遍的家庭手工业与小农业密切结合,形成很顽强的自然经济。这些封建经济的特点强固地存在,就阻碍了资本主义幼芽的发展。此外,中国封建社会的上层建筑封建专制主义的势力又特别强大,压迫工商业,使工商业的发展有很大的局限性,这样,新经济因素就更不得迅速成长了。在这里,我们只讲一讲明代的封建专制主义对于工商业的压迫和摧残。

明初统治者对于工商业曾采取一定的扶持政策,但当工商业发展到某种程度时,封建专制主义就与它发生严重的矛盾了。以皇帝、宦官、大官僚为代表的明代封建专制主义,对新兴的工商业,逐渐采取压迫、掠夺的政策。他们垄断了手工业某些部门特别是垄断矿产和盐、茶等,禁止和限制民间私人经营;并且直接开设"皇店",与商人争利;加重工商业的赋税,限制民间的海外贸易;又经常借"制造"和"采办"等名目,来掠夺工商业,这样重重压迫和剥削,就使得新兴的工商业喘不过气来,不能充分发展。

我们在上面曾经说过:明初的商税是比较轻的,如洪武十三年上谕:"凡婚丧用物,及舟车、丝帛之类,免税;又蔬果、饮食、畜牧诸物,免税。"永乐时,自织布帛、常用杂物和时节礼物,均曾免税。这种免税的方法,无疑地是要刺激工商等业的发展。但永乐以后,商税就逐渐增加了,商品在市场中有营业税,在运输中有通过税,税率自三十分抽一至三十分抽二不等。其中最重要的税,是盐、茶、酒等税。这些商税是愈来愈繁重的。又明代曾在北京设立宝和、和远、顺宁、福德、福吉、宝延六个"皇店",管理商税的征收。所谓"制造"主要是掠夺当时两种最重要的手工业——丝织业和瓷器业——的手段;所谓"采办"范围更是广泛,从奢侈品到日用品,几乎无所不包。

明代继承古时"重本抑末"的政策,规定:商贾之家不许着绸纱,只许着绢布。凡城市,乡村牙行及船码头,命选有职业人户充应,官给印信文簿,附写客商、船户姓名、籍贯、路引、货物数目等,每月赴官查照。行人评估物价,使价不平者,要论罪;把持行市和作弊的商人,也要加罪。凡造器物不坚固和绢布等不合格的,也都有罪。这些制度有些虽然是应当的,但官吏作弊,往往变成压迫工商业者的口实。

随着货币经济的发展,统治者对于金银财货的追求,更加迫切。从万历二十四年起,明政府派了许多宦官任矿监,到处以"勘矿"、"开矿"为名,搜括钱财。过了两年,又在各大城市设立税监,对工商业者大肆掠夺。当时矿、税监的横暴确是很惊人的。例如他们遇有良田美宅,就指说下面有矿脉,毁人房屋,掘人坟墓;甚至强劫商人的金钱、货物等。《明史·田大益传》说:

> 内臣务为劫夺,以应上求,矿不必穴,而税不必商;民间丘陇阡陌,皆矿也;官吏农工,皆人税之人也。公私骚然,脂膏殚竭。……

像这样的大举掠夺,对于新兴的工商业,自然非常不利;而且对于广大人民,甚至包括一部分官吏、士绅在内,都很有害。这样就形成了所谓"矿税之祸"。因此引起广大人民,特别是新兴工商业者的反抗,各地方的市民运动就普遍兴起了。

在叙述市民运动以前,我们先得研究一下明代的"市民"问题。有人认为:鸦片战争以前,中国不曾有过市民,城市也只是纯粹的封建城市;也有人认为:中国在中古时期,已有与西欧一样的市民和城市。这两种看法,都是不全面的。我们认为:在中国封建社会后半期,确实已有了新兴的市民,但这种市民的性质是与西欧封建时代的市民不完全相同的。这时候的城市的性质,也与西欧封建时代的城市不完全相同。中国中古时代的城市,始终是贵族和地主统治势力盘据的处所,贵族和地主的经济基础在乡村,而他们的政治势力却在城市。从唐宋时代起,工商业兴起,城市逐渐发展起来,逐渐有与乡村对立的倾向。可是封建势力仍以乡村为基础,控制了城市,而封建专制主义的官僚机构,又直接统治了城市。在这种封建城市中,虽然由于工商业的不断发展,逐渐形成了新兴的市民阶层,可是这种市民阶层成分很是复杂,里面还包含着不少的封建成分。所以这种市民确实是与西欧封建时代的市民不完全相同的。中国封建后期的市民,成分大约有如下几种:第一是新兴手工业者,包括作坊和工场的主人(有些就是商人或地主),独立经营的小手工业者,手工业雇工、徒弟等;小手工业者和雇工等,许多都是从农村流入城市的农民转化成的。第二是商人(有些就是地主),包括大商业资本家,中、小商人,高利贷者,商业上的雇佣劳动者、徒弟等。第三是杂职业者,如搬运夫、车夫、船夫等,也有许多是农民转化成的。第四是都市贫民,包括失业流浪者、职业流氓、乞丐等。第五是城市富人,包括有钱而不从事生产事业的人,居城的地主、绅士等。以上五种人构成了当时的所谓"市民"。在他们的上面，还有一个封建专制主义的官僚机构。市民的各种成分的比重，是随着时代而变迁，随着地区而不同的；愈到后来，愈在工商业发展地区，工商业者和都市贫民等的比重就愈大，也就是愈接近正式市民的性质。在明代，尤其是明代后期，新兴工商业者的势力，是不可忽视的；同时，城市富豪和绅士的势力，也是不可忽视的。这两种势力有时结合起来，形成了对抗封建专制主义的中心力量，而都市中广大的劳动群众和贫民，则是斗争的基层力量。他们甚至与农民起义相呼应，以威胁封建专制主义的统治。自然，这里面也包含着一部分封建势力的内部矛盾。

这在嘉靖年间，江南城市就曾发生过多次暴动。但明代市民运动最兴盛的时期，是万历年间和天启年间，这也正是明代封建专制主义对工商业压迫最厉害的时期。

从万历后半期到天启年间，二三十年中，较大的市民运动几达二十起，最主要的运动如下：

万历二十四年，派到湖广一带去的矿税使太监陈奉，"鞭笞官吏，剽劫行旅，商民恨之刺骨"。两三年之内，就连续在武昌、汉口、黄州、襄阳等地，激起人民的反抗多次。万历二十七年，陈奉到荆州收取店税，市民聚众数千人，把他轰跑。万历二十八年，武昌、汉阳又发生"民变"，声势浩大，连统治官僚也承认"锋不可犯"，建议撤销湖广十三州的税监、差官而改以地方官收税。这年，武昌人民终于起来驱逐陈奉。同时，山东临清也发生驱逐税监的"民变"。万历二十九年，苏州市民发动一次规模很大、有相当组织的反抗税监孙隆的斗争。孙隆，"榷税苏、松各郡，奸民投托，号曰司房，恣意渔猎，民不聊生"。于是引起以葛贤为首的织工暴动，"缚税官六七人，投之于河，且焚宦家之蓄税棍者"（《明实录·神宗万历实录》卷三六○）。事后官吏的报告说："吴民生齿最烦（繁），恒产绝少,家杼轴而户纂组,机户出资,机工出力,相依为命久矣。往者税务初兴,民咸罢市,孙隆在吴日久,习知民情,分别九则,设立五关,止榷行商,不征坐贾,一时民心始定。然榷网之设,密如秋荼,原奏参随本地光棍,以榷征为奇货,吴中之转贩日稀,织户之机张日减,加以大水天变,穷民之以织为生者,岌岌乎无生路矣。……""又妄议每机一张,税银三钱,人情汹汹,讹言四起,于是机户皆杜门罢织,而织工皆自分饿死。"以葛贤为首的织工群众,"不挟寸刃,不掠一物,预告乡里,防其延烧,殴死窃取之人,抛弃买免之财",结果就把孙隆轰跑。事毕"葛贤挺身诣府自首,愿即常刑,不以累众"(《明实录·神宗万历实录》卷三六一)。连官府也说这次市民运动"其愤激之情可原","臣所睹记:染房罢而染工散者数千人,机房罢而织工散者又数千人,此皆自食其利之良民也,一旦驱之死亡之地,臣窃悼之"(同上)。可见这次暴动的性质了,这是中国第一次大规模的工人群众的运动。次年,这一带又发生过暴动:"苏、松、常、镇,税务改用刘成,因陆新邦等营干机务,众机户嫉之,土人管文等借口激变。……"(《明实录·神宗万历实录》卷三七二)这些暴动,都是当时比较典型的市民运动。

　　天启六年,苏州人民又发动了一次性质稍异的"民变"。这次"民变",是由魏忠贤逮捕周顺昌和黄尊素而引起的,然斗争的目标,是苏州织造太监李实和阉党分子毛一鹭。这次暴动的成分比较复杂,但是核心分子仍是"市民",暴动人数多至数万人,它的结果甚至骇倒了当时阉党领袖魏忠贤。后来被捕抵罪的五个领袖人物,都是市民。这次运动的特点,是乡绅、士大夫也踊跃参加;它的参加者成分虽较复杂,运动的声势却更壮大,所以能够骇倒魏忠贤。

　　此外可以称为"市民暴动"的运动还很多(如景德镇市民也曾

掀起反矿监的斗争，焚毁许多厂房），这里所举的只是有代表性的几次而已。在这些运动里，我们可以看出当时的市民和其他阶层的人民，甚至包括一部分封建绅士等在内，都以封建专制主义为对象，展开了相当激烈的斗争。这种斗争，实在反映了新的生产力与旧的生产关系的矛盾，也就是新生的资本主义幼芽和封建主义的核心势力——封建专制主义的矛盾。这种新的阶级斗争的形式还很幼稚，斗争的面还不够广，斗争的情势还不够激烈，然而已给予封建专制主义以严重的打击，封建势力已初步动摇了。如果没有满人的进入和统治，这种市民暴动与农民起义联合起来，可能逐渐推翻封建专制主义的统治，而使资本主义幼芽发展、成长起来，虽然这还需要一个相当长的时间，才可以达到。我们看当时已有民主主义的启蒙思想家黄梨洲等出现，主张"工商皆本"，并攻击封建专制主义的君权，发挥民主思想；还有认为"其地奢则其民必易为生，其地俭则其民必不易为生者也"的新经济思想（见陆楫《蒹葭堂杂著摘抄》）；这就说明当时不但已经有了反抗封建主义的市民运动，而且已经产生了指导、助长这种运动的思想，虽然这些运动和思想，还带着相当浓重的非资本主义的成分。

第八篇

清代鸦片战争前的手工业与商业

一 清朝统治者对于工商业的破坏与清代前期的行帮组织

中国封建社会其所以长期停滞,除内部的原因外,外来的原因,主要就是落后部族的进入中原和统治。在中国封建经济的全盛期——唐宋时代,已有许多落后部族入主中原,如沙陀、契丹、女真、蒙古等。破坏最大的,是女真对于华北和元代对于全中国的统治;他们使中国封建经济倒退了二三百年。明代前半期,只是做了恢复工作,到了后半期,手工业和商业才大大发展起来,产生了资本主义的幼芽。可是到了满族入主中原后,又施行部族统治,使中国封建经济暂时停滞并倒退,虽然不久就逐渐恢复,并有些发展,但中国封建经济在这时候发展得更是缓慢。到鸦片战争后,西方资本主义的势力侵入中国,就使中国不能出现资本主义社会,而沦入了半殖民地半封建的地位。

满族进入中原时,曾在中原各地大肆蹂躏,破坏了各地尤其是工商业最发展的东南地区的经济。如山东省黄河济南一带,被他们弄得"村落寥寥,途次杳茫,遥闻多号泣之声"。山西省则是"百姓杀戮过半,财物焚掠殆尽,庐舍丘墟,田园荒芜"。四川省被攻杀十余年，"杀死不计其数"。江西省各县城"大都不过数十家"，或"止余瓦砾空城"。至于所谓"扬州十日"、"嘉定三屠"、"江阴屠城"等等，对于东南繁华地区的摧残更都是有名的凄惨故事。这样，明代的工商业中心就大部分遭到破坏。后来清朝统治者害怕郑成功的反攻，又在江、浙、闽、粤沿海五十里以内地区，实行焦土政策，强迫人民内迁，焚毁庐舍，荒废农田，并严厉禁止下海。根据文献的记载：明天启三年（1623），全国人口有五千一百六十五万余，到顺治十七年（1660），只剩下一千九百多万了，这个数字当然不准确，明清时代的人口不会这样少，但经过清朝统治者大量屠杀以后，中国人口减少，是没有什么疑问的。顺治年间和康熙初年，清朝廷屡命各省官吏催科增赋，所得到的回答是："官虽设而无民可治，地已荒而无力可耕；夫赋从民出，无民而尚何催科之可施乎！"（如江西）"民无遗类，地尽抛荒；……任此荒土，增赋无策。"（如四川）在这种情况之下，工商业的破坏，资本主义幼芽的被摧残，自是意中主事了。

　　清朝统治者又继续历代封建统治者歧视工商、压迫工商的政策，为了巩固他们的部族封建统治，格外歧视民间的资本主义幼芽，所以他们与当时的民主主义思想家所提出的"工商皆本"的口号相反，提倡传统的"重本抑末"的口号。有名的专制魔王雍正帝就曾下谕说："四民以士为首，农次之，工商其下也。"他的后继者乾隆帝又曾说："朕欲天下之民，使皆尽力南亩，历观三朝，如出一辙。"这种诏令，在表面上看来似乎只是沿袭古代的传统政策，然而实际上却反映了清朝统治者特别歧视工商的意味。在后来的闭关政策上，尤其可以看出清朝统治者对于资本主义因素的恐惧，他们的抵制外来资本主义的侵入，并不是什么"民族主义"的表示，其主要企图只是抵抗国内外的资本主义成分，以维持他们的部族封建统治而已。

但是,清朝统治者对于中国经济的摧残,还不及元代之甚,所以他们在使中国封建经济停滞和倒退上,也不及元代之甚。这是因为清朝部族的经济本较元代部族发展,他们原来所占据的区域,本是有农业的,而且一部分的地区开化很早,他们是在已有所开发的地区上发展起来的,因此在接受汉族先进的经济和文化上,要比元代容易而迅速。又清朝的开国和入主中原,本来是在汉族经济和文化影响下,在汉人帮助下完成的。因此他们统治中国的方针,不能不与元代有所差别。他们主要是施行"以汉制汉"的政策的,在这种政策之下,清朝统治者对中国经济的摧残,就不能像元代那样残酷。在必要时,他们还使用些小恩小惠,以收买汉族和其他各族的人心。清代到了康熙中年以后,经济确实得到大部分的恢复,而且有些新的发展。

明代后期,由于工商业的较迅速的发展,资本主义的幼芽逐渐滋长,市民阶层逐渐壮大,为了反抗封建专制主义的压迫和剥削,曾爆发多次的市民运动,给予封建专制主义以相当的打击,使封建势力初步动摇,这是当时社会中的一个有力的新因素。它如果继续发展下去,可能摧毁封建主义,使资本主义逐渐成长起来。可是到了清代前期,市民运动的新因素却隐没了下去,阶级斗争几乎全是农民暴动的形式,这是由于清朝统治者的疯狂镇压和野蛮屠杀,市民运动起来很是困难,因为市民(包括一部分封建士绅)都住在城市里,而都市正是清朝统治者政治、军事统治的中心,以富商、士绅等为首的市民势力,横被压制,不容易起来反抗。这似乎是清代前期市民运动隐没的主要原因。

可是我们能不能说清代没有市民运动和市民组织呢? 是不能的! 不但在鸦片战争以后不能这样说,就是在清代前期也不能这样说。我们初步认为：在清代前期，市民运动和市民组织是转变到另一个方向去了，那就是转变成行帮的运动和组织。这些运动和组织虽然带有很浓重的封建色彩，而它们在反抗封建专制主义的压迫和剥削上，却是明代市民运动和市民组织的继续。所以会有这种变态出现，完全是适应当时的历史条件的（自然，我们并不否认清代前期也有些类似明代的市民运动和组织）。

中国的行会起源于唐代，发展于宋、元，而转化于明、清。在清代时，所谓"帮"与"会馆"、"公所"的组织和机构显著起来。"帮"是一种行业的和地方的比较强固的组织，有相当高度的团结性。"会馆"本是地方性的组织机构，后来和工商行业联系起来，也变成一种地方性的和行业性的组织机构。"公所"大体是"会馆"的分支，行业性较显著些，但也有地方性。行帮和会馆、公所，实是一事的两面：行帮是组织，而会馆、公所主要是机构；行帮的组织设立会馆、公所的机构，来处理事务。行帮和会馆、公所几乎已成为不可分割的事物了。

帮有手工业行帮和商业行帮，都有相当严密的组织和帮规。手工业的组织和帮规尤其严格。它规定：店东与帮工、客师间相应承担的义务，统一的工资水平，学徒制度，原料的分配，产品的规格、质量，商品的价格，作坊的开设地点和数目；为了保障本帮的营业利益，禁止城镇外手工业商品的输入和贩卖。它有宗教性，行帮也作为迎神、祭祀、公益救济事业的主体。此外还有承应官府保证征役、征物的作用。商业的组织和帮规，似乎比较松动些。商业行帮的作用，主要也是保障本行帮人的利益，规定同帮行业中人的权利和义务，独占行业的经营，其作用大致与手工业行帮相近。这里且举乾隆三十一年长沙京刀店条规数条为例，以见手工业帮规的一斑：

一、外来客师,本城未曾帮作者,新起炉造作,出银六两正。

一、外来客师新到帮作者,出钱六串文上行。

一、外来客师,本城未曾帮作者,新开店面,出银八两。

一、议外行新开店铺,公议出钱二串四百文入公交清,如违者议罚。

这可见新来手工业者加入行帮的情况,他们尽了义务,就有权利。

手工业行帮中每年轮流选举"首士",以管理帮务,也有义务,有权利,如:

一、议每年轮举首士,瑞诞之期,捐收香钱敬神,违者议罚。(《长沙衬铺条规》,乾隆五十二年四月)

一、议值年人定要同心踊跃,每月十六日上街,查明:或有新开店,顶老店,与人合伙,或有新带徒弟,以便入册,按月收取香资、佃租。或有滥规之店,公议不应徇情,如有私行徇情,公同查明是实,罚值年人钱二串文入公。按月值年人上街,公议点心钱一百文,内有值年一人不到,仍罚钱一百文入公。(《长沙裱店条规》,道光三十年十二月)

首士所管的,除宗教事务外,主要就是查看有无外行人侵夺本行的利益,和同行人中犯规情事,收取会费,惩罚犯规的店或人,如果首士徇情犯规,或办事不力,也要处罚。这些条规都是相当严格的。

在手工业行帮中,又有所谓"行头"的设立,《苏州织造局志》卷一〇载:

伏读织造敕书:机匠缺额,移文巡抚召募,自立行头名色,凡民间雇募织挽,俱有陋规,一遇局中缺匠,即攘臂而起。……(康熙)十二年,巡抚都御史马佑……革去行头名色,驱逐出境。勒石长洲县花桥东塊,永禁民机津贴。但蠹根未斩,衣钵相传,改行头为呈头,恣意扰民。其名则殊,其害则一也。这种行头的制度或类似的制度,大概别的职业里也有(如陶瓷业)。行头一面为官府服务,从中取利,一面压迫、剥削手工业者,所谓"左右为利"。官府感觉行头的存在,对官府剥削手工业者,害多利少,所以要革除这种制度,但仍不能禁绝。这是因为行头制度是封建社会的产物,封建经济不起根本的变化,这种制度是不能根绝的。

工商业行帮,也是封建社会的必然产物。封建经济发展到一定程度后,在它没有解体前,这种制度是必然要存在的。《武冈铜店条规》说:

> 盖闻百工店肆,各有规矩,以安其业,苟规矩不有,则和气不洽,而争竞起焉。我行铜艺居是帮者,不下数十家,其间带徒弟、雇工者,每多争竞,较长计短,致费周旋。爰集同行,商议条规,约束人心,咸归无事,庶几和气洽,而业斯安也。

《汉口米粮业帮规》(康熙十七年)说:

> 吾人若无团结集议之所,则无以整顿行规,且意见各殊,斗斛参差……何以昭公溥而永保信用?

这就可以见出行帮和帮规作用的一般了。

商业行帮所以和手工业行帮有所差别者,是因为商人流动性比较大,因此不及手工业组织巩固,商人的活动比较自由,因此帮规和遵守帮规的程度,也不及手工业严格。商业行帮,除为居在同一都市的同业商人所组织外,外乡某一地的商人也组织团体。大致在同一都市中有共同利害关系的商人——包括异职业者在内——就组成行帮。行帮中人互相团结,抵抗官府和帮外人的侵犯,独占事业,并排除障碍。

明清时代,特别是清代,工商业的行帮组织,主要目的是在保卫本行或同乡人的利益,它们本身固然也是封建性的组织,却也起了些抵抗封建统治者对于工商业侵害的作用,这种行帮与过去几乎完全为封建政府服务的团行,确实有所不同了。

会馆起于明代,清代继续发展,它们逐渐变成行帮处理事务的机构。同业者跑到它乡经营工商业或劳动,为应付当地土著和封建政府的压迫,保护自己的利益,组织成帮,同时建立地方性的会馆;会馆一面是同乡的团体,一面又是同业的组合,可说是同乡的行帮机构。又由于地方分工的加强,在各都市里,各地的行帮往往独占一种行业,这些同乡而兼同业的人,也设立会馆,如山西人独占颜料业,就设立颜料会馆;四川人独占药业,就设立药行会馆。但行帮与会馆有时并不相等,因一地人并非单经营一种职业,如汉口的四川药材商人组成药帮,船舶业者组成船帮,各在四川会馆内设置药帮公所、船帮公所,以处理帮务。会馆有时也称为"公所",上海四明公所(即会馆)内各帮也分别组织会社。同乡异职业人也有组成帮的,这种帮就与会馆合一了。

会馆首先是商业资本的组合,经费的来源,为同乡人所募给,而同乡中的大官和富商的捐助,尤属重要。此外对于同乡人输出输入的货物加以科赋,也是筹款的一法。手工业者也建立会馆、公所,以处理帮务。手工业会馆、公所,如:

> 京师瓦木工人,多京东之深、蓟州人……凡属工徒,皆有会馆。其总会曰九皇。九皇诞日,例得休假,名曰关工。(枝巢子《旧京琐记》卷九)

> 法云庵沙坊公所,(在)循礼坊丁家巷,熊允兴……七家,于清道光十一年捐资买地创造,(为)五金矿沙业联络感情,整顿帮规,会议之所。(《夏口县志》卷五)

这可见在会馆外还有"总会"。就大体说来:手工业会馆、公所,是和商业会馆、公所具有差不多的作用的。现在再举商业会馆史料一则，以见清代前期商业会馆的设立情况：

> 湖北巡抚晏斯盛奏：汉口一镇，商贾辐集，请令盐、当、米、木、花布、药材六行，及他省会馆，各建社仓，择客商之久住而乐善者，经理其事。（《清高宗实录》卷二三七，乾隆十年三月条）

这条史料说明本地的商人只组织行帮，似乎没有会馆的组织，会馆是他地人所设立的。这样也许有人会怀疑：清代的会馆还和明代初起时一样，只是同乡会的性质。实际上并不是这样，外地手工业者的行帮既已设立会馆，那么商业会馆也应当是外地行帮的机构。在本引文里已可看出这个消息。同时我们知道广东的"银行"在康熙五十三年已经建立会馆，铸发行在乾隆四十四年已经建立会馆，福建人纸行在雍正十一年也已建立会馆，所以行帮和会馆的合一，是很早的事情。不过会馆始终保持着地方性的意义。

根据日本大谷孝太郎的统计：上海一地，会馆自乾隆到光绪年间，设立渐多，特别是光绪年间，设立最多。公所自康熙年间到光绪年间，也设立渐多，也以光绪年间所设立为最多。可见即从最开通的上海地区来说，直到清末，行帮制度也并未衰落。自然，上海会馆、公所的渐趋发展，主要是由于该地工商业渐趋发展的原因。苏州，据顾禄《清嘉录》卷五说："各省商贾各建关帝祠于城西，为主客公议规条之所，栋宇壮丽，号为会馆。"（案：苏州府长洲、元和、吴县三县丝织业机户和机匠以玄妙观机房殿为行帮会馆。）会馆在清代前期，确已发展得很普遍了。

清代的行帮和会馆的地方性确实很强，如山西商人在异乡，连杂役都只任用同乡人，又山西票号拒绝他乡人合资，这些都是封建性的表现。但行帮和会馆也确实具有团结工商业者内部，以对抗外来侵害的作用,在清代后期,行帮、会馆还曾发起抵抗外来侵略者的运动,如1874年(同治十三年),上海法租界当局想横贯四明公所来建筑马路,引起宁波帮的暴动,毁坏法、意、挪威三国侨民的住宅,被法兵攻击,死了七人。1898年(光绪二十四年),法租界当局又毁坏四明公所的墓地,更引起宁波帮的大反抗,商店罢市,在外国汽船上的水夫全部上陆,受外国人雇佣的人实行总罢工,甚至到处暴动起来,终于使法租界当局不得不作相当的屈服。从这类事件中,更可以体会到行帮与会馆的团结和反抗的作用了。

清代又有苦力帮的组织,最有名的就是所谓"青帮"。清代将长江流域出产的米,由运河运往北京,长途运输很是困难,就由当时运河沿岸的苦力等,包括拥有武装的"土匪"团等,请命朝廷,包运粮食,造成一种特殊的职业行会的结社,这就是青帮的起源。起初他们把帮分成三部,约有二千艘的运粮船和数千伕子,后来发展到五六万人。在清代中期,这种帮会已形成一个很大的组织了。此外如北京的"抗夫",芜湖的"码头工人"等,也都有这一类组织。

青帮等本是职业团体,虽然内部包括有所谓"土匪"等成分,然而他们的反抗性是比较小的。另有一种团体,后来叫做"红帮",它起源于三合会、哥老会等"反清复明"的团体,他们的成分是流民和"土匪"等,也包括一部分都市贫民,在最初的时候,甚至有"反清复明"的士绅和将士等参加。这一种帮会反抗性极大,但同时也带有若干破坏性,在清代历次人民起义中,多有他们参加在内。这一种起义者的成分,是与明代市民运动中某些成分相同或相近的,这种变相的市民运动与农民起义相结合,说明清代的农民起义确已有了新的意义了。

二　手工业的恢复和发展

如上所说，清朝统治者入主中原时，曾经大肆破坏，入主中原后，对于工商业又抱着歧视的态度，有清一代，统治者对于工商业长期施行压迫政策，剥削也很厉害。再加上行会制度的加强，也增添了工商业的封建性。所以在清代，资本主义的萌芽是非常缓慢的。虽然如此，清代的工商业不仅获得恢复，而且有某些新的发展，可见社会经济的发展，是不能长期阻遏的。

由于各族人民反抗力量的强大，由于统治阶级剥削收入的减少，清朝统治者接受了中国过去某些封建统治者的经验，为巩固他的统治和增加收入计，也采取了一些缓和阶级矛盾、安定社会、恢复生产的措施，于是手工业和商业才得逐渐恢复，并获得部分发展。现在先说手工业的恢复和发展的情况。

清代前期最重要的手工业，仍旧是纺织、陶瓷、矿冶等业。我们还是先说纺织业中的丝织业。

在清代前期，丝织业的生产技术，也有所发展的，不过发展得不大显著。我们且以南京的缎业为例，来说明丝织技术的进步。陈作霖《凤麓小志》卷三载：

> （南京）缎之类，有头号、二号、三号、八丝冒头，而以靴素为至美。其经有万七千头者。玄缎为最上，天青者次之。其织也，必先之以染经，经以湖丝为之；经既染，分散络工。络工，贫女也，日络三四窠（丝曰片，经曰窠，百窠为一桩），得钱易米，可供一日食，于佣力之中寓恤贫之意焉。

> 经篸交齐，则植二竿于前，两人对牵之，谓之牵经。牵毕即上机接头，新旧并系，两端相续。如新置之机，无旧头可接，

则必先捞范子,然后从竹中缕缕分出,一丝不乱,谓之通交,而织工乃有所借手矣。

织缎之机,名目百余。

盖一器而工聚者,机为多,宜其细密精致,为海内所取资。南京在明代没有什么丝织业的名望,但到了清代,丝织业大为发展,特别是缎的制造,非常有名,这是一项新兴的丝织业。根据上引的记载看来,缎的种类很多,织缎的机名目多至百余,纺织的过程也很细致,在上机纺织以前,还有不少工作,制出的成品细密精致,成为清代丝织品的代表。

丝织业在明代本以苏、杭一带为中心地,到清代丝织业的重点渐由苏、杭转向南京,这是丝织业的西移。同上书同卷载:

金陵机业聚于城之西南隅,开机之家总会计处谓之账房,机户领机,谓之代料,织成送缎,主人校其良楛,谓之雠货。小机户无甚资本,往往恃账房为生。各机户复将丝发交染房染色,然后收回,织成缎匹,再售与绸缎业;四者层层相因,休戚相关。清乾隆迄今(清末),通城缎机以三万计,纱、绸、绒、绫不在此数。织机之工俗呼机包子。

所谓“机户”大体是指作坊主人,“小机户”似指小作坊主人或独立小生产者,“机包子”似主要指雇工。“机户”受“账房”控制,“账房”似指丝织业的商业资本所设的机构,其主人实在就是一种特殊的工场主。“账房”兼管生产和行销,有工商两方面的意义。“账房”供给“机户”等以原料和生产工具,收买成品,这种制度,是比较完备的商人雇主制。南京城从乾隆以来就有三万张缎机,其他尚不在内,可见其丝织业之盛。《支那省别全志》卷一五说:“南京自1820年到1824年,有缎机三万架,纱、绸、绫织机一万架左右。”同治《上江两县志》卷七说:

　　　　乾嘉间机以三万余计，其后稍稍零落，然犹万七八千。北
趋京师，东北并高句丽、辽沈，西北走晋绛，逾大河，上秦雍甘
凉，西抵巴蜀，西南之滇黔，南越五岭、湖湘、豫章、两浙、七闽，
溯淮泗，道汝洛。

以上两段史料更明确地说明南京的机数（虽然有些出入）和成品
运销地区的广远。然南京的织机虽可能以乾、嘉年间为多，但其资
本集中的情况，似乎道光年间最盛。这是因为在清初，官府曾限制
机户的机不得超过一百张，后来经过机户的斗争，才放宽了限制，
"自此有力者畅所欲为，至道光间，遂有开五六百张机者"（续纂
《江宁府志·补遗》）。据说：

　　　　（江宁）机愈多，而货愈积，积而贱售，则亏本，洋货遂得
　　　乘其弊，盖予人以瑕也。（同上）

根据这种说法，似乎南京的机数是愈到后来愈多的。也有记载说，
清代后期南京的机数达到五万张以上。这也有可能，因为清代后
期的工商业，部分还是有发展的。然上引记载的说法，未必全对。
生产增多，成品的价格固然会降低，然工商业的发展，也提高了人
们的生活程度，特别是丝织品，需要它的都是地主、富人们，清代后
期财富的集中情况并不曾有多少改变，在某些方面说，富有的人还
是不少的，南京丝织品不愁没有销路。南京丝织业亏本的原因，似
乎主要还是由于洋货的大量流入，上引的记载，恐怕有些倒因为果
吧！

　　　丝织业的中心，虽然已从苏、杭移到南京，但苏、杭的丝织业，
似乎还和明代差不多，并不见得怎样萎缩。乾隆《长洲县志》卷一
六说：

　　　　织作，在东城，比户习织，专其业者，不啻万家。工匠各有
　　　专能，或素或花，俱以计日受值。（乾隆《元和县志》卷一六文

略同）

雍正十二年十二月长元两邑同人公立《奉各宪永禁机匠叫歇碑记》说：

> 苏城机户类多雇人工织，机户出□（资？）经营，机匠计工受值，原属相需，各无异议。……至于工价，按件而计，视货物之高下，人工之巧拙，以为增减，铺匠相安。（《文物参考资料》1956 年第 7 期）

这所说情况，确和明代相近。不过"计日受值"和"工价按件而计"两种办法不同，大概清代两种付工资的办法都存在，看情况而定。应当注意的是：清代的行会制度似乎较强，行头"恣意扰民"，"民间雇募织挽，俱有陋规"，这种阻碍资本主义生产因素发展的力量，可能比明代厉害些。所以丝织业中新经济因素，清代似乎不及明代显著。可是机匠和机户的斗争——也就是最早的无产阶级和资产阶级的斗争——清代却比明代显著，上引的碑记，就是机户勾结官府来压制机匠反抗的文献，碑记说："惟有不法之徒，不谙工作，为主家所弃，遂怀妒忌之心，倡为帮行名色，挟众叫歇，勒加银，使机户停织，机匠废业，致机户何若衡等呈请勒石永禁。"大概机匠的反抗，是借用行帮力量的。

在清代，苏州丝织业的发展程度，确不及南京，当 19 世纪中叶，苏州全城的织机只达一万数千张（《支那省别全志》卷一五），还不及南京的一半。

杭州的丝织业，也还保持着一定的盛况，厉鹗《东城杂记》卷下载"杭东城机杼之声，比户相闻"，可以为证。

吴江县的丝织业，特别是盛泽镇，依旧保持着极重要的地位，如乾隆《吴江县志》卷五说：

> 凡邑中所产，皆聚于盛泽镇，天下衣被多赖之。富商大贾

数千里辇万金来买者,摩肩连袂,为一都会焉。

这一带的丝织业,似乎比明代更发展,至少不相上下(乾隆《吴江县志》卷四说,盛泽镇到乾隆时,"居民百倍于昔,绫绸之聚亦且十倍")。

此外,文献上的记载,如"震泽之蚕半稼,其织半耕"(唐甄《惰贫》,见《皇朝经世文编》卷三七);但"丝不于市,线不于市,色不于市,织不于市,一妇之手,岁可断百匹"(同上),仍是家庭手工业的形式。又如广东佛山镇也有相当发展的丝织业,根据外人的记载:"每年有一万七千名男女童工,从事于织绸工作,他们的织机很简单,但出品一般都很精致。"这大概是出口品。

丝织品的原料——丝,以湖州为主要出产地,这是由于湖州土地卑湿,不适宜于种木棉,又因田瘠税重,人民不得不产丝来维持生活,所以始终产丝极多,成为丝织业原料的供给地(参看乾隆《湖州府志》卷四一)。东南地区这一带,丝的买卖商业,是非常繁盛的。记载上说:"吴丝衣天下,聚于双林,吴、越、闽、番,至于海岛,皆来市焉。五月载银而至,委积如瓦砾,吴南诸乡,岁有百十万之益。"(唐甄《教蚕》,见《皇朝经世文编》卷三七)但丝受木棉的排挤,生产毕竟逐渐缩小,影响丝织业的发展,使丝织业逐渐让位给棉织业。文献上明确记载说:

(木棉)其利殆百倍于丝枲,自此而天下之务蚕者,日渐以少。(乾隆《湖州府志》卷四一)

按史册黄溪志:明嘉靖中,绸绫价每两银八九分,丝每两二分。我朝康熙中,绫绸价每两一钱,丝价尚止三四分。今(乾隆十二年)绸价视康熙间增三之一,而丝价乃倍之:此业绸者之所以生计日微也。(乾隆《吴江县志》卷三八)

这些记载是值得我们注意的,这是丝织品受棉织品排挤的确证,到了清代中叶,丝织业的利益已颇不及明代了。

由于丝织品是统治阶级很需要的东西,所以在清代,和前代一样,政府设立丝织业官府机构和工场。《八旗通志·职官志》载:"织造监督:江宁、苏州、杭州各一人。监督于内务府司官内简用,带原衔管理。"《钦定大清会典·内务府》载:

> 凡遣官制造,江南江宁、苏州二府,浙江杭州府……设机募匠,分织龙衣、采币、锦缎、纱、绸、绢、布、棉甲,及采买金丝,织绒之属,岁由府拟定色样,及应用之数,奏行织造。上用者陆运,官用者水运,各依限输库验收,以数咨户部奏销。

这是官府纺织业的机构,它设立在丝织业三个中心地——南京、苏州、杭州,募匠织造统治阶级所需要的奢侈品和某些用品,其中包括丝织品和棉织品,但以丝织品为主,因为丝织品更属奢侈品的范畴。《大清会典事例》卷一一九〇载:

> 乾隆十年奏准:江宁现设机六百张,机匠一千八百名;苏州现设机六百六十三张,机匠一千九百三十二名;杭州现设机六百张,机匠一千八百名。外江宁现留摇纺染匠所管高手等匠七百七十七名,苏州挑花拣绣所管高手等匠二百四十三名,杭州摇纺染匠挑花及所管高手等匠五百三十名。

这是清代前期全盛时官府纺织业——主要是丝织业的规模。其工匠来源"皆民间各户雇觅应工",待遇很低(参看《文献丛编》三二辑《曹寅奏折》)。

除了官府特设的纺织工场之外,官府还要征民匠当差、供物(包括所谓"采办"、"采买"在内)。《苏州织造局志》卷七载:

> (皇清)上传特用,在正运之外。旧例凡有特用袍服,拣选殷实机匠造办,贫匠概不轮值。

案苏州等地"机户名隶官籍"(参看乾隆《长洲县志》等书),这是匠户制度的残余。机户很受剥削，虽说"贫匠概不轮值"，实际上富机户总有办法逃避轮值，真正轮值的应当多是中等以下的机户。这种剥削的残酷，我们可从下引两条史料看出：

> （机户）向时颇乐业，今则多失业矣。而机户以织作输官，时时不足，至负官债，而补苴无术者，亦往往然也。（乾隆重修《元和县志》卷一〇）

> 窃惟臣乡山西织造潞绸，上供官府之用，下资小民之生，络丝、练线、染色、抛梭，为工颇细，获利最微。又山邑不出桑茧，丝线取给山东、河南、北直等处。明末绸机三千余张，皆因抱牌当行，支价赔累，荡产破家。（顺治）元年至今，仅存者不过二三百张。……独苦本省衙门之取用，以及别省差官、差役织造者，一岁之中，殆无虚日，虽各请发价，而催绸有费，验绸有费，纳绸有费，所得些须，尽入狡役积书之腹，化为乌有矣。机户终岁勤苦，夜以继日，妇子供作，俱置勿论，若线若色，尽取囊中，日赔月累，其何能继？今年（顺治十七年）四月，臣乡人来言，各机户焚烧绸机，辞行碎牌，痛哭奔逃，携其赔累簿籍，欲赴京陈告。……（乾隆《潞安府志》卷三四）

苏州本是丝织业的中心地，到清代前期，被弄得机户"多失业"，"负官债，而补苴无术"。潞州在明代也是一个有名的丝织品产地，从明末到清初，被弄得机户"支价赔累，荡产破家"，从明末三千余张绸机降到清初二三百张，下落了十分之九以上。结果爆发机户焚烧绸机，痛哭奔逃的反抗！从此我们可以看出封建专制主义对于手工业破坏的严重了。此外清朝政府又曾限制机户的机数，如江宁织造府就曾限制，"机户不得逾百张，张纳税五十金，织造批准、注册、给文凭，然后敢织"（续纂《江宁府志·补遗》）。这些办法大大阻碍了民间丝织业的发展，后来才放宽限制，民间丝织业稍得发展(见上)。

丝织业是当时最重要的输出物之一,据乾隆二十四年两广总督李传尧的报告:"外洋各国夷船到粤,贩运出口货物,均以丝货为重,每年贩买湖丝并绸缎等货,自二十万余斤至三十二三万斤不等。统计所买丝货,一岁之中价值七八十万两,或百余万两,至少之年,亦买价至三十余万两之多。其货均系浙江等省商民贩运来粤,卖与各商行,转售外夷。"丝织品地位如此重要,而横遭封建统治者的压迫和摧残,以至发展困难,中国资本主义幼芽的不得迅速成长,在这里可以窥见原因的一端了。

从明代以来,棉织业已在逐渐超越丝织业,到了清代前期,棉织业的重要性已经驾于丝织业之上。所以我们在讲清代前期的手工业史时,不能不特别着重棉织业。现在先根据文献来叙述一下当时棉织业的生产技术:

今邑(松江)之贩户,皆自崇明、海门两沙来,土人惟碾去其子,卖于诸处,以性强紧,不中纺织也。邑产者另有行户,晨挂一秤于门,俟买卖者交集户外,乃为之别其美恶而贸易焉。

搅车今谓之轧车,以木为之,形如三足几,坐则高与胸齐。上有两耳卓立,空耳之中,置木轴一,径三寸,有柄在车之左,以右手运其机向外;复置铁轴一,径半寸,有轮在车之右,以左足运其机向内,皆用木楔笼紧,中留尺许地,取花塞两轴之隙,而手足胥运,则子自内落,无子之花自外出,若云嫒嫒然,名花衣。

弹花弓,剡木所为,长五尺许,上圆而锐,下方而阔,弦粗如五股线。置弓花衣中,以槌击弦作响,则惊而腾起,散若雪,轻如烟,名熟花衣。于是约熟花衣作带形,削细竹一茎为心,一手执其末,一手执其板,如绵矩者覆之,一推一却,花衣乃卷竹上,即抽出此竹,其状外圆而中空,名条子。

（纺车）以木为之,有背有足,首置木锭三,形锐而长,刻木为承。其末以皮弦襻连一轮上,复以横木名踏条者,置轮之窍中,将两足抑扬运之。取向所成条子,粘于旧缕,随手牵引,如缫茧丝,皆绕锭而积,是名棉纱。……善纺者能四维,三维为常,两维为下。

以棉纱成纴,古用拨车,持一维周匝蟠竹方架上,日得无几。继用轭床,制如交椅,其上竖列八维,以掉枝牵引,分布成纴,较便于前。今则取所谓如交椅者,令一人负之而趋,一人随理其绪,往来数过,顷刻可就,名其所负者曰经车。……成纴后,次乃用浆。（褚华《木棉谱》）

这里所说,是松江一带的棉织技术,而松江正是当时棉织业的一个大中心,所以这种技术可以代表当时棉织业技术的发展水平。在这项记载里,首先叙述原料的来源,这时候松江棉织业的原料,已经不是主要依靠北方的供给了,南方产棉地面积的扩大,使松江棉织业的原料可以从本地或附近地区获得。例如崇明、海门两沙所产的原料,就供给松江棉织业的需要,但是质地较差;而松江、上海一带所产的棉花,质地较好,然也有"美恶"的不同。其次是生产工具和技术:搅车是轧花用的,它的形制已经相当完备。弹花弓是弹花用的,制造也很完善,弹花的技术当然比过去进步。纺车是纺纱用的,纺纱的技术也已发展到一定的程度。成纴的拨车已成过时的工具,因为"日得无几";后来虽有改进,还不很方便。到了这时候,技术更有进步,出现了"经车","顷刻可就"。成纴之后,"次乃用浆"。这一套生产技术和近代农村的棉织业的手工技术,已经相差不多。可以说:棉织业的手工技术,到这时候,已达到完善的地步了。乾隆《上海县志》卷一说:

> 纺织之法，他邑止用两指拈一纱（名手车），吾邑一手三纱，以足运轮（名脚车），人劳而工敏。

这段记载，证明松江、上海一带的棉织生产技术确是较高的，工具也有不同。又在上海棉布的染色上，技术也有进步。染房以色别分为专业，不但有各种颜色，而且有所谓"刮印花"和"刷印花"的方法。清代前期上海人褚华所著的《木棉谱》是研究这时候棉织业生产和技术的一部重要著作。此外还有《纺织图说》一卷，为乾隆时孙琳所作；这些著作的出现，也说明了棉织业生产和技术的发展。

这时候中国棉织业生产技术的进步，还有一个旁证，在这里附带一提，外人记载说：

> 南京土布是棉布的一种，因最初出产带红色的棉纱的南京而得名。这种布分为公司布和窄布两种，前者最为名贵。广州和中国其他各地，次及东印度群岛也织造南京土布。中国织造的南京土布，在颜色和质地方面，仍然保持其超过英国布匹的优越地位。价格每百匹为六十至九十元不等。(*The Chinese Kepository* Vol. Ⅱ, No. 10, Feb, 1833, P. 465)

"南京土布"的织造技术已影响东印度群岛，而且颜色质地都比英国布好，这说明清代中国棉织技术确很高明，生产力的发展，可无疑问。

但棉织业生产技术虽然进步，而因竞销的关系，成品质量则有降低的倾向。乾隆《上海县志》卷五说：

> 布……吾邑出乌泥泾、三林塘一带，紧细若绸，近来织者竞利，狭幅促度，复殊于前，今所在有之。

这种情况正是说明棉织业生产行销的进一步发展。我们知道：明末上海、松江一带的棉布市场本很繁荣，北方商人每年都来收购，多的带银到几十万两,经过明清交替之际的破坏之后,"标客巨商罕至",市场突然萎缩,生产也遭到严重的摧残。到康熙年间,生产逐渐恢复,棉布市场又见活跃,然商客"多者所挟不过万金,少者只二三千金"(叶梦珠《阅世篇》)。这种现象不一定说明这时候松江一带的棉织业还不及明末的发达,因为在清代前期,许多地方发展棉织业,所以商业资本不完全集中在松江一带了。同时还可能有别种原因。褚华《木棉谱》说:

> 近商人乃自募会计之徒,出银采择,而邑之所利者,惟房屋租息而已。然都人士或有多自搜罗,至他处觅售者,谓之水客。或有零星购得,而转售于他人者,谓之袱头小经纪。

这段史料说明当时松江、上海一带的棉布行销情况,和过去有所不同,客商直接雇人收买,占夺了本地商人的利益;本地人也有收运棉布,到他处出卖的;还有小本经营,零星收买,而转卖给他人的:这些未必不是行销发展的现象。结合上引《上海县志》的记载,越发可以证明:松江、上海一带棉布的行销,并不怎样衰落。鸦片战争前夜,松江、上海一带的棉布市场,似乎更见活跃:

> 关陕及山左诸省,设局于邑,广收之(标布),为坐庄。

(张春华《沪城岁事衢歌》)

这更说明松江、上海一带棉布运销的办法确有进展,西北等地商人广泛在这里设立收买机构,尽量收买棉布。所以松江、上海一带的棉织业,在清代前期并未衰落,这一带还是棉织业的大中心地。但和明代差不多,松江、上海一带的棉织生产,仍基本上采取家庭生产的形式。如康熙时李煦的奏折说:

> 采办青蓝布三十万匹……此项布匹出在上海一县,民间于秋成以后,家家纺织,赖此营生。(《文献丛编》三二辑)

所以采办起来,"必需牙行经纪四散收买"(同上)。然布织成后的加工——染、踹等,则是作坊(即所谓"染房"、"踹坊"等)来经营的。《枫泾小志》卷一〇引吴遇坤《天咫录》说:"康熙初,里中多布局,局中所雇染匠、砑匠,皆江宁人,往来成群。……"这就是一种作坊或工场的生产组织。在清代前期,棉织业广泛传播,首先是从松江,上海一带向苏州、无锡一带发展,这是棉织业的西移。《吴县志》卷五一说:

> 康熙长洲县志:地产木棉花甚少,而纺之为纱,织之为布者,家户习为恒产。不止乡落,虽城中亦然。

苏州棉织业的特点,是城乡普遍生产,这似是由于产棉少而布业盛,原料是外来的,所以发展了城市的棉织业。同时棉布的加工事业,在苏州也很发展,乾隆《长洲县志》卷一一说:

> 苏布名称四方,习是业者,在阊门外上下塘,谓之字号,漂布、染布、看布、行布,各有其人,一字号常数十家赖以举火。
>
> 中染布一业,远近不逞之徒,往往聚而为之,名曰踏布房。

雍正元年何天培的奏折说:

> 至于染、踹(踹)二匠,俱系店家雇用之人。

雍正八年李卫的奏折说:

> 从前各坊(踹坊)不过七八千人……现在细查阊门外一带,充包头者共有三百四十余人,设立踹房四百五十余处,每坊客匠各数十人等,查其踹石已有一万九百余块,人数称是。

这是棉布业中手工业作坊和工场的组织,这种作坊和工场是在发展着的。至于布的收买,则据道光《元和唯亭志》卷三说:

> 布庄,在唯亭东市,各处客贩,及阊门字号店,皆坐庄买收,漂、染俱精。

可见这一带棉布集散的中心地在唯亭。

无锡也是一个不产棉花而产棉布的地方,黄卬《锡金识小录》

卷一说：

> 常郡五邑，惟吾邑不种草棉，而棉布之利，独盛于吾邑，为
> 他邑所莫及。……坐贾收之，捆载而贸于淮、扬、高、宝等处，
> 一岁所交易，不下数十百万。尝有徽州人言：汉口为船马头，
> 镇江为银马头，无锡为布马头，言虽鄙俗，当不妄也。无锡坐
> 贾之开花布行者，不数年即可致富。

可见无锡的棉布生产和市场也很发展、繁荣，而且无锡的布业可能
还有超过松江一带之处。《锡金识小录》又说：

> 盖邑布轻细不如松江，而坚致耐久则过之，故通行最广。

这说明无锡的棉布更适宜于广泛行销，因为实用性更大。

松江（包括上海）、苏州、无锡，是清代前期三个棉织业的中心
地。其他如太仓、镇洋、嘉定、宝山、平湖、南浔等县镇，棉织业也都
相当发达。买棉织布，以布易棉的办法，也还是存在的。如南浔
镇：

> 市之贾俟新棉出，以钱贸于东之人，委积肆中，高下若霜
> 雪，即有抱布者踵门，较其中幅，以时估之棉与布交易而退。
> 随有西之人赍钱来计布值，合则书剂与之去，而钱存焉。（咸
> 丰《南浔镇志》卷二四）

这种交易，只是好了中间的商人，商业资本用钱买棉花，换了布，再
卖出去，一转手之间就发了财，实际是剥削种棉、织布和买布三方
面的人，他们所赚的是居间垄断的利益。商业资本实际已控制了
种棉和织布的人家，使他们为自己的赚钱服务，这里面多少包含一
些新的经济因素。

长江下游太湖地区一带，南至杭州，西至南京，也都有棉织业。
杭州："棉布……凡乡之男妇皆为之，多出笕桥一带。"（康熙《仁和
县志》抄本卷六）南京，据《白下琐言》卷八说：

道光庚子，静斋叔父在常州奔牛镇及浙江石门、斜桥等处，雇觅织工来省，捐资备棉纱，于孝陵卫一带设机织布，令绒机失业男妇习之，价廉工省，日用必需，此业一开，补救不小，洵百世之美利也。惟织布所用之棉纱，必得崇明、通州所产者，绪理紧密，绵绵不断，若孝陵卫及乌江之花，只可作衣棉，不堪织布。……

可见南京棉织业的兴起是更晚的。棉织业追逐丝织业西移，它到处排挤丝织业，先夺取丝织业乡间的根据地，把丝织业逼入城镇内，然后跟踪逐渐侵入城镇的作坊手工业中，以代替丝织业。不过在清代前期，丝织业据城镇作坊，棉织业据乡村家庭的形势，基本上还不曾改变。所以在清代前期，棉织业的重要性虽已驾于丝织业之上，但资本主义生产因素，还是在丝织业中比较显著。

南方沿海一带，如广州，棉织业也很发达，这自然与国外贸易有关。据1821年广州英商致印度英商的信上说：

（广州）织造棉布匹头的老板和纺工之间，通常总是由老板供给纺工棉花二斤，收回棉纱一斤。棉花和棉纱的售价，极其低廉。

这所说的生产情况虽不大清楚，但似乎是一种比较特殊的剥削方式，其中可能有资本主义生产因素，是值得注意的。据说当时广州附近有纺织作坊或工场二千五百家，工人约五万人，平均每一作坊或工场约有雇工二十名。

在清代前期，江南的棉织业也曾渡江而北，如孙琳《纺织图说·注》说：

纺织图说一卷，乾隆癸酉孙琳为知淮安府事陇右赵公撰，赵公由太仓牧擢守淮安，淮无纺织之利，特征江南织工至郡设局教之，闻一时其业顿兴。

这样，棉织业的地区就更推广了。

从明末以来，北方的棉织业也在逐渐发展。到了清代，北方的棉花原料已不大供给南方，而自己使用织布。例如《畿辅通志》卷七引《宁河县志》说："（农民们）聚家之老幼，姑率其妇，母督其女，篝灯相对，星月横斜，犹轧轧纺车声达户外也。"19 世纪上半叶，直隶宁津县大柳镇统泰升杂货店所兼营的轧花手工场，雇用工人至一百多人（见北京图书馆存统泰升账簿）。但无论南北，棉织业多发展于滨海的省份，向西去发展就有限了，这是与当时整个经济发展的情况和自然条件等都有关系的。

清代前期官府纺织工场中固然也生产棉织品，但主要是生产丝织品。官府需要棉布等，多向民间采办，如上引李煦奏折，就是一证。《皇朝道咸同光奏议》卷二七载《鹿传霖查禁苏州供布津贴疏》说：

> 例供色布，向由长洲、元和、吴县号商承办，解费亦由该商津贴。

这种"采办"、"例供"的剥削，固然多是直接剥削商人，但间接就是剥削手工业者，因为商人是会采取"羊毛出在羊身上"的办法的。商人虽也吃亏，然吃的亏不一定顶大。清政府这种剥削，也阻碍了棉织业的发展。

棉布也是出口物的一大宗，据统计：在公元 1795—1804 年，及1817—1826 年的二十年中，每年布匹输出都在一百万匹以上。公元 1819 年（嘉庆二十四年）曾达到三百万匹。

除了丝织业和棉织业以外，别的纺织业也多有相当的发展。如湖南、江西、湖北、广东等地的夏布，甘肃、陕西等地的毛织品，宁夏等地的地毯，广东、浙江、江苏等地的席子等等，也都是有名的产品。

清代前期的陶瓷业，与明代差不多，是很发展的。清代前期的制瓷技术比明代更有进步，雍、乾年间督陶官唐英所著的《陶冶图说》中所述的技术可以代表清代前期制瓷技术的最高水平。它首先着重陶练泥土，其次着重修造模子。"其方瓣棱角者，则有镶、雕、印、削之作；而浑圆之器，又用轮车拉坯。……车如木盘，下设机局，俾旋转无滞，则所拉之坯方免厚薄偏侧，故用木匠随时修治。"最足以表现当时制瓷技术进步的，是"吹釉"和"洋彩"两种技法：

> 上釉之法：古制，将琢器之方长棱角者，用毛笔拓釉，弊每失于不匀，至大小圆器及浑圆之琢器，俱在缸内蘸釉，其弊又失于体重多破，故全器倍为难得。今圆器之小者，仍于缸内蘸釉，其琢器与圆器大件俱用吹釉法。以径寸竹筒，截长七寸，头蒙细纱，蘸釉以吹，俱视坯之大小与釉之等类，别其吹之遍数，有自三四遍至十七八遍者，此吹蘸所由分也。

> 圆琢白器，五彩绘画，摹仿西洋，故曰洋彩。须选素习绘事高手，将各种颜料研细调合，以白瓷片画染烧试，必熟谙颜料火候之性，始可由粗及细，熟中生巧，总以眼明、心细、手准为佳。所用颜料，与珐琅色同。

吹釉之法，可能明代已有，但到清代才发展起来。洋彩的画法，则完全是清代新创的，始自康熙，盛于乾隆。吹釉法可使釉色匀净，是上釉法的一大进步。洋彩的画法，并不是完全摹仿西洋，是采取洋画的优点，发展国画的原有技术而成的。这种洋彩瓷器，非常精美，即所谓"瓷胎画珐琅"，讹称"古月轩瓷"。此外清代瓷器技术的分工，可能比明代更细，如《陶冶图说》说：

> 画者止学画而不学染，染者止学染而不学画。……画者染者各分类聚处一室，以成其画一之功。其余拱锥、雕镂，业

似同而各习一家;釉红、宝烧,技实异而类近于画。至如器上
之边线青箍,原出旋坯之手;其底心之识铭书记,独归落款之
工。(道光《浮梁县志》卷八)

连器上的边线青箍、识铭书记,都有专业,可见分工之细了。

清代的产瓷地更集中于景德镇,清代前期景德镇的官窑瓷器,
代表瓷器艺术的最高水平,因为官窑的资本大,人才集中,所以制
瓷工艺最为精致;虽然它主要是供给统治阶级所需用的奢侈品的。
清代前期的官窑瓷器胎质细腻,素釉莹白,彩釉和绘画华丽工细,
确乎胜过明瓷。但景德镇在明末清初时,曾受战事的影响,窑户四
散,顺治一朝连官窑都不曾正式恢复,到康熙时,才正式恢复官窑。
名震全球的"康熙窑"瓷器式样,是当时艺术家刘源所规划的(见
《在园杂志》卷一),他"呈瓷样数百种,参古今之式,运以新意,备
诸巧妙,于彩绘人物、山水、花鸟,尤各极其胜;及成,其精美过于明
代诸窑"(《清史稿》本传)。康熙后期江西巡抚郎廷极也曾建立瓷
窑,称为"郎窑",善于摹仿明代宣德、成化二窑的制品,式样很多,
但后世所传的,则以仿明"祭红"色的为最著名。雍正官窑的最高
督造官是年希尧,称为"年窑",所造瓷器也有各种式样,以一种天
青色的为最好。雍正六年以后,驻厂的督造官是唐英,乾隆前期的
官窑瓷器,也归他督造,这时候的官窑瓷器,特别华丽考究,既能仿
古,又能创新,且能摹仿东洋、西洋的彩法。唐英也是个艺术家,他
从工匠处学习技法,"于泥土、釉料、坯胎、火候,具有心得,躬自指
挥"(《清史稿》本传),对于当时官窑瓷器技术的进步,曾起过些作
用。当时恢复了失传的钧窑瓷器的制造法,并能有新创造,制品远
远超过原作。大器如龙缸,过去很难制造,到唐英督窑时,能很有
把握地制出。在五彩瓷器方面,雍、乾年间的官窑制造一种带粉的
五彩瓷器,叫做"软彩"(康熙五彩不加粉,称为"硬彩"),这种彩

法可能是从当时的民窑——熊窑摹仿来的。乾隆官窑瓷器堪称为集前此瓷器的大成。嘉庆以后，官窑逐渐衰落，制品也不如从前了。

在清代前期，民窑瓷器的制造技术也很有进展，如青花器，就胜过官窑。康熙时民窑——熊窑开始制造软彩瓷器，为雍、乾官窑所摹仿。当时民窑的瓷器种类很多，具见蓝浦等著的《景德镇陶录》。大概清代景德镇民窑，是较明代更有发展的。"民窑"也制造"洋器"，专销"外洋"；广东商人有到江西贩买瓷器到广东，加洋彩后，销售外洋的。

康熙二十年左右，正式恢复明代的官窑制度。督陶官，乾隆末年以前，主要任用内务府或工部官员，以后主要任用地方官吏。明代在隆、万以后，官窑瓷器已有散搭民窑烧的。到了清代前期，虽然仍有官窑，但官搭民烧的制度逐渐推广，民间供役的办法逐渐停止，官窑的工匠人数比较不多，大概多是雇用的。据说："每开窑，鸠工庀材，动支内府，按时给值，与市贾适均，运器也不预地方，一切不妨吏政事。"这种官府手工业制度的渐有改变，也是适应整个社会经济发展的趋势的，并不是封建政府特施恩惠。大致说来：这是新经济因素发展后，官府手工业逐渐衰落、转化的表现。然官府陶瓷业对于民间陶瓷业的发展，仍有妨碍，因为压迫、剥削仍是存在的。

清代的民间陶瓷业虽有发展，然发展得很是缓慢，据唐英《陶冶图说》载：

（景德镇）商贩毕集，民窑二三百区，终岁烟火相望，工匠人夫不下数十余万，靡不借瓷资生。

这种情况和明代也差不多。外人记载说：

（1850年以前）马礼逊博士在引证当地瓷器工场的历史

时说道:那里曾有二百至三百个瓷窑和几十万工人。斯当顿说有三千个瓷窑,而赫克说有五百个瓷窑和一百万以上的工人。据中国人口头传说(可能流于夸大);道光年间开工的窑数有二百七十个至二百九十个,而这个数字,正与马礼逊的相符。(*Returns of Trade and Trade Report*,1869, P. 119)

这段记载大致与《陶冶图说》相合,应当是比较可信的。景德镇工匠多是雇工,而且多来自外方,道光《浮梁县志》卷八载:

> 景德镇烧窑之户,本省则都昌县人居多,本府与抚州府及安徽之婺源县、祁门县,习其业者,十仅一二,而本县之人盖鲜。

这所说似乎包括窑主和工人,但主要似乎是指工人的。由于景德镇的瓷器业还受行会的严密控制,外乡的行帮团结性较强,所以能够取得优势(同上卷二"烟火近十万家,窑户与铺户当十之七,土著十之二三")。龚钺《景德镇陶歌》说:

> 陶有窑,有户,有工,有彩工,有作,有家,有花式,凡皆数十行人。

《景德镇陶录》卷四说:

> 今则镇分二帮,共计满窑店三十二间,各有首领,俗呼为满窑头,凡都、鄱二帮满柴、搓窑,皆分地界。
>
> 陶户坯作人众,必用首领辖之,谓之坯房头,以便稽查口类出入雇人。其有众坯工多事,则令坯房头处平,有惰工坏作,亦惟彼是让。

根据这些史料看来,景德镇的行帮势力是很大的,行帮有组织,有首领。窑工的反抗也往往借用行帮的势力:

> 然镇官、民窑户,每窑一座,需工数十人,一有所拂,辄哄然停工,虽速须货不计也。(道光《浮梁县志》卷二)

伊等锱铢必较，睚眦必复，即银色、饭食之类，少有龃龉，动即知会同行罢工罢市，以为挟制。甚至合党成群，恣行抄殴，此等恶风，尤以都昌人为最。（凌焌《西江视臬纪事》卷四）

行帮势力的强大，是阻碍资本主义生产因素的发展的，但行帮又成为工人反抗封建政府和窑主压迫的组织，这却起着积极的作用。

景德镇商业资本所经营的生产组织，有大有小，最主要的是"窑户"。窑户有的自造自烧，有的也搭烧官瓷和他户的坯，也有把坯搭给别的窑户烧的。著名的有"包青窑"，官器尽搭此等烧窑，民户也有搭烧的，也或自己造烧。用柴烧窑的叫做"柴窑"，多烧大的好的器；用带叶小柴烧窑的，叫做"搓窑"，是烧粗器的。

至于瓷器的买卖，《景德镇陶录》卷四说：

商行买瓷，牙侩引之，议价批单，交易成，定期挑货，必有票计器数为凭。……瓷器街颇宽广，约长二三百武，距黄家洲地半里余，街两旁皆瓷店张列，无器不有，悉零收贩户，整治摆售，亦有精粗上中下之分。

此外还有摊贩等小本经营者，景德镇的瓷器买卖自然也很兴盛。

和明代差不多，景德镇民窑所产的瓷器，供应全国各地，并且大量输出国外，仍是当时国际重要商品之一。其他地方的陶瓷业，如宜兴、广东的陶瓷业，也仍然存在，但它们不是当时陶瓷业的重点，这里不详述了。

清代的矿冶业，也得到一定程度的发展。采矿区域的重心多在西南各省。清代初年严禁开矿，康熙时才许呈报开采，不过大致只许恢复旧矿，不许开采新矿。乾隆以后，虽限制稍宽，民营采矿业得到发展的机会，然因统治者的加紧掠夺，矿税一般征收十分之二，官价收购十分之四，投资商人经不起层层剥削，往往破产，因而多"裹足不前"。又若干矿场，经官府给工本，或用入股等方式，夺归官有，官办矿业不及民办的容易发展；这样就严重阻碍了采矿业的继续进展。然而经济的发展，是不可遏止的，清代前期的矿业，毕竟还有些进展。如康熙末年，"蜀省一碗水地方，聚众万余人开矿"，被地方官所驱逐，"随逐随聚"（《东华录》卷一八）。雍正时，广东"铁炉不下五六十座，煤山、木山开挖亦多，佣工者不下数万人"（《皇清名臣奏议》卷三二）。从此矿业渐有发展。最主要的是云南铜矿业，除官矿外，开矿的多是三江、两湖、川、广的富商大贾，大厂甚至动辄使用数十万人，小厂也不下数万人，各地的贫民多来佣作生活（参看《续云南通志》卷四五）。又当乾、嘉时，川、陕、鄂三省的铁矿采冶业，也有发展，严如熤《三省边防备览》记载得尚详细：

> 铁炉高一丈七八尺，四面椽木作栅，方形，坚筑土泥，中空，上有洞放烟，下层放炭，中安矿石。矿石几百斤，用炭若干斤，皆有分两，不可增减。旁用风箱，十数人轮流曳之，日夜不断火。炉底有桥，矿碴分出，矿之化为铁者，流出成铁板。每炉匠人一名，辨火候，别铁色成分。通计匠、佣工每十数人，可供一炉。其用人最多，则黑山之运木装窑，红山开石挖矿，运矿炭路之远近不等，供给一炉所用人夫，须百数十人。如有六七炉，则匠作、佣工不下千人。铁既成板，或就近作锅厂，作农器，匠作搬运之人又必千数百人。故铁炉川等稍大厂分，常川有二三千人，小厂分三四炉，亦必有千人、数百人。（卷九《山货》）

这所说包括生产技术、生产关系和生产规模。矿场的工人自然多是雇佣劳动者，人数是相当多的，生产规模很是庞大，这虽由于矿冶业本身的条件常须如此，但其发展的情况，也可看出。如单就冶铁业来说，还是以广东佛山镇为最盛，有"炒铁之炉数十，铸铁之炉百余"（道光《佛山忠义乡志》卷五），冶铁技术相当高明，生产规模也不小，铸造铁器多而且好。所铸铁锅，除运销国内外，也是重要的输出品。

　　清代前期的盐、茶制造业也比前发达，但也遭受着清朝统治者的严厉控制，清政府摹仿前代统治者的办法，垄断盐、茶的工业，所得盐课、茶课，占他的财政收入的重要部分，这也阻碍了盐、茶工业的发展。然盐、茶工业并未停止前进。清代前期制盐业的发达，可从盐商势力的浩大和他们的豪富看出。清代后期的盐商，是民族资产阶级的重要组成部分。但沿海盐业虽发达，盐场规模却多不很大，大规模的盐场见于四川井盐业中，这是因为井盐业非大资本不能办。茶在清代前期已成为极重要的输出品，这说明制茶业的比前发达。例如道光初年，广州有一制茶手工工场，雇佣男女童工达五百人之多。此外如制糖业，也有相当大的发展，特别是台湾的制糖业，最为著名。

　　在清代前期，别的手工业也多有进展，但其重要性不及上述的几种手工业，这里从略。现在再谈一谈清代前期手工技艺的进步。如上所说，清代前期的丝织品、棉织品和瓷器等，所表现的工艺水平都很高，特别是景德镇瓷器，已成为一种水平极高的美术品，国内外的人士都很欢迎。但就一般手工艺的发展水平说，还是以苏、杭地区为最高，这里且引几条史料来说明这点：

　　　吴中人才之盛，实甲天下，至于百工技艺之巧，亦他处所不及。近有刘允辉者，世医，家能制扇及文具、茶具之类，种种精致。有王天相，名亚于刘。又有赵浒者，能以羊皮为灯，及脱沙为人物，今城隍庙东房三官神像，其手制也，极其工巧。尝为人言：能作石磨，不用人牛，自然运转，其名曰子房车。盖未之试。宋人刻丝竹之法久不传，有吴煦者，取古制拆而观之，遂能自作，其工致不减前人。此数人，皆无所师承，而自得天巧，信一时之绝艺也。（近又有孙云球，吴江诸生，善制眼镜，著有《镜史》一卷。他如钱葆初制笔，项天成捏像，并有名。）（道光《苏州府志》卷一四九）

绣作，精细雅洁，称苏州绣，顾姓妇人，故名顾绣。（乾隆《苏州府志》卷一二）

五杭者，杭扇、杭线、杭粉、杭烟、杭剪也。（范祖述《杭俗遗风》）

这些技艺上的成就，都说明手工业发达的水平。有些虽是奢侈品，或接近奢侈品，但技艺的精致，总是可以宝贵的。上述的顾绣，上海也有一种，大概是受苏州的影响而出现的。（乾隆《上海县志》卷一说："顾氏露香园组绣之巧，写生如画，他处所无。小民亦习以糊口，略与纺织等。其法劈丝为之，针细如毫末，专多另工；近绣素绫作屏障，值甚贵，各方争购之。"）

手工业的发展，和手工业者身份的改变与待遇的提高等，都有关系。从明代中期以来，匠户制度已经名存实亡，到了清初索性明令废除，以表示"宽大"。顺治二年五月十九日清廷下令："各省俱除匠籍为民"（《清实录》顺治朝卷一六）；"其后民籍之外，惟灶丁为世业"（《皇朝文献通考》卷二一）。但官府仍有"取用匠夫"之制（参看同上书），而且此后仍有所谓"班匠"的名称。康熙三年定："班匠价银改入条编内征收"（嘉庆《大清会典事例》卷七一七）。可见官府对于工匠的剥削和匠户制度残余，还是存在的。然大致说来：工匠的身份是比以前提高了。至于工匠的待遇，一般还很苦，有的工资很低，如景德镇的工匠："粝食充枯肠，不敢问齑韭；工贱乏赢资，异乡无亲友。"（沈嘉征《窑民行》）乳料工的工价，每月三钱,是老幼残疾人所做的工(见《陶冶图说》)。但也有工价较高的,如丝织工的工价:"按件而计,视货物之高下,人工之巧拙,以为增减。"工价之外,还有"酒资"。这里且举纺织业工资史料三条,以见一斑:

> (直隶遵化州)王维珍得王景顺荐给李琅家织山绸,讲定匹绸子两吊东钱的工价。

> (广东)罗维万受雇在苏国成铺内弹棉花,言定弹花一百斤给工钱三百文。

> (盛京)吕可现与齐幅正织布一匹,应给工价市钱九百文。(《清代刑部钞档》)

大概纺织业的工资是比较高的,特别是织工,技术较难,工资更高。但各时候、各地区、各作坊或人家的工资,不能一律;技术有高低,工资也有增减;而各行业的工资,可能相去很远。上举的例子,只是说明清代前期工资水平的大概。从纺织业的工资看,清代前期的工资水平还不算很低,这对于纺织业的发展,是有帮助的。

然而清代前期工匠的待遇,并不是普遍较高的,特别是官府工匠的待遇,可能更低。官府和业主对于工匠的剥削,是不会放松的,所以常引起工匠的反抗,上面举过丝织业和陶瓷业的例子,已足以看出工匠反抗剥削者的激烈。在别种行业中,自然也有这种情况。此外清代前期还有工匠起义的记载,不过不很多,现举两例如下:

> (顺治十七年)六月,从化炉丁叛,知县孙绳请罢炉,以散其党。

> (顺治十八年春)罢清远炉工,余党复聚为盗。……(光绪《广州府志》卷八○)

总的看来,手工业在清代前期,虽然已有较明显的资本主义萌芽,如丝织业中的工场手工业,棉织业中的类似包买主的商业资本的活动,各行业中雇佣劳动的发达等等,都表现了或多或少的新的经济因素。但除东南沿海地区以外,资本主义生产因素是不大明显的,就是景德镇的陶瓷业中,也看不见多少资本主义生产因素。实际上手工业在清代前期,许多还是与农业结合的;同时有不少小手工业者还是独立谋生,往往在私人家庭中劳动,没有自己的作坊;再加上行帮势力的强固等等,就表明了手工业的发展还有限,很大部分还不曾与商业资本相结合,还不曾出现新经济形态,所以过分强调清代前期的资本主义生产因素,是不妥的!

三　国内商业与都市的恢复和发展

在清代,随着农业、手工业的恢复和发展,商业及都市也得到若干恢复和发展。康熙年间,曾改进关税的条例,如各关卡过去抽分超溢税额的,加予记录,康熙四年,特令悉照定额抽分,免溢额议叙之例。又严禁各关违例收税,或故意迟延掯勒;并禁止地方官吏滥收私派。二十四年,命光禄寺置买各物,俱照实价估计,定为条款。又命江、浙、闽、粤海关免沿海捕采鱼虾及民间日用货物之税;海船、洋船,单收货物正税,免除杂税。雍正年间,又曾核减各关的赢余。乾隆初年,更严禁牙行侵吞商客资本,并裁减关税。这些都是清代统治者暂时减轻对商业的压迫和剥削的事例。但同时另一方面,清代统治者却在厉行"重本抑末"的政策,而各地官吏对于商业的非法剥削,又非常厉害。所以商业的发展是很缓慢的。这里且举两条史料,说明当时商业所遭受的灾难,就此可以证明过分强调清代前期商业资本的发展,是不符合事实的:

　　　　雍正十三年十月内钦奉上谕:朕闻各省地方,于关税、杂税外,更有落地税之名。凡耰锄、箕帚、薪炭、鱼虾、蔬果之属,其值无几,必查明上税,方许交易。且贩自东市,既已纳课,货于西市,又复重征。至于乡村僻远之地,有司耳目所不及,或差胥役征收,或令牙行总缴,其交官者甚微,不过饱奸民猾吏之私橐,而细民已受其扰矣。(《清代钞档》)

　　江右之南昌、饶州、吉安、抚州,旧有土税,共征银一千三百八十七两零,岁额无多,有司假以渔利,吏胥又从而苛之,多征且至一二十倍,不独敛怨商家,虽僻乡穷民所持只鸡尺布,有不免于诛求者。(康熙《西江志》卷一七二)

清代的统治者、官吏、胥役、牙行层层剥削,除了少数的富商大贾外,一般商民怎能经受得起? 商业的不能充分振兴,自是意想中的事。

　　清代前期商业的发展水平,就我们现在掌握的史料和历史知识看来,与明代相差不远。在某些方面落后于明代(如商业资本与高利贷和土地的结合,行帮制度的强固,牙行的垄断等等,清代前期似比明代厉害些),某些方面则又比明代前进。最进步的商业,仍在江南和东南沿海一带,这里的商业资本已部分与手工业结合,孕育着资本主义生产因素。如泉州石崖许氏家谱,记其先世,自明正德至清康熙年间,凡八世,都以经商为业,主要是经营丝绸商业,奔走南北,曾从经营丝绸商业到自己开设丝房(见《明清时代商人及商业资本》)。这就是商业资本结合手工业的一个典型例子。

　　最大的商人是两淮盐商和山西、皖南、广东等地的商人。盐商中有"场商"和"运商"的区别,场商收买出产地的盐,堆积于十二圩,以待运商的运贩。扬州的盐商资财特别豪富,在当时人的记载中,我们可以看到扬州盐商生活奢华的惊人。康熙、乾隆二帝屡次到江南巡游,强迫盐商捐输的款项,动辄数百万两,这在当时说来,是非常可惊的数字。

山西、皖南的商人,在明代已大露头角,称为最富的商人。清代前期继续发展,山西商人的豪富,仍在皖南商人之上。《清稗类钞》说:"山西富室多经商起家,元氏号称数千万两,实为最巨。"数千万两的巨富,在清代确是少见的。后来山西还有曹、乔、渠、常、刘数十姓,各拥有数十万至数百万两的财产。明清之际在山西商业中发展出高利贷性的金融业——票号业来,原来山西商业资本带有高利贷的性质,沈思孝《晋录》说:

> 平阳、泽、潞,豪商大贾甲天下,非数十万不称富,其居室之法善也。其人以行止相高,其合伙而商者,名曰伙计,一人出本,众伙共而商之,虽不誓而无私藏。祖父或以子母息丐贷于人,而道亡,贷者业舍之数十年矣,子孙生而有知,更焦劳强作,以还其贷,则他大有居积者,争欲得斯人以为伙计,谓其不忘死,肯背生也? 则斯人输少息于前,而获大利于后,故有本无本者,咸得以为生。且富者蓄藏不于家,而尽散之为伙计,估人产者,但数其大小伙计若干,则数十百万可屈指矣。所以富者不能遽贫,贫者可以立富,其居室善,而行止胜也。

这是大商业资本转化为高利贷资本,散为小商业资本,大商人控制、剥削小商人的一种制度。这种制度,在古代东方国家已经出现,如巴比伦,就有类似的制度。这种商业经营的方法,本是一种落后的方法,它使商业不能高度发展,使商业为高利贷服务。高利贷者吸商人的血,间接就是吸人民——生产者与消费者——的血,对于国民经济是不利的。但在一定的历史条件下,这种制度促进商业普及,也会对于经济的发展有些好处。在明清时代,这种制度似乎具有促进经济和阻碍经济的两面性,它和票号、钱庄的两面性相类似。在江南地区,商业普及能直接促进手工业、高利贷分散为小商业资本,对于经济的发展,是比较有利的。在山西等地区,手工业不够发达,高利贷分散成的小商业资本,多只为转运服务,主要是为高利贷增加资本,以便进一步剥削人民,所以这种制度的落后面较大。在皖南地区,大概也有类似山西的"伙计"制度,其作用和山西的情况差不多(别的地方也有类似的办法,而且这种制度明代已普及)。皖南徽商多经营典当业,致有"徽州朝奉"之称,这也是一种高利贷业。

广东的最大商人是行商,这与海外贸易有关。十三行商人中,如伍怡和拥有财产二千六百万元,同孚行的潘氏,其先世遗产二千万元,据一法国人的报告,其财产总额,超过一万万佛郎。这种财产数额,在当时说来,也非常惊人了。

清代官僚的经商,似乎比前代更盛些,在各种记载里,官僚经商的材料相当多,这里且举三件事为例:(一)《东华录》载:"(高士奇与其)亲家陈元师伙计陈季芳开张缎号,寄顿各处贿银资本,约至四十余万。"与王鸿绪等"合伙生理,又不下百余万"。(二)《东华录》又载:"(徐)乾学发本银十万两,交盐商项景元于扬州贸易,每月三分起利。……又本商陈天石新领乾学银十万两……开张当铺。"(卷一〇)(三)薛福成《庸盦笔记》载:"和珅开设当铺七十五座,本银三千万两;银号四十二座,本银四千万两;古玩铺十三座,本银二十万两。"(卷三)就上述三件事看来,当时官僚经商的资本是巨大的。他们除经营商业外,还经营着高利贷和金融业。他们支配着一些商人,使商人为自己服务。官僚的经商和商人的勾结官僚,在清代是常事。

官僚的经商,自然主要是因为商业有大利可图,如魏晋南北朝时期的贵族官僚,也多经营商业。但自宋代以后,反映全盛期地主经济的意识形态理学兴起，官僚、士夫经商被看成是不道德、不名誉的事，所以自宋到明，官僚、士夫经商似乎不及前代突出（当然不是说这时期官僚经商的没有或很少）。可是商人的地位，宋元以来，确已逐渐提高，清沈尧《落帆楼文集》卷二四说：

> 古者四民分，后世四民不分；古者士之子恒为士，后世商之子方能为士。此宋、元、明以来变迁之大较也。

这段话是有些见地的。正惟"商之子方能为士"，所以绅商就不能分家。自从明代后期以来，由于工商业的进一步发展，经济基础有些量的变化，反映到上层建筑里，理学逐渐转化衰落，人们对于商业和商人，已不像过去那样轻视，于是官僚、士夫经商的风气就又兴起，绅商合一的倾向更明显了。这就是清代官僚经商较盛的原因。

至少在明清时代，特别是清代，较大的商业都是通过牙行来进行的。牙行非与官府勾结不可，它们都向政府领有"牙帖"，垄断商业，对于设有牙行的货物，都禁止牙行以外人买卖，违者处罚。这是一种商业独占的制度。这种制度的存在和发展，对于新经济因素的滋长，是有妨碍的。这种制度的存在，说明到明清时代，封建政府还控制着大商业，商业的自由经营，还很不方便。牙行制度与行帮制度也有联系，甚至可说是一事的两面。

从康熙年间起，工商业逐渐得到恢复，并缓慢地发展起来，于是都市也随着恢复和发展。清代前期的商业和手工业一样，比明代更集中在东南一带。大体说来，长江流域，西到武汉，东到海滨，工商业普遍发展，因此都市也普遍兴盛。如江南的最大都市之一南京，就比明代更发展，当时商业水陆交通直达南京的有十几路之多，城市坊市林立，非常繁华，茶楼酒店，到处都是。《儒林外史》描写南京的繁华说：

> 城里几十条大街,几百条小巷,都是人烟稠集,金粉楼台。
> 大小酒楼有六七百座,茶社有一千余处。

苏、杭两工商业中心城市更是发展,"上有天堂,下有苏杭"的话,到处流行着。顾禄《清嘉录》说:

> (苏州)五方杂处,人烟稠密,贸易之盛,甲于天下。(卷五)

"阊门外南濠之黄家巷,……明时尚系近城旷地,烟户甚稀",至清朝,"生齿日繁,人物殷盛,闾阎且千,鳞次栉比矣(同上卷一六)。苏州有名的大商店孙春阳开设于明代,发展于清代,"其为铺也,如州县署……亦有六房……售者柜上给钱,取一票,自往各房发货,而总管掌其纲"(钱泳《履园丛话》卷二四)。

> (杭州)百货所聚……如杭之茶、藕粉、纺绸、纸扇、剪刀,湖之笔、绉纱,嘉之铜炉,金之火腿,台之金橘、鲞鱼,亦皆擅土宜之胜,而为四方之所珍者。(陆以湉《冷庐杂识录》卷八)

长江中游的武昌:

> 商贾之牙侩,丝帛之廛肆,鱼米之市魁,肥其妻子,雄视里闬;下至百家技艺,土木食工,以及俳优侏儒,趋利于阛阓者,未尝不趾相错,而踵相接也。(《古今图书集成·武昌府部汇考》)

以上是清代前期工商业最发展的长江流域都市的情况。其次,运河流域也有许多商业都市,最著名的是扬州。扬州是两淮盐商会集的所在,盐商极富,已如上述,所以扬州"楼台画舫,十里不断"。扬州可说是清代前期最大的盐业和商业都市。十二圩则是盐船停泊的所在,也是盐商总栈所在的地点。至于华南的都市,以沿海地区为盛,如广州、福州等,都以对外贸易的关系,日趋发达。

北方最大的都市,就是当时的京城北京,其商业的繁盛,甚至超过明代，这地方终究是"百货所聚"的所在。北京城的庙市是非常有名的。庙市大体可分为两种：（一）每月开一次或几次的，如枝巢子《旧京琐记·市肆》条载："京师之市肆，有常集者，东大市、西大市是也。有期集者，逢三之土地庙，四、五之白塔寺，七、八之护国寺，九、十之隆福寺，谓之四大庙市，皆以期集。"又《宸垣识略》卷八载："崇国寺……每月逢七、八两日，有庙市。""大神……每月逢四日。"又卷一〇载："大慈仁寺……每月逢五、六日，有庙市。"（二）每年开一次的，如《燕京岁时记·都城隍庙》条载："都城隍……每岁五月初一日起，庙市十日。"《宸垣识略》卷九载："都灶君庙……每年八月初一、初二、初三日庙市。"又："太平宫，……每岁三月初一、初二、初三日庙市。"庙市的繁盛，是清代北京商业的一个特色（清代其他都市也多有著名的庙市：有的常时开放，如苏州的玄妙观、南京的夫子庙、上海城隍庙等；有的每年开放一次，如上海静安寺的浴佛节庙市。各处乡村间还有许多原始型的庙市，如淮阳的太昊庙会，徐海十二县的七十二庙会等）。除北京外，北方还有许多大商业都市，如直隶的天津，山东的济南，河南的开封，山西的太原等。甚至边疆地带，如宣化府，也是"市中贾店鳞比，各有名称，如南京罗缎铺，苏杭罗缎铺，潞州绸铺，泽州帕铺，临清布帛铺，绒线铺，杂货铺，各行交易铺沿长四五里许，贾皆争居之"。可见凡是交通要道及政治中心的城市，商业都很发达。但西北一带古代的大都市，如西安、洛阳等，则商业比较不振，已失去最大都市的地位了。东北一带的都市，在清代前期还不很发达，要到清代后期，才逐渐兴盛起来。

大体说来，清代国内商业与都市的发展情况，是比明代更普及的，但也更集中于江南一区和沿海地带，愈偏北和愈到内地，商业与都市的发展就愈有限度，甚至有比前代更衰落的现象。大概各省的省会和交通要地,商业是比较发达的,其他地区就比较落后了。长江中下游,多是工商业的都市,这可看出南方手工业要比北方发达。沿海的都市,则与海外贸易和海运有关。南方和沿海一带都市的发达(这是经济和交通发展的结果),是唐宋以来愈来愈显著的现象。到鸦片战争以后,这种畸形发展的倾向,就更突出了。

　　镇市的发展,在清代尤其显著,差不多无县无镇。大州县的附近,镇市更多。有的镇市的发展,甚至超过府县,与省会齐名,如当时有所谓"四大镇":一、河南朱仙镇(属开封县),扼水陆交通要冲,南船北马,分途于此,是个大商业都会。二、江西景德镇(属浮梁县),以产瓷器著名,所出瓷器,运销全国,兼及海外,商业也很可观。三、湖北汉口镇(属夏口县),是长江上下游的总汇,"商贾毕集,帆樯满江,南方一大都会"。四、广东佛山镇(属南海县),贴近珠江,位置沿海,是华南的一个重要门户,工商业素称繁盛,人口数十万(佛山镇在明代中期,还不过"几万余家";到了康熙年间,则"廛肆民居,栉逾十万";乾隆年间,更发展至"烟火十余万家")。这种镇市普遍发展的现象,说明了清代的商业比以前更普及了。(刘继庄《广阳杂记》卷四说:"天下有四聚:北则京师,南则佛山,东则苏州,西则汉口。""四聚"之中有两聚都是大镇市。)

　　清代都市人口的发展,比明代更迅速,特别是农民离乡进城,变成市民——手工业者、小商人、无产流浪者等——的很多,因此市区扩大,如苏州阊门外近郊人口的增加,使市区扩大,便是一例。又如景德镇外地人比本地人多;佛山镇也有类似的情况(《佛山忠义乡志》卷五载:"四方商贾萃于斯,四方贫民亦萃于斯,挟资以贾者什一,徒手而求食者则什九也。"可见佛山镇外地来的游民之多,他们多半变成手工业雇佣劳动者,亦即市民的基础)。各都市风俗也日趋奢华。这些都说明都市在变化。

我们可以这样说：康熙、雍正年间，是清代商业和都市的恢复期；乾隆年间，是清代商业和都市的发展期，嘉庆、道光年间，是清代国内商业的由盛转衰期，鸦片战争以后，则是外国资本主义商业的侵入期了。

随着商业和都市的发达，清朝统治者对于商业的剥削，也逐渐加重了。乾隆十八年，全国关税达四百三十三万两；乾隆六十年，税额增到六百四十六万余两；贪官污吏更额外重征，以饱私囊，或"借亏缺为名，日加苛敛"，"以致商贾不前，物价昂贵"。这一切都阻碍着国内贸易的继续发展。

在这里我们附带一说清代的商税制度：第一就是关税，有正税、商税、船料税三种。正税按出产地征收，商税按货物价格征收，船料税按船舶梁头的大小征收。康熙二十三年，设立四海关；二十八年，制定税则。凡商船到关，海船按梁头征银若干两，再抽货税。这是清代前期关税制度的大概。

第二是盐税，产盐之地分为十所，就是：长芦（直隶）、山东、河东（山西）、两淮、两浙、两广、福建、甘肃、四川、云南。各处盐的销售方法不同：一、官督商销，即政府给引票与商人，据引购盐，以贩卖于各地。二、官运商销，即政府自购盐场里的盐，运于官设的栈，命盐商购买。三、官运官销，即政府运栈自卖。四、包课，即偏僻省份的产盐地，许民间自制自用，而课以税银。四法之中，以官督商销最为通行。合计盐课达七百七十三万七千一百三十四两。但运盐过关卡时，还须纳厘金，叫做"盐厘"，总计六百万两左右。此外还有许多杂税，剥削都很繁重。总的说来，清政府的商税收入，确实不少，这也说明了当时商业的普遍发展。

清代的手工业和商业，虽已孕育着资本主义的成分，可是这种资本主义成分是很微弱的；商人所得的收入，大半浪费于消费方面，商人与手工业的结合还很有限度，商业资本还不能大量投到手工业上去，因此手工业方面的扩大再生产，就受到了限制。总括起来说，在清代前期时，资本主义幼芽之所以不能发展，主要原因约有三项：一、农村中自给自足的自然经济还占着绝对的优势，除了东南沿海一带某些地区以外，广大的内地乡村中，家庭手工业与小农农业还强固地结合着，这使得包含着资本主义成分的工商业不得迅速发展。二、就全国范围说，商业资本与土地经济还密切结合着，这种情况巩固了封建制度，阻碍着资本主义成分的成长。三、清朝统治阶级对于工商业压迫和剥削的严重，也阻碍了资本主义成分的发展。

我们在这里且引一段英国人弥特乞尔的调查报告，这个报告中所说的，是道光末年的中国农村情况：

中国人的生活如此俭朴，如此守旧，以致他们穿着他们祖先穿过的衣服，就是说：他们所用的，只是必不可少的东西，其余概不需要，无论向他们出卖的某种商品多么便宜。每个中国劳动者的衣服，至少要穿三年，不上三年，不换新衣，而且这套新衣，虽做极粗糙的工作，也能经穿三年。因此这种衣服所需的棉花，比我们输到中国去的最重的棉织品所需要的棉花，至少要重两倍。换句话说，这种材料要比我们可以运到中国去赚钱的最重的厚布，还要重两倍。……

鸦片战争以后，外国资本主义势力侵入中国，要想破坏中国农村里的自给自足经济还需要一段相当长的时间，这就说明：明清时代中国本身虽已产生了资本主义幼芽，但是发展得非常缓慢、非常微弱。这种购买力极低的农村自给体，只有当生产力再进一步提高的时候，才会开始瓦解，明清时代的生产力还够不到这种程度，所以还不能瓦解封建自然经济的根基,使资本主义成分迅速成长起来。

四　国外贸易与闭关政策

要说明清代前期国外贸易的特殊情况,必须先大略一说当时的世界形势和清朝统治者的对外政策。自从公元16世纪以来,欧洲新生的资本主义势力已经逐渐向东扩张,最早与中国发生接触的是葡萄牙、西班牙和荷兰等国,这是欧洲资本主义的先锋队。当明代时,葡萄牙人已占据了中国的澳门;西班牙人也在中国附近扩张势力,荷兰人则侵占中国的台湾、澎湖。这些资本主义先锋队都想打开与中国贸易的难关,在经济上侵略中国。当明代晚期,海禁松懈,中西的贸易关系比较发展。在文化方面,西方新兴的科学技术,也随传教士和商人逐渐输入中国,这种科学技术的输入,在客观上,是有利于当时中国资本主义幼芽的成长的。这时候西方国家的力量还不足以战胜中国,所以中国还能控制海防,使这些资本主义先锋队不能在中国为所欲为。可是这种形势发展下去,欧洲资本主义势力对于中国总是一种威胁,尤其是这种资本主义势力与中国的封建统治势力之间,不能不发生矛盾。中国的封建统治者,一方面需要西方输入的奢侈品,一方面又畏惧西方资本主义的势力,这就产生明、清之际中国封建统治者对于西方的贸易半拒半迎的态度。尤其是清朝政府,更恐惧西方的资本主义势力和文化会引起中国人民的革命,所以在清代初年,朝廷统治者对西方的贸易,一度几乎采取完全禁绝的政策。同时,这时候郑成功的势力还在海上,后来又驱逐荷兰人,克复了台湾,成为清统治者的大敌,因此在清代初年,厉行海禁,严禁商民下海交易,犯禁的不论官民,一律处斩。对西洋商船的限制也很严，只许他们驶船澳门，与澳门商人进行贸易，并且规定大小船不准超过二十五只。康熙二十二年（1683），郑成功的后裔失败后，清廷才逐渐开放海禁，但对中国商船出洋的限制仍严。不久在澳门、漳州、宁波、云台山设立粤海、闽海、浙海、江海四海关，而以粤海关为对外贸易的主要港口。康熙三十七年，又设立定海关。随着国内社会经济的恢复和发展，清朝统治者的奢侈贪欲也扩大了，渴求西洋的奢侈品，同时关税逐渐成为清政府的重要收入，于是对外贸易的限制逐渐放宽。当时单是苏州一地"每年造船出海贸易者，多至千余"（《东华录》卷一九）。出海商船的载重量："大者可载万余石，小者亦数千石。"外船来得也逐渐增多。输出的多是丝绸、瓷器、茶、铁器、锡等手工业品和原料，输入的多是哔支、大小绒、织金毯、花毡、金银线、紫檀、玻璃、钟表、洋酒、海味、珍宝、香料等奢侈品或半奢侈品。梁田《庭立记闻》卷四说："夫居处之雕镂……古之所谓奢也，今则视为平庸无奇，而以外洋之物是尚。如房室、舟舆无不用颇梨，衣服帷幕无不用多罗、毕支、羽毛之属，皆洋产也。而什物器具无不贵乎洋者……遽数之，不能终其物。而南方诸省则通行洋钱。"《红楼梦》大观园中就有许多洋物，贾家抄家单内开列大批洋货。这些都证明当时海外贸易已相当繁盛。

　　清朝统治者为垄断和控制对外贸易，建立了一套制度：第一，公行制度：它成立于康熙五十九年，由广东商人组织，专为中外商人进出口贸易作介绍，并为划定市价。这种组织后得政府同意，取得对外贸易的专利权，即所谓"十三行"。这时候因为清廷对国外贸易只许限于广州一地（在这样情况之下，使广州特别繁荣起来），所以公行只有广州才有（后来厦门也有为洋商服务的洋行八家，商行三十余家）。公行的职务，可分为三项：一、凡外商在广州贸易必须得到行商的担保，买卖货物，都须向行商接洽，不得直接交易，其市价也有行商规定。二、外国贸易的进出口税，由行商支付，而行商则从外国贸易征从价税若干。行商所负外商的债务，也由公行担保。三、作为政府与外商的中间人，凡政府命令和外商呈文，都须通过它，因而外商是否遵从通商规定，政府也责成行商担保。第二，商馆制度：外人在广州西南河岸向公行租得房屋若干，占地二十一英亩，开设十三商馆，经营贸易。每家商馆中所容纳的外商数目不等，外商的总数共有五十余家：三十一家属英国，九家属美国，葡萄牙、瑞典、荷兰、德国各有一家。此外还有回教徒所设的十一家。中国对于商馆，定有规例，在馆外商，必须遵从。即一、外国兵舰不许进口；二、馆中不得留妇女和枪炮；三、领港人和买办等，须向澳门的华官登记；外国商船除在买办监视之下外，不得与其他商民交易；四、外人与我国官吏交涉，必须经过公行，不得直接行动；五、外人买卖须经行商之手，便是居商馆的人，也不得随意出入；六、外国商船得直接航行黄埔停舶处，以河外为限，不得逾越；七、行商不准负欠外人的债务；八、通商期过，外人不得留住广州；通商期内，货物购齐，即须装运，不得逗留。第三，关税制度：康熙时任命粤海关监督，掌管中外贸易。其后纳税手续，大致如下：外国商船进口，先寄泊澳门，入港时雇领港一人，翻译一人，买办一人，再到虎门缴纳船税，然后到黄浦卸货。当时洋船以大小分为三等：一等船课税七两七钱七分七厘，二等船七两一钱四分二厘，三等船五两。此外还有附加税、杂课和手续费等。如果商船不进黄浦，就在澳门卸货，只付一半的税，但每船须付行商银二千五百二十两作为特别费用。船税（当时称为"船钞"）以外，尚有进、出口税，进口税常为百分之十六，出口税常为百分之四。但这项税款，并非由外商直接交纳，乃由行商代付，而外商所交付给行商的，大抵是从价百分之三十的数目;交付以后,外商即不过问。其实际税额多少,则由行商与海关监督约定,局外人无从知道,中饱的数目,往往超过正税额数倍之多。这些制度对于外国商人和本国一般商人等,多有限制和束缚,获得最大利益的,却是清政府和海关官吏以及垄断商人。外国商人企图打破这种限制和束缚,以无限制地侵略中国,这就引起一系列的交涉,终于爆发国际战争。

远在清代开国之初,洪承畴就曾对顺治帝说:"南夷之通商,不异西戎之马市。夷人贪而无亲,求而不厌,假令姑允通商海口,则数十年后又议通商中夏矣;假令姑允通商中夏,则数十年后又议通商朝市矣。"这里所说的"南夷"就是指的从南洋一带来的西洋人等。由于清统治者害怕外国人会助长中国人民的反抗情绪(参看马克思《中国的和欧洲的革命》),所以从顺治时到道光初年,严守外商入腹地的禁令,后来虽然部分开放海禁,但对于外人活动的限制,始终很严,这种限制,也确带有些保卫国防的性质。18世纪以来,欧洲资本主义一天天的发展,他们需要新市场,吸取原料和廉价劳动力,因此欧洲资产阶级海盗商人所至之处,无不进行卑劣的抢掠,和种种欺骗的贸易。18世纪中叶起,当时最强大的资本主义势力英国侵略者占领了印度,以印度为基地,向中国伸展势力。在此以前,英商就与广东官吏订立合同,得在广东通商。后来又企图在宁波、定海扩大贸易,但为清政府所拒绝。清朝统治者于1757年(乾隆二十二年),下令封锁其他海港,专限广州一处与外国贸易。以英国为首的资本主义国家,便企图进一步打开中国的大门,来倾销他们的商品,并进而奴役中国人民。英国资产阶级政府于乾隆五十七年(1792),派马戛尔尼率领使团来中国,先用外交方式要求通商特权,又被清政府所拒绝,英国资产阶级及其政府不能如愿。

英国资产阶级，首先是东印度公司，对于18、19世纪之交的中英贸易，因不能无限制地侵入中国市场，感到非常不满，他们的纺织品在中国市场上不能排斥中国的土布，在这个时候，英国资产阶级，特别是东印度公司，便适应中国官僚、地主等腐朽没落的生活，通过贿赂等方式，把毒品鸦片大量输入中国，来换取中国有用的丝、茶、绸、缎、木棉、土布、砂糖等货物和白银。原来在乾隆三十九年以前，对中国的鸦片贸易，本为葡萄牙人所独占；到乾隆三十九年以后，鸦片贸易逐渐进入英人的掌握，此后鸦片的输入愈来愈多，中国的白银开始大量外流，使得人民群众的生活更加恶化。英国资产阶级政府并对中国继续施行压力。嘉庆年间，英国政府又派新使团到中国来交涉扩大贸易，结果又失败了。对中国初步侵略的尝试失败以后，英国政府就决定用炮火来轰开中国的大门，因此鸦片战争就成为不可避免的了。

这时新的资本主义国家美国资产阶级也企图侵入中国，1784年（乾隆四十九年），美国第一只商船"中国皇后号"抵达广州，美国海盗商人也参加向中国贩卖鸦片的勾当，并与英国争夺中国茶叶出口的贸易。美国在中国的商业很迅速地扩张起来，到广州的商船年有增加。19世纪初年，已超过法国和其他国家，仅次于英国。由于美国资本主义的实力在这时候还不足，所以它侵略中国的方针，是跟随和利用英国海盗式侵略战争，来夺取中国的利益。此外法国等资本主义国家，也在这时候开始侵略中国，终于造成鸦片战争后，各外国资本主义像狂风暴雨般侵入中国的局面。

至于中国和帝俄的关系，则开始于明朝。明穆宗隆庆元年，俄国派遣大使彼得罗夫等来中国，要求互市，明朝不许。清初屡有交涉。康熙二十八年，订立尼布楚条约，第五条规定："嗣后往来行旅，如有路票（护照），听其交易。"这是中俄正式互市的开始。康熙三十二年后,中国允许俄国商队三年至北京一次,得在俄罗斯馆留住八十日,贸易免税。雍正五年,订立恰克图条约,又规定以恰克图为通商地。其后市场时开时闭。这时期的中俄贸易,禁止银货和金钱的交换,只是物物的交易。中国输出丝、茶、棉布等,俄国输入羽纱、皮货等。

五　货币制度与金融事业

清代的货币制度,前后期是很不同的,前期即鸦片战争以前的货币制度,基本上是属于旧的范畴;后期的货币制度,逐渐向新的范畴转化。这里所说的,只是清代前期旧范畴的货币制度,虽然在这旧范畴的里面,已孕育着新的成分。

当明代后期,在封建经济中已出现些资本主义的幼芽,反映在货币制度上,就是贵金属——白银的广泛应用;不但白银非常流通,成为主币,就是黄金,在货币上的地位,也逐渐重要起来。这反映在金银比价的逐渐改变上:明初金一两定价换银四两,洪武十八年以后,换银五两,永乐时换银七两五钱,万历时约换银七八两,崇祯时换银十两。到了清代,比较流行的金银比价,也是金一银十。到后来,金价愈高,银价愈低,这说明黄金的重要性在逐渐增长着。这种现象的出现,固然是货币史上的自然趋势,但也包含着外国货币的影响。尤其在后期,这种影响更是显著。

在清代前期,除流行外国银币(主要是墨西哥银洋)外,最普遍流行的是“银两”。所谓“银两”,大体可分为银锭和碎银二种。银锭又分为三等:一、元宝锭,重约五十两,形似马蹄,故又称“马蹄银”。二、中锭,重约十两,形状不一。三、小锭,形如馒头,重量从三两到五两不等。碎银就是散碎的银子。大体上说:“清康熙、乾隆年间,官私出入,皆用纹银,而商民行使,则自十成至九成、八成、七成不等;交易时仅按十成足纹,递相核算。"清代的银两,名色繁多,成分、重量、大小等,各地不同,交易很感不便。制造银锭的机关,北方称为"炉房",南方称为"银炉",鉴定银两成色和重量的叫做"公估局"。凡想经营银炉的,需先经户部的许可;每一地方,银炉都有一定的数量,不得任意增设。公估局除须经官厅准许外,并须当地钱业公所认可。每地多以一局为限。

铜钱在清代,只有副币的性质。顺治元年,设户部宝泉局和工部宝源局,铸顺治通宝钱。八年,增定制钱,每文重一钱二分五厘。十四年,停各省制造,专归京局,更定制钱每文重一钱四分。康熙元年,颁行康熙通宝钱,轻重如旧制。雍正元年,铸雍正通宝钱,以钱重铜多,易被销毁,又定每文重一钱二分。乾隆元年,铸乾隆通宝钱。嘉庆、道光年间,也各有铸钱。但钱法的整肃,已不如前代了。

清代的纸币,只有初期和末期才有。康、雍、乾、嘉四朝,钞票几乎不见。顺治七年,因国用不足,曾造纸钞十二万余贯,十八年就停止了。这只是宋、金、元、明"钞法"的余波而已。至于末期的纸币,则渐近代化,已属于新的货币范畴了。

清代前期的货币制度,大致如上述,它和明代的货币制度比较起来,基本上是差不多的。这是因为清代前期的经济情况,也不过是明代的继续。

由于货币经济的发展,高利贷与金融事业,也就发达起来。高利贷在明代已经发展得相当普遍和深入,在工商业城市中,有专门经营高利贷的人,利息相当高。明代的名臣杨继盛所立的遗嘱上说"放债一年,银一两得利六钱"(见《杨忠愍公集》卷三),这应是当时的普通利率。在小说和其他记载中,又可看出明代的当铺是相当发展的。在清代,高利贷继续发展,例如在《红楼梦》里,我们就知道薛家有好几处当铺。贾家被抄时,也查出一箱放债的借票,王熙凤就是一个放债的好手。当时的满、汉地主和商人们,经营高利贷事业,是极其普遍的。但是在清代,最突出的营利事业,还是新兴的"票号"和"钱庄",这些都是当时的金融机关。

"票号"和"钱庄"一类的事业,大概萌芽于明代中期(甚至可能还要早些),如《金瓶梅》第九十三回、范濂《云间据目抄》卷二,已记载有这类营业组织。明嘉靖《实录》卷一九一有"各闭钱市,以至货物翔踊"的话。到了明末清初时代,这类高利贷的金融事业,已相当发展。清初人著的《醒世姻缘》小说第十一回有"在钱庄换钱"、"在那钱庄上换金子"等话。第一回说:

> 开钱庄的说道:如宅上要用钱时,不拘多少,发帖来小庄支取。等头比别家不敢重,钱数每两比别家多二十文,使下低钱,任凭拣换。

> 日费万钱,俱是发票向钱庄支用。

这显然就是后世的钱庄组织。顾炎武的文中有"会票"的记载,会票有官家发的,有民间发的,明崇祯《实录》卷一六说:"民间之会票,宋时谓之钱引。"会票可在市面上通行,并兼汇兑之用。但这类事业的大盛,要到清代中期以后。根据传说,"票号"起于清代的乾、嘉年间(案《清稗类钞》说"山西票号虽起于明季,乾、嘉以后,始渐发达")。先是有山西平遥县人雷履泰领本县达浦村李姓的资本,在天津开设日升昌颜料铺,颜料中有一种铜绿,出在四川,他屡次到重庆贩铜绿到天津,颇能获利。他这时做日升昌经理,就创行汇兑法:凡各商人往来的银钱,都可替他们接收代汇。他的方法是:出一支付的票面,拿到所汇地点的分号或联号,如数兑收现银。在汇兑款项时,按各地银色的高低,路途的远近,银根的松紧,于所汇数目之外，另交汇费，名叫"汇水"。只须通一封信，立时照付巨款，比较镖局保送，既省费，又稳妥，商人很感便利。据说这就是票号制度的开始（其实并非开始）。此后票号事业就日见发达起来。自从日升昌设立票号后，就有同县人蔚泰厚布庄管理人毛凤翔也在蔚泰厚仿行日升昌的办法，颇获厚利；于是各商人争相仿效，凡长江各埠经营茶庄、典当、绸缎、丝布业和京津一带经营皮毛、杂货业的山西人，群起设立票号（在本店里附设）。到了清代后期，就有筹集巨资，专营票号业的，票号事业更趋发展了。

"票号"盛行于北方，而钱庄则盛行于南方。钱庄中以绍兴帮最占势力，阻止票号势力越过长江的，就是绍兴帮的力量。钱庄的营业区域，在长江南北，并且蔓延各地，后来它的大本营在上海和汉口。钱庄的营业，约可分为数种：一、代理道库、县库（国库、省库则为票号所盘踞）。二、贴现，这种贴现虽还不能完全包括近代贴现的种种办法，然已具雏形。三、往来存款，它的制度和近来银行的往来存款相同。上海的钱庄，历史很是悠久，据上海邑庙附近内园钱业总公所重修记说："盖自乾隆至今，垂二百年，斯园阅世沧桑，而隶属钱业如故。"不过最早的钱业，只经营兑换一项，资本很小，大概聚拢于南市一隅，后来才逐渐扩张，重心由南市移到北市，随着商业的日趋兴隆，钱庄的营业也就日益增长了。

票号和钱庄，都是银行的先驱（但其资本并不甚大，清末山西票号的资本，一般都在十万两左右，不曾达到三十万两以上，上海钱庄的资本更小，一般只有二万两左右）。银行大兴后，票号和钱庄就日渐衰微，但是在过渡期中，它们是起着一定的作用的。在中国商业史上，我们决不能忽视它们。票号和钱庄的兴起，是反映商业资本的发展的，也反映资本主义幼芽逐渐成长。它们又与货币制度和高利贷有密切的联系。它们实际上常与封建官僚相勾结，往往为封建官僚服务,同时它们又起着高利贷的作用,所以它们在另一面,有巨大的落后性。

在这里,有两个问题,须得探讨一下:第一是票号、钱庄的制度和唐代的飞钱等制度的关系,第二是这种制度的出现和商业资本的关系。关于第一点,我们知道:票号、钱庄的制度,虽有相近之处,但它们所发生的历史作用,却不相同。唐代飞钱等制度的产生,主要是由于运钱不便,用票汇来代替运输,从这个产生的原因说来,飞钱与票号、钱庄的制度,是相同的。可是唐代的飞钱等,后来发展成宋代的纸币,终于变成封建政府弥补财政困乏的手段,汇兑的性质已经逐渐丧失。这说明当时商业的发展还很有限,汇兑的需要还不迫切,所以一度兴起的汇兑制,终于停止发展,而且变质。从宋、金时代起,纸钞和银两逐渐代替了笨重的铜钱,就使汇兑需要减弱,于是汇兑事业中途夭折。到了明、清时代,白银打倒了纸钞,货币经济继续发展,贵金属的白银货币的流通日渐扩大,大量白银的运输,也并不方便,这就促使汇兑的需要迫切起来。票号和钱庄,就是在这种历史条件下产生的。商业的发展,促使汇兑的制度兴起,而汇兑的兴起,又倒转来促使商业更趋于发展。

关于第二点,我们知道:在商业资本虽已开始发展,而发展尚未十分普遍的时候,汇兑业是不会兴起的。例如在汉代,商业资本确已发达,可是这种商业资本是比较集中的,它既未十分普遍,又欠深入,货币经济只流行于某些都市之中,在乡村里,自然经济的体系还非常强固,各地区的经济联系很是不够,货币的运输,在这时候还不是严重的问题,因此就没有什么汇兑的需要。在所谓"中古"时期,商业根本就不发达,更谈不到有什么汇兑的需要。还有一点,古代黄金多而比较集中,黄金贵而量小,比较容易运输,这也是汇兑业不易兴起的原因。到了唐代后期,商业比较发展,而又日渐普遍和深入，同时货币稀少，白银作为货币行使，还不很习惯，黄金则比过去少而分散；主币铜钱既感缺乏，而又运输不便，这才引起了最早的汇兑业——飞钱等制度。后来纸币兴起，解决了一部分货币缺乏和运输不便的困难，所以宋、元时代商业虽然发展得更普遍更深入，但汇兑业却不曾继续发展，反而夭折了。经过有明一代商业资本的大发展，货币的流通量日见扩大，而使用贵金属货币还只能到白银，黄金既少而又分散，还不能执行主币的机能；同时各地区间经济的联系，比过去加强，商业往来比以前更频繁，于是汇兑业乃应时而兴，这是必然的结果。

至于票号和钱庄所以掌握在山西帮和绍兴帮之手的缘故，是因为这两处地方，农业等生产比较不发达，人民经商的多，所以他们首先提倡了汇兑金融事业，这和徽州帮和宁波帮的操纵某几种商业，是差不多的。而绍兴地区靠海，更有海上贸易的帮助，钱庄业的终于集中上海，和它的势力逐渐压倒票号，这也不是偶然的。

1959 年 12 月 4 日第一次校阅完

附　录

清代前期纺织业与陶瓷业的发展

在明代后期,新经济因素主要表现在纺织业(以丝织、棉织二业为主)和陶瓷业里,到清代前期,还是如此。不过其中有些变化,我们现在就着重来说这些变化。

先说丝织业:丝织业在明代,以苏州为最主要中心,它环绕着太湖流域一带发展,杭州当然也是一个大中心。大概到了明清之际,丝织业发展区域更扩大了,主要向西转移。在清代,丝织业重心逐渐由苏州移到南京。清代在南京、苏州、杭州三地都设有官府丝织手工场,而重点在南京。朱启钤《丝绣笔记》卷上说:

> 清会典:织造在京有内织染局,在外江宁、苏州、杭州有织造局,岁织内用缎匹,并制帛诰敕等件,各有定式。凡上用缎匹,内织染局及江宁局织造;赏赐缎匹,苏杭岁造。

内织染局当然调集高手工匠织造,江宁局与织染局一样,都是织造"上用缎匹"的,也应当是高手工匠集中的处所。大概南京的丝织业技术在清代已胜过苏、杭。陈作霖《凤麓小志》卷三记载南京丝织业技术相当详细,如说:

> 织缎之机,名目百余。

> 盖一器而工聚者,机为多,宜其细密精致,为海内所取资。

南京丝织业的发展,使官府织造工场设在南京,而官府织造工场设在南京,聚集高手工匠,又使南京丝织技术受到影响,而更促进南京丝织业发展。但由于南京官府织造工场设于清初（顺治初年），那时南京的丝织业大概还不及苏、杭发展，所以三地官府工场机数，以南京为最少（苏州八百，杭州七百七十，南京五百六十五）。官府手工业比较守旧，在清代前期，官府织造工场的情况，可能变化不大。

从明代以来，官府手工业已逐渐走上衰落的道路，民间手工业工场和作坊蓬勃兴起，特别是在民间的纺织业和陶瓷业里，新经济因素的萌芽和发展，格外显著。所以我们讲清代前期的纺织业和陶瓷业时，应当以民间生产事业为主。官府手工业只略提一下就够了。

清代前期民间丝织业的生产力状况，我们现在知道得还不很清楚，这里只举几点为例。缫丝用的车，据说："车制自车床起，至脚踏板止，皆浙江人现用之式。各直省丝线铺所用丝车，亦以脚踏，与浙式大同小异；但车床过高，丝灶须高与胸齐，缫丝者可立不可坐，妇女缫丝，似不如浙式为便。因（浙江）业蚕之家多以女工缫丝，不比他省缫丝专用男工也。"（杨巩《中外农学合编》卷一〇引《蚕桑宝要》）织缎用的机，如上文所述，南京缎机"名目百余"。织绸的技术，如贵州遵义"府绸之丝，缫时车缓，取丝略粗，而绸厚实，其品上也；水绸之丝，缫时车急，取丝极细，而织绸单薄，品为下。……府绸其质坚韧，先用猪胰揉之，使其绸柔滑，而后加染，彰五色焉"（咸丰《安顺府志》卷四六引常恩放养山蚕说）。大概清代前期民间丝织业生产力较明代更有进步。

清代前期丝织业的生产，和明代差不多，经营方式仍是相当复杂的。和小农农业密切结合的家庭生产的丝织业，虽然受到棉织业的排挤，仍有相当数量的存在；这种生产，自然基本上已经不是为消费而生产，实质已是农民家庭副业形式的小商品生产了。这

种生产似乎以江苏省吴江、震泽一带为最盛,而集中于盛泽镇。乾隆《吴江县志》卷五载(《震泽县志》卷四有类似文字):

> 凡邑中所产,皆聚于盛泽镇,天下衣被多赖之,富商大贾数千里辇万金来买者,摩肩连袂,为一都会焉。

这种情况,和明代是相同的。浙江湖州,据乾隆《湖州府志》引明代人的话说:自明初以来,丝织业虽已受到棉织业的排挤,但湖州因地势不宜植棉,仍以缫丝为业,所产的丝供苏、杭等地纺织之用。然湖绸、湖绉等也是很有名的,这些当主要是作坊的产品。在清代,除东南沿海一带外,贵州、四川等地也有比较发展的民间丝织业,这说明丝织业的发展地区,在清代还有相当的扩大。

在这里我们重点讲一讲作坊性质的丝织业。清代前期,城市中作坊丝织业,似乎发展得比明代更高。乾隆《元和县志》卷一○载:

> (苏州)东城之民,多习机业,机户名隶官籍。佣工之人,计日受值,各有常主。其无常主者,黎明立桥以待唤:缎工立花桥,纱工立广化寺桥,又有以车纺丝者曰车匠立濂溪坊,什百为群,粥后始散。

这种情况虽和明代相类,但雇佣劳动者的人数,清代前期似乎比明代更多,因此找工作更困难(详下)。苏州的丝织业比明代虽似乎有发展,但发展得还有限。南京的丝织业,在清代,则大有发展,同治《上江两县志》卷七载:“乾嘉间,机以三万余计。”光绪续纂《江宁府志》卷一五载:“道光年间,缎机以三万计,纱、绸、绒、绫不在此数。”甘熙《白下琐言》卷八载:

> 织工推吾乡为最。入贡之品出自汉府;民间所产皆在聚宝门内东西偏,业此者不下数千百家,故江绸、贡缎之名甲天下。剪绒则在孝陵卫,其盛与绸、缎埒。

从此可见南京丝织业的发达。大概当清代盛时,南京的丝织业已超过了苏州。所谓"贡缎之箱,北溯淮、泗,达汝、洛,趋京师;西北走晋绛,逾大河,上秦、陇;西南道巴、蜀,抵滇、黔;南泛湖、湘,越五岭。舟车四达,悉贸迁之所及耳"(陈作霖《金陵物产风土志》)。可见南京丝织品销路的广远。

　　浙江的杭州,在清代也是"东城机杼之声,比户相闻"(厉鹗《东城杂记》卷下)的,但根据记载看来,至少在清代盛时,江南地方的丝织业以南京为首,苏州次之,杭州更次之:这真是后来居上。杭州丝织业发展最早,在南宋时;苏州成为丝织业最大中心,在明代;而南京丝织业,则到清代才发展起来。南京、苏、杭的高下次序,正是发展先后次序的倒影。

　　沿海地区的丝织业,自然以江南地方为重点,但广东的丝织业,也有其长处。乾隆《广州府志》卷四八说:广东所出的缎虽好,然所用的丝是吴地所出的,本土的丝所织,质地就差了。广东的纱,"金陵、苏、杭皆不及",也用吴地的丝织造才好。屈大均《广东新语》卷一五载:

　　　　广之线纱与牛郎绸,五丝、八丝,云缎、光缎,皆为岭外、京华、东西二洋所贵。予广州竹枝词云:洋船争出是官商,十字门开问二洋;五丝、八丝、广缎好,银钱堆满十三行。

广东丝织业和它的技术的发展,是受到对外贸易的影响的。丝织品是当时出口商品的一大宗,而广东是唯一的大出海口,广东丝织业的兴盛,自是当然的事!南京、苏州、杭州和广东的丝织业,主要是作坊、工场性质的丝织业。

　　上面已经说过,清代前期雇佣劳动者的人数似乎比明代为多,如"苏城机户类多雇人工织",曾因待遇等问题引起罢工。陈作霖《金陵物产风土志》卷一五说南京缎工"多秣陵关人",绒工多孝陵卫人,这类织工,自然多是雇工。然而那时独立小生产者一定也不少。手工业中雇佣劳动者人数的增加,当然多由于破产的农民进入城市求业,而小生产者的失业破产和分化,也是增加雇佣劳动者人数的一个原因。如乾隆《元和县志》就说苏州机户:"向时颇乐业,今则多失业矣。"失业的机户,便有降为雇工的可能。

机户的贫富分化,农民的破产入城,使雇佣劳动制日益发展。在这种制度里面,便包含有资本主义生产的因素。富的机户扩大他的作坊,就形成了手工业工场,这种情况,在明代已经出现,到清代更为发展,如光绪续纂《江宁府志》卷一五载:

> 江宁机房,昔有限制:机户不得逾百张,张纳税当五十金,织造批准注册给文凭,然后敢织,此抑兼并之良法也。国朝康熙间,尚衣监曹公寅深恤民隐,机户公吁奏免额税……于是得旨永免。……自此有力者畅所欲为,至道光间,遂有开五六百张机者。

清初封建统治者继续明政府的政策,对于民间丝织业横加压抑,但在经济发展、机户反抗的大势下,清政府不得不被迫让步,于是南京民间丝织业大为发展。"开五六百张机"的大型手工业工场,已经和官府工场一样;清代的江宁官府织造工场的机数也只不过五百六十五张(自然官府的机生产力可能大些)。这可见到了道光年间,民间丝织手工业已经发展到了顶峰;像这样的手工业工场,其包含有资本主义生产的因素,自可无疑。当然,像这样的大型工场是不会多的,但看清初限制机户的机不得超出百张,就已可看出那时南京丝织业发展的趋势,那时南京民间丝织业已有手工工场,似乎也没有什么疑问。

在清代前期,由于雇佣制的发展,经营丝织业的企业主和雇工之间的矛盾,已很显著,斗争是相当激烈的,这里且举一条考古材

料为例:

> 苏城机户类多雇人工织,机户出□(资)经营,机匠计工受值,原属相需,各无异议。惟有不法之徒,不谙工作,为主家所弃,遂怀妒忌之心,倡为帮行名色,挟众叫歇,勒加银,使机户停织,机匠废业,致机户何君衡等呈请勒石永禁。……嗣后如有不法棍徒,胆敢挟众叫歇,希图从中索诈者,许地邻机户人等即时扭禀地方官审明,应比照把持行市律究处,再枷号一个月示儆……(《奉各宪永禁机匠叫歇碑记》,《文物参考资料》1956年第7期)

这条重要史料说明:清代手工业中的阶级斗争,和明代已有些不同。明末苏州织工起义,是反抗封建统治者的,当时的主要矛盾,是封建统治者和机户、机匠间的矛盾;机户和机匠之间的矛盾还不很显著。到了清代,机户、机匠之间的矛盾便突出了:机匠倚靠行帮来对抗机户,机户则倚靠官府来压制机匠,在这里,行帮起着某些类似工会的作用,官府也起着某些机户代理人的作用。这说明经济关系已进一步发展了。自然,机匠和行帮之间,机户和官府之间,也并不是没有矛盾的,不过在一定场合下,机户和机匠之间的矛盾,已形成了主要的矛盾。这种矛盾的发展、变化,说明社会经济的更前进。但这不是说那时已形成了资本家和工人之间的矛盾,因为当时的机户"名隶官籍",还不是现代意义的资本家;机匠也受行头的控制,还不是现代意义的工人。这是封建时代手工业主和雇工之间的矛盾。这种矛盾的爆发形式是罢工,还不曾发展到起义的形式。

当时丝织业中行帮的作用,很是显著,如康熙《长洲县志》卷三载:

> (苏州机匠)无主者,黎明立桥以待……每桥有行头分

　　遣,今织造府禁革,以其左右为利也。
从这条史料可以看出:清代的丝织业雇工还受所谓"行头"的控制。所谓"今织造府禁革",事见孙珮《苏州织造局志》。大致是康熙初年,苏州丝织业行帮首领利用官府剥削机户的机会,从中取利,官府觉得多一层剥削于己不利,所以于康熙十二年,下令革除"行头"名色。这种"行头"大概是清代才有的。《苏州织造局志》说:"伏读织造敕书,机匠缺额,移文巡抚召募。自立行头名色,凡民间雇募织挽,俱有陋规;一遇局中缺匠,即攘臂而起。"(卷一〇)据此可见丝织业中的这种"行头",是清代前所没有的。自从清初有了这种"行头",雇工们就受他的控制,他在机户与机匠之间取利,甚至在官府与机匠之间取利,进一步在官府与机户之间取利。虽然机匠也可利用行帮的组织来和机户作斗争,然这种行帮的封建性是极强的,工匠事实上依附于"行头",所以这种工匠决不是什么自由的雇佣劳动者。"行头"操纵着机匠、机户和官府三方面,虽然受到官府的打击,"但蠹根未斩,衣钵相传,改'行头'为'呈头',恣意扰民,其名则殊,其害则一也"(同上)。

　　由于经济的发展和明末、清初农民市民的不断起义、反抗,清初政府不得不逐渐向人民让些步。但是一般说来,清初政府对于民间手工业的剥削和压迫,比明政府轻得很有限。丝织业是当时统治阶级首先注意的手工业,因为它能提供统治阶级所最需要的奢侈品。清政府对于民间丝织业,既征物,又征役,并征税,剥削很重。如顺治十七年,清政府搜括山西潞安所产的潞绸,官吏作弊,重重剥削的结果,弄得潞安机户"日赔月累",不能继续生产,引起机户焚烧绸机,痛哭奔逃的事件(参看乾隆《潞安府志》卷三四)。乾隆《元和县志》也说:"(苏州)机户以织作输官,时或不足,至负官债,而补苴无术者,亦往往然也。"又如上面讲过的清初政府对于南京民间丝织业立有限制，每张机要抽税五十金之巨。清代封建统治者对于丝织业的这类剥削和压迫，虽然不能完全阻止新经济因素的发展，但是资本主义生产的因素，不能不受到严重的摧残。中国封建社会中资本主义萌芽之所以缓慢，封建专制主义的压抑，是个很重要的原因：这也就证明了上层建筑对于基础的反作用，有时是极其巨大的，甚至起了决定性的作用。

总结清代前期丝织业的情况，可以说：除最早一个阶段外，新经济因素是继续发展的，但发展得极为缓慢。发展缓慢的原因，主要是封建制度的束缚作用，特别是封建专制主义对于新经济因素的摧残和行会的阻碍作用。自由的雇佣劳动制的不成熟，商业资本和手工业结合的不足，是资本主义萌芽缓慢的主要表现。

次说棉织业：清代前期棉织业的生产力，大概也要比明代进步些，乾隆间褚华《木棉谱》载：

> 以棉纱成纴，古用拨车，持一纑周匝蟠竹方架上，日得无几。继用轩床，制如交椅，其上竖立八纑，以掉枝牵引，分布成纴，较便于前。今则取所谓如交椅者，令一人负之而趋，一人随理其绪，往来数过，顷刻可就，名其所负者曰经车。

这所谓"古"和"继"究竟指什么时候，现在还不清楚；但所谓"今"，显然是指清代。在这里，我们看出棉织业工具、技术的逐渐进步，拿"日得无几"和"顷刻可就"比较起来，其进步是很大的。又上海的棉织业工具、技术比其他地方更为进步（这可能明代已是如此），如乾隆《上海县志》卷一载：

> 纺织之法，他邑止用两指拈一纱（名手车），吾邑一手三纱，以足运轮（名脚车），人劳而工敏。

松江地区是明清时代棉织业的中心，而上海更是它的重点，所以工具、技术最为进步。拿松江、上海生产力某种情况为例，就可大致看出清代前期棉织业生产力的发展水平。

棉织品是一般人民所用的衣服原料,基本上不属奢侈品的范畴,所以封建政府对于它比较不重视,官府织造工场虽然也织造棉织物,但不是重点。清政府对于棉织品的需要,主要是用"采办"方式来满足的。所以官府手工业里的棉织业,更不需要多讲。

民间棉织手工业,主要是农民家庭副业形式的生产,其中一部分是为家庭消费而生产的,但重要的是小商品生产。至于作坊、工场的棉织业,是比较少的。现在就先来讲家庭棉织业的小商品生产。

明代的棉织业中心在松江地区,到了清代,棉织业中心地区扩大,主要也是向西发展的。但松江地区仍是产棉布的大中心,康熙《松江府志》卷五载:

> 俗务纺织,他技不多,而精线绫、三梭布、漆纱、方巾、剪绒毯,皆为天下第一。

> 至于乡村,纺织尤尚精敏,农暇之时,所出布匹,日以万计,以织助耕,红女有力焉。

可见直到清代前期,松江仍是棉织业的根据地。至于属于松江地区的上海的棉织业,尤其发展,乾隆《上海县志》卷一载:

> 纺织不止乡落,虽城市亦然。里媪晨抱纱入市,易木棉以归,明旦复抱纱以出,无顷刻闲。织者大率日成一端,甚有一日两端,通宵不寐者。

可见上海的棉织业城乡都有,一日成布一匹,甚至两匹,生产量是很高了。据说上海一带所出的布,本来非常精致,"紧细如绸",但后来"织者竞利,狭幅促度,夐殊于前"(同上卷五)。这说明商品生产发展后,为了竞销,出品品质降低,并不是由于生产力退步,因为产量增多了。

　　无锡一带，在明代时至少还不是很著名的棉布出产地。到了清代，棉织业随丝织业之后，逐步西移，无锡一带也变成产棉布的大中心了。黄卬《锡金识小录》卷一载：

> 棉布之利，独盛于吾邑（无锡金匮），为他邑所莫及。乡民食于田者惟冬三月……春月则阖户纺织，以布易米而食。……及秋稍有雨泽，则机杼声又遍村落，抱布贸米以食矣；故吾邑虽遇凶年，苟他处棉花成熟，则乡民不致大困。……惟东北怀仁、宅仁、胶山、上福等乡，地瘠民淳，不分男女，舍织布纺花，别无他务，故此数乡出布最夥亦最佳云。

无锡一带不产棉花，而产棉布，所产的棉布主要是交易之用，成品和原料的出产地分开，生产主要为了交换，都说明这种生产是商品生产。但由家庭生产，而不由作坊生产，所以这是家庭副业形式的小商品生产。无锡在清代号称"布码头"（见同上），可见它不但是棉布的出产地，也是棉布的集散地。

　　清代的棉布产地是很多的，除江苏省各产地外，如浙江省的平湖、乌程等地和广东、福建、江西、直隶、山东、四川等省，都有棉布的生产，其中浙江、广东的生产比较发达。一般都是家庭副业形式的小商品生产。应当指出的是：这种生产已有专业化的倾向，和过去完全附属于农业的家庭纺织业，有所不同。

　　还有应当附带一说的是：清代江苏棉织业商品生产虽然发达，但直到清代中叶，棉织业的兴盛地区向西还只限于常州以东，到道光年间，南京的棉织业才有发达的迹象。新兴的南京的棉织业，倒是作坊、工场式的，《白下琐言》卷八载：

> 道光庚子（1840），静斋叔父在常州奔牛镇及浙江石门、斜桥等处，雇觅织工来省，捐资备棉纱，于孝陵卫一带，设机织布，令绒机失业男妇习之，价廉工省，日用必需，此业一开，补

救不小,洵百世之美利也。

可见棉织业不但追逐丝织业之后,也向西发展到南京,而且侵入作坊、工场,来逐渐代替丝织业的位置(这在广东更是明显)。所以总的趋向是:棉织业越来越兴盛,丝织业越来越衰落,棉织业先从乡间排挤丝织业,把丝织业赶进城市作坊中,然后棉织业追踪也进入作坊。这是社会经济进一步发展后,日用必需品必然占领奢侈品市场的自然倾向。棉织品的使用、交易量越来越大,相对的丝织品的使用、交易量就越来越少;到了后来,丝织品除了在出口商品中还占一定的地位外,在国内的市场,不能不逐步缩小。关于这一点是研究纺织业史的人不能不注意的。

如上所说,清代前期的民间棉织业,基本上只是农民家庭副业形式的小商品生产,作坊、工场性质的棉织业虽然也有,但是很少(偶然性质的雇工织布等,并不就是作坊、工场。又看清代官府文献,当时织布小作坊可能较多),因此这种棉织业比起过去纯粹自然经济性质的家庭纺织业来虽有进步,已含有新经济因素,但是它基本上还没有达到作坊、工场经营的阶段,那就比较难有资本主义生产的因素了。可是有些史学家却过分强调商业资本在棉织业里的活动,就把家庭副业形式的小商品生产,认为是手工业工场场外部分的生产,这是很可商讨的!明清时代商业资本在棉织业里的活动,自然表现一些新的经济因素,但至多只能说是资本主义生产准备阶段的情况。我们且看清代前期商业资本在棉织业里活动的具体情形,褚华《木棉谱》载:

> 近(外地)商人乃自募会计之徒,出银采择,而邑(上海)之所利者,惟房屋租息而已。然都人士或有多自搜罗,至他处觅售者,谓之"水客";或有零星购得而转售与他人者,谓之袱头小经纪。

在明代后期，西北布商到上海来贩布，都依靠本地大商人做坐主，由本地商人代替他们设店收买，所以本地商人很容易发财。到了清代，外地商人逐渐摸到了门路，自己雇佣小商人，设店直接收买，本地商人无利可图，只好自己也做贩客，收布到别处去贩卖；或者做间接的贩客，零星收买而转卖给别人；前一种是大商人，后一种是小商人。但是必须注意：无论是外地商人或本地商人都只是贩卖商，而不是资本家；这里面实在看不出有什么手工业工场的成分。《锡金识小录》卷一载：

> 布有三等：一以三丈为匹，曰长头；一以二丈为匹，曰短头；皆以换花。一以二丈四尺为匹，曰放长；则以易米及钱。坐贾收之，捆载而贸于淮、扬、高、宝等处，一岁交易，不下数十百万。

无锡的棉布生产者所产的布，主要是换花和米用的，其次才是换钱，这还带有实物经济的性质。商人收买了去，运至江北等处出卖，这才使这种生产真正加上商品经济的性质。但这里面还是看不出资本主义生产的因素。

上海和无锡，是清代前期的两大产布中心，这两处棉织业里商业资本活动的情况，可以作为棉织业里商业资本活动的标准例子。从上举的典型史料里看，收买布匹的商人，一点看不出资本家的色彩。可是我们也不能说这类商业资本，完全不和手工业结合，不兼营手工业，事实上在明代时，这类商业资本已有和手工业结合的征象，在清代，这类商业资本兼营手工业，更有较明显的证据，如道光《元和唯亭志》卷三载：

> 布庄在唯亭东市，各处客贩及阊门字号店，皆坐庄买收，漂染俱精。

看"漂染俱精"一句话，似乎布庄里设有漂染作房，则布匹虽然不是作坊的产品,而加工则是作坊的事情。这种作坊是否带有资本主义生产的因素,还未可定。

在广东棉织业里,则有更明显的带有新经济因素的商业资本活动,1821年广州英商致印度英商的信说:

> (广州)织造棉布匹头的老板和纺工之间,通常总是由老板供给纺工棉花二斤,收回棉纱一斤。棉花和棉纱的售价,极其低廉。

这如果不是包买主性质的商业资本活动,就是作坊、工场的经营。因为广东地方特殊,由于对外贸易的缘故,可能受到外国资本主义的影响,而发展出较新的经济因素来。如外国史料记载:

> 从事织造各种布匹的工人,共约五万人,产品需求紧迫的时候,工人就大量增加。工人们分别在大约二千五百家织布工场作工,平时每一工场平均有二十个工人。(英文《华事月报》二卷七期)

这条记载如果可信,则广东的作坊工场性质的棉织业是很发达的,在这里面含有资本主义生产的因素,当然可能。但这不过是个例外,一般说来,清代前期的棉织业里,虽有新经济因素的存在,可是显著的资本主义生产因素,是不容易看到的。

和棉织业有关的染踹业,自然采取作坊的形式经营,如乾隆《长洲县志》卷一〇载:

> 苏布名称四方,习是业者,在阊门外上下塘,谓之字号。漂布、染布、看布、行布各有其人,一字号常数十家赖以举火。中染布一业,远近不逞之徒,往往聚而为之,名曰踹布房。

根据这条材料来看,上引布庄一条材料中所谓"漂染俱精",也可能是指的"字号"的作坊经营。所谓"踹布房"则是一种特殊的组织,雍正《朱批谕旨》第四十二册载李卫奏说:

　　　　苏郡五方杂处，百货聚汇，为商贾通贩要津，其中各省青
　　　蓝布匹，俱于此地兑买。染色之后，必用大石脚端研光，即有
　　　一种之人，名曰包头，置备菱角样式巨石、木滚、家伙、房屋，招
　　　集端匠居住，垫发柴、米、银钱，向客店领布发碾，每匹工价银
　　　一分一厘三毫，皆系各匠所得，按名逐月给包头银三钱六分，
　　　以偿房租、家伙之费。

这是一种包工性质的作坊。所谓"包头"就是包工头，他们置备生
产工具等，招集工匠工作，先垫发生活费，到工作完成时，由布店发
给工价，包头在其中抽费。这种包头实是一种行帮首领的身份。
在这种生产中，也很难有资本主义生产的因素。但是布局也有雇
工经营这种事业的，如光绪《嘉善县志》卷三五载：

　　　　康熙初，枫泾多布局，局中所雇染匠、研匠，皆江宁人。

"布局"大致就是"布庄"，可见布庄确有雇工经营染、端事业的，这
类经营就是商业资本所兼营的手工业了。

　　　清政府对于民间棉织业的剥削、压迫，主要是通过采办、征税
等方式来进行的，棉织业发展的缓慢和新经济因素的不显著，和封
建专制主义的摧残，自然也有很密切的关系。至于行会制度对于
棉织业的束缚力，比较不大，因为这种手工业，还是主要采用家庭
纺织业的形式来经营的。

　　　总结清代前期棉织业的情况是：经营方式仍以家庭纺织业的
生产为主，作坊、工场式的经营，除个别地区外，出现不多。商业资
本在这种手工业中的活动，主要是收买运贩，但也部分兼营和这种
手工业直接有关的染端业；在染端业中，还有包工式的作坊经营。
在这种手工业中的新经济因素，更不及丝织业明显。封建制度对
于这种手工业的束缚，封建专制主义对于它的剥削压迫，也使这种
手工业的发展迟缓。

　　丝织业和棉织业,是当时纺织业中两项最重要的生产事业,也只有这两项纺织业中,才比较有新经济因素可见,所以我们就把它们来代表当时的纺织业。清代前期,和明代差不多,表现新经济因素最显著的,除纺织业外,还有陶瓷业。纺织品和瓷器,都是当时出口的最主要商品。

　　陶瓷业的生产力和工艺技术,在明代已有很大的发展,但可以肯定地说:清代的水平还是超过明代的。我们参考记载和遗物,认为清代的制瓷技术超过明代之处,主要有五点:

　　第一是陶练泥土技术的进步。在明代时,陶练的方法,是把泥土放在缸里用水澄清,分出粗细料,就用来制造瓷器的胚胎(见宋应星《天工开物》)。清代也是先把泥放在水缸里澄清,澄出粗细料后,把可用的泥土用马尾细罗过一遍,再用双层绢袋澄一下,才造成胎土(见唐英《陶冶图说》)。

　　第二是上釉技术的进步。明代时使用"蘸釉法"大概还很普遍(参看《天工开物》),"吹釉法"还不普遍。清代的上釉法,据《陶冶图说》说:古制方棱的琢器,用毛笔拓釉,往往失于不匀;圆器和圆的琢器,都在缸内蘸釉,又往往容易破碎;到清代时,经过改进,圆器小的仍在缸内蘸釉,琢器和大圆器都用吹釉法,即用径寸竹筒截成七寸长,头上蒙细纱,蘸上釉来吹,看坯的大小和釉的等类,以分别吹的遍数,有从三四遍到十七八遍的,这种上釉法自然比过去进步。

　　第三是釉彩技术的进步。清代的白釉已比明代精致,明代的白釉往往泛些黄色,清代的白釉则清澈如玉。明代的彩釉还有些粗糙,不够鲜明纯粹;清代的彩釉则非常鲜明纯粹;而且色彩的种类和变化比明代更多。特别是所谓"窑变"的釉彩,明代还不能有把握地制造,到了清代,则能有把握地制出。

第四是花绘技术的进步。明代瓷器上的花绘,虽然式样已经不少,但主要的只是青花一种。明代的青花瓷器,确乎有些地方超过清代。但其他的花绘,特别是"五彩",明代却远远不如清代。康熙"五彩"瓷已很著名,雍正、乾隆年间继续进步。乾隆年间是我国解放前的"五彩"瓷器的全盛时期。从康熙时代起,就有一种所谓"珐琅洋彩",是摹仿西洋画法,而又采取中国固有的画法,融和发展出来的新技术。这种"五彩"瓷,是明清时代"五彩"瓷的顶峰。

第五是烧窑技术的进步。大概从明代到清代,掌握窑火的技术,也是有发展的。如《天工开物》说"火以十二时辰为足";康熙《西江志》说:大缸窑"溜火(小火)七日夜","然后起紧火二日夜","又十日窑冷方开";"青窑(烧较小器)……溜火对日,紧火一日夜……首尾五日可出器"。但乾隆年间唐英作的《陶冶图说》却说"其窑火有前、中、后之分,前火烈,中火缓,后火微";"计入窑至出窑,类以三日为率"。似乎明清之际烧窑的火候,或者不很足,或者过度些,到雍正、乾隆间唐英督窑时,烧窑技术进步,火候才能适度。

由于制器技术的进步,所以明代烧龙缸等大器,屡有不成,清初也造不成功,到唐英督窑时,就能有把握地烧造这种大器。当时人说康熙、乾隆年间的瓷器最为美备,这种称赞是有相当根据的。嘉庆以后,陶瓷业虽然渐趋衰落,但一般技术并不曾完全失传,而且逐渐普及了。

清代陶瓷业的中心,仍只有景德镇一处,御窑厂依旧设在这里。自从明代后期以来,景德镇官府陶瓷业随整个官府手工业的衰落而逐渐衰落,到了清代,官府陶瓷业更表现出解体的征象。顺治年间,清政府开始在景德镇建厂造瓷,没有什么成就。康熙初年,正式制造御窑瓷器,派官督窑,据记载:"悉罢向派饶属夫役额征,凡工匠物料,动支正项,销算公帑,俱按工给值。"(《景德镇陶录》卷二)这就是废除征役制度,改用雇工制度。御窑厂共有二十三个作,六个窑,在厂工匠和办事人役,支领工资食用的,每年有三百多名。因为窑少、工匠少,而需要多,所以"厂器造成,搭烧民窑",御窑瓷器的产量,雍正年间每年已达"十数万器"(见道光《浮梁县志》旧序)。产量虽渐多,但事业不能持久。

大概到了乾隆年间,一方面是御窑瓷器工艺发展的最高峰,一方面也是官府陶瓷业崩溃的开始。刘坤一《刘忠诚公遗集》卷九载:

> 查景德镇厂署御窑,乾隆年间即已塌毁,数十年来,均系附于民窑搭烧。

萌芽于元代始建于明初的景德镇御窑厂,到清代后期,已经几乎完全崩溃,这是一个官府手工业由兴盛到衰落的典型例子。官府手工业的不得不趋于衰落,完全是社会经济发展的必然结果。

明清时代的官府陶瓷业,虽然日趋衰落,但在工艺水平的提高上,却是起了一定的作用的。这是由于官府的资本大,物力厚,高手工匠也集中在这里,由于工匠劳动经验的积累,再加上个别艺术家的努力,御窑瓷器的工艺水平曾经发展得极高,它刺激了民窑技术的发展。御窑衰落后,高手工匠散入民窑,对于民窑技术的提高,更起了直接的作用。由于清代前期御窑瓷器代表了当时瓷器工艺的最高水平,它的声名震动中外,所以我们在这里比较详细地叙述一下当时的官府陶瓷业;但就生产上说,御窑当然是远远不及民窑的。

从元代以来,景德镇的民间陶瓷业就已有相当大的发展,但由于封建专制主义的剥削和摧残,行会制度的束缚,战争的破坏等原

因,发展得很缓慢。到了清代,景德镇的民间陶瓷业似乎比从前更加繁荣些。乾隆八年唐英作《陶冶图说》,其中说:

> (景德镇)商贩毕集,民窑二三百区,终岁烟火相望,工匠、人夫不下数十余万,靡不借瓷资生。(1869年英文关册说道光年间景德镇有二百七十到二百九十座窑;1850年前马礼逊说景德镇有二百到三百座窑,几十万工人,都与《陶冶图说》相印合。)

唐英是个督窑官,而且很讲究陶务,他自然熟悉景德镇瓷业的情况。清代前期景德镇民间陶瓷业确是相当发达的,窑数虽不一定比元、明时多,但工匠、人夫的数量,确很可观。《景德镇陶录》卷八引《黄墨舫杂志》载:

> 列市受廛延袤十三里许,烟火逾十万家,陶户与市肆当十之七八,土著居民十之二三。凡食货之所需求无不便,五方借陶以利者甚众。

"烟火逾十万家",一家以五口计,就有五十万人以上。其中十之七八都是陶户与市肆,那么从事陶瓷业的户口,至少有七万家三十几万人,还有许多单身人,附属于别人的户籍中。所以"工匠、人夫不下数十余万"之说,可能不十分夸大。如以十万或十余万陶工计,那么民窑工匠的人数就数百倍于官窑了。上引文说土著居民只有十之二三,"五方借陶以利者甚众",与沈嘉征《窑民行》诗"景德产佳瓷,产器不产手;工匠来八方,器成天下走"的话相印合,可见景德镇瓷业中,雇工和业主以及小生产者,绝大部分都是外乡人,其中工匠大多来自别处的破产农民和失业匠人;景德镇雇佣劳动的发展和商业资本经营手工业的兴盛,是无可怀疑的。但是景德镇瓷业发展受到的限制又是很大的,吴允嘉《浮梁陶政志》载:

> （景德镇）其实无一富户，执役最为劳苦，重以官府之制
> 造，往往疲于供应，盖民以陶利，亦以陶病久矣。

这就说明了景德镇瓷业发展情况的真相。清代虽然名义上废除征
役制度，但实际上，封建官府对于民间陶瓷业的不法剥削和摧残，
未必亚于明代。

景德镇的瓷业，分工是很细的，龚钺《景德镇陶歌注》载：

> 陶有窑，有户，有工，有彩工，有作，有家，有花式，凡皆数
> 十行人。

这数十行大致可以归成几个大行，其中最重要的，如"白土厂"，是
采炼泥土的；"坯房"，是制造瓷器胚胎的；"匣钵厂"，是制造装坯
烧窑所用的匣钵的；"烧窑户"，是烧窑的；"红店"，是烧制画彩瓷
器的。当然，从炼土、制坯到上釉、绘花、烧窑等，都有专门工人。
唐英《陶冶图说》载：

> 画者止学画，而不学染；染者止学染，而不学画。……其
> 余拱锥、雕镂，业似同而各习一家；釉红、宝烧，技实异而类近
> 于画。至如器上之边线青箍，原出旋坯之手；其底心之识铭书
> 记，独归落款之工。

连"边线青箍"、"识铭书记"，都有专门工人，可见分工之细了。
《景德镇陶录》卷三载：

> 工有作，作者，一户所作器也；各户或有兼作，统名曰作。

"作"就是作坊，所谓"各户或有兼作"，就是说一家开设有关的几
个作坊。《景德镇陶录》列举许多"器作"，如官古器作，制造最精
的瓷器；上古器作，制造次精的瓷器；中古器作，制造更次一等的瓷
器。以上三作是开始于明代的。渤古器作，制器和中古差不多，始
于清代。小古器作，专造小圆器，质料为中古；常古器作，制造较粗
的瓷器；脱胎器作，制造脱胎的瓷器（脱去胎质，单以釉作成）；洋

器作,制造销售外洋的瓷器。此外还有许多作,分工制造各种瓷器。即从这点看来,也可看出景德镇民间陶瓷业的发达。

由于工作分得很细,行帮就众多,行会势力比较强大,在景德镇瓷业中,可以看出显著的行会作用。例如《景德镇陶录》卷四载:

> 陶户坯作人众,必用首领辖之,谓之坯房头,以便稽查口类出入雇人;其有众坯工多事,则令坯房头处平;有惰工坏作,亦惟彼是让。

> 满窑一行,另有店居。凡窑户值满窑日,则召之,至满毕归店。主顾有定,不得乱召。……今则镇分二帮,共计满窑店三十二间,各有首领,俗呼为满窑头。凡都、鄱二帮,满柴槎窑,皆分地界。

"坯房头"和"满窑头"都是一种"行头",官府和业主利用这种行头来控制工匠,并且利用他们雇人;工匠如有反抗,官府和业主就利用行头来"处平",可见工匠是在行头操纵之下的。但是工匠们既有行帮组织,就比较容易团结起来,抵抗官府或业主的压迫。文献上载:

> 年年七月中元节,几处坯房议事来;每到停工总生事,好官调护要重开。(原注:"坯工每年七月歇工,地方官弹压为难,开工乃安。")(《景德镇陶歌》)

> 然镇官民窑户,每窑一座需工数十人,一有所拂,辄哄然停工,虽速须货不计也。(道光《浮梁县志》卷二)

> 伊等(工匠等)锱铢必较,睚眦必复,即银色、饭食之类,少有龃龉,动即知会同行罢工罢市,以为挟制。甚至合党成群,恣行抄殴。(凌焘《西江视臬纪事》卷四)

这些史料说明工匠对压迫的反抗是很激烈的。业主们停工,工匠即使是暂时失业,也不能维持生活,非要求开工不可。于此可见这种工匠自己是没有生产资料的,他们依靠受雇生活,他们确是雇佣劳动者,虽然他们还受着行会的严重束缚。

行会当然不会只有工匠有;业主也会有行会组织,光绪《浮梁县志》卷二一载郑廷桂《陶阳竹枝词》说:

> 青窑烧出好龙缸,夸示同行新老帮;陶庆、陶成齐上会,酬神包日唱单腔。(原注:"大龙缸最难烧,满窑人亦都〔昌〕、鄱〔阳〕两帮,每岁陶成,窑户多演包日戏酬神。")

窑户组成陶庆、陶成两会,他们设有"公馆",主要是为联乡情、议公事之用,也作为同乡举子们住寓之所。同治《都昌县志》卷二载:

> 景镇公馆在景德镇螃蟹山西南,向系都昌业窑各户集费捐建,除本镇联乡情、议公事外,凡士人膺贡举者到镇,均侨寓于是,故亦题其门曰古南书院。

《景德镇陶歌注》也说陶成、陶庆二会创有"书院"。从这些地方,都可看出景德镇瓷业中行会势力的强大。但业主和雇工是同在一个总的行会控制之下,或者各有各的行会,关于这些,还需要继续研究。

总结清代前期陶瓷业的情况是:生产技术和工艺水平,有比较显著的提高,封建时代的瓷器工艺到此已达顶点。官府陶瓷业有逐渐解体的征象,废除征役制度,改用完全的雇工制度。官府陶瓷工匠所制的瓷器,代表封建时代瓷器工艺的最高水平,这种技艺的发展,对于民间陶瓷技艺的发展,起了一定的促进作用。民间陶瓷业虽受官府的剥削和摧残,以及行会制度的束缚,但仍发展到相当繁荣的程度;工匠达十万人以上,数百倍于官府陶瓷业。由于分行较细,业主和雇工多是外乡人,所以行会的势力很大,业主利用行会压迫工匠，工匠也利用行会和业主作斗争，阶级矛盾相当显著，这说明新经济因素在发展了。

　　在清代前期的各项大手工业中，多有新经济因素的存在，但纺织、陶瓷两业所经营的，都是人民日用必需品，同时又是对外贸易的最主要商品，所以新经济因素特别显著。我们在这里提出丝织、棉织、陶瓷三业来讲述，作为清代前期手工业中新经济因素发展的例子。

　　就这三种手工业来说，在表面上看，似乎丝织业最重要，其中新经济因素也最显著。但必须注意：丝织业在纺织业中的地位已逐渐被棉织业所夺取。棉织业虽然主要还只是采取家庭副业形式来经营，但是它已逐渐向作坊、工场阶段发展，如果没有外国资本主义侵入，这种新兴的纺织业也必然要夺取衰老的丝织业的地位，而成为资本主义生产中的最主要的工业之一。至于陶瓷业，虽然萌芽很古，但到明清时代，才正式发展起来，这也是一种比较新兴的手工业；在这里面产生较多的新经济因素，以至于向资本主义生产目标的发展，也是必然的事！

清代瓷器手工业技术的发展

中国封建时代瓷器手工业技术的发展，从遗物看来，大致可以分为四个阶段，前二阶段是低级阶段，后二阶段是高级阶段。唐以前属于第一阶段，这时候的瓷器，胎质釉色等都很粗糙，和陶器还相去不远(中唐以后的"越窑"瓷器，制造比较精致)。五代宋元属于第二阶段，是所谓"青瓷"的发展期，但胎质尚差，釉色也不很纯粹，制造技术还不算很高。入明代后，进入第三阶段，瓷器技术有一个飞跃的进步，胎质逐渐细致，釉色纯粹而多样，并且花绘新奇，器物形制变化很多，中国瓷器技术开始进入高级阶段。清代制瓷技术继续明代发展的趋势，更进一步的发展，为第四阶段，它代表中国封建时代瓷器手工业技术发展的顶点。这也是当时一般手工业生产力和工艺水平的高度表现之一，而且是最突出的表现。

明代以前，陶瓷没有专书，古时瓷器的制造技术，除了从遗物来推测其大概情况以外，很难了解其详细情况。明代虽有些记载瓷器的书，但多是些片断的记载，而且多从玩赏骨董的立场出发，那时的瓷器，究竟是怎样制造的，我们还是不很清楚。从明末起，才有记载制造瓷器技术比较详细的书，清代谈瓷器的书逐渐多起来，我们结合遗物研究的结果，觉得明清之际，瓷器制造技术是有些改变的，这种改变提高了瓷器工艺的水平，使清代瓷器比明代更精美。

拿遗留的明代瓷器和清代瓷器比较一下，就已可以看出明瓷的制造技术一般不及清瓷，凡是熟悉瓷器的人，如果抛弃成见，我想是多能承认这点的。不但明瓷的五彩花绘不及清瓷精致，就是单色釉也不及清瓷光泽细润，就白釉地来说，明瓷常带黄色，也不及清瓷莹澈。在胎质方面，我还没有仔细比较过，大概明瓷也是不及清瓷的。在器物形制方面，根据记载和实物看来，清瓷的样式也比明瓷多。无论如何，清代瓷器的制造技术，总要比明代跨进一大步。

现在我们且根据记载，来大致研究一下清代制瓷的技术在哪些地方比明代发展、进步（下文凡不注出处的均见宋应星《天工开物》和唐英《陶冶图说》）。

制造瓷器的第一步，是制炼胎土。根据明末的记载：景德镇瓷器胎土的原料有软硬两种，两土和合，才能造成瓷器胎土（后来的记载也是这样说）。这种原料土有人采制成方块，运到镇上，造器的人将两种土先入白舂一天，然后放在缸里用水澄清，上浮的是细料，下沉的是粗料；细料再放在缸里澄清一过，上浮的为最细料，下沉的为中料；这种料就用来制胎。这大概是明代一般制造胎料的方法。根据清代乾隆年间的记载：陶土经制炼成砖后（根据记载，清代这种泥砖的制炼法，可能也比明代精细）①，进一步制炼的方法，是相当考究的，也是先把泥放在水缸里，用木钯翻搅，澄出粗细料，把可用的泥土用马尾细罗过一遍，再用双层绢袋澄一下，才造成胎土。拿清代这种制土的方法和明代比较一下，当然是更细致了。换句话说，胎料更精美了。在明代时，制成胎土后，把它倒在用砖砌成的"方长塘"里，靠近火窑，吸干水分，然后重用清水调和造坯。清代是"用无底木匣，下铺新砖数层，内以细布大单"把制炼好的泥浆"倾入，紧包，砖压吸水，水渗成泥，移贮大石片上，用铁锹翻扑结实"，手续比较麻烦。总之，从记载上看，明代制造瓷器胎土的技术要比较粗简些，清代的制炼技术要比较考究些，所制出的胎土，清代一般当比明代精好。至少清代精制品的胎质，要比明代的好些，这大概是没有什么问题的。

瓷器的形式，一般分为圆器、琢器两类：圆器就是杯盘之类的日用器，制造得比较多；琢器是方圆不等的瓶、罍之类。不论圆、琢器，造坯的方法，清代都比明代进步。明代造圆器坯胎的方法，是先做一种陶车，车上竖直木一根，埋入土内三尺，上高二尺许，上下列圆盘，用短竹棍拨运盘沿，"正中用檀木刻成盔头，冒其上"。凡造杯盘之类，没有定型模式，"以两手捧泥盔冒之上，旋盘使转"，剪去拇指的指甲，"按定泥底，就大指薄旋而上，即成一杯碗之形"。据说："功多业熟，即千万如出一范。"又："凡手指旋成坯后，复转用盔冒一印；微晒留滋润，又一印；晒成极白干，入水一汶潋，上盔冒，过利刀二次。……然后补整碎缺……"这种手工制法，手续相当多，但制出的器皿，是不能十分划一的，也是比较粗糙的。到了清代，就重视款式的划一，所以着重"修模"，认为"不有模范，式款断难划一"。模子必须与原料相似，但尺寸不能计算，因为生坯泥松，经窑火烧后，一尺的坯子只成七八寸的器，要生坯款式的准确，必须先把模子修好。凡一器的模子，非经过几次的修，它的尺寸款式，烧出时定不能符合。在清代很重视这行工匠，因为非熟悉窑火、泥性，不能计算加减，以成模范。清代的圆器，也用陶车拉坯，就器的大小，分为二作，"车如木盘，下设机局"，使得"旋转无滞"，这样所造的坯能免"厚薄偏侧"之病。清代陶车的制造，可能比明代考究些。据记载：清代造圆器坯胎的手工技艺，也很高明，所谓"随手法之屈伸收放，以定圆器款式，其大小不失毫黍"。圆器拉成"水坯"后，等它"潮干"套在修就的模子上，用手拍按，使泥坯"周正匀结"（《景德镇陶录》说"以小轮车旋转印拍"），褪下阴干。此外还有"旋坯"的工作，设旋坯的车，形状与拉坯的车相等，中心立一木桩，顶上浑圆，包上丝绵，以防损坏坯胎。将坯扣合桩上,拨轮旋转,用刀"旋削",以求器坯里外光平。综看圆器造坯的技术,清代似乎比明代进步。圆器是瓷器中的大宗,绝大部分的瓷器都是圆器,所以圆器造坯技术的进步,可以说是制造瓷器的一种根本技术的进步。

琢器的制坯方法,在明代大概主要是所谓"印器",先用黄泥塑成模印,然后"埏白泥印成"器坯,有缝的地方用釉水"涂合",烧出可以浑成无隙。清代造圆的琢器坯胎,和圆器相类,用轮车拉坯,定样后,用大羊毛笔蘸水洗磨,使它光滑洁净。造方棱的坯,方法是用布包泥,用平板拍炼成片,裁成块段,就用本泥调糊粘合。也有一种"印坯",从模中印出,制法和方器相似。这些琢器都需经过洗补磨擦的功夫。拿清代制造琢器坯胎的方法,同明代相比,也比明代精致完备。

制造瓷器的第二种重要技法,就是上釉,清代也比明代进步。根据明末的记载:景德镇的白瓷釉是用一种泥浆和桃竹叶灰调成的,盛在缸里,上釉的方法,是"先荡其内,外边用指一蘸涂弦,自然流遍"。清代的一切釉水,也都要配灰,灰用青白石和凤尾草"迭垒烧炼",用水淘细。釉灰中配上一种胎土的细泥,调和成浆,按瓷的种类,用成方加减,盛在缸内。泥十成,灰一成,是上品瓷器的釉;泥七八成,灰二三成,是中品的釉;泥灰对量,或灰多于泥,就是粗釉。上釉的方法,清代有蘸釉、吹釉两种。据说古制:方棱的琢器用毛笔拓釉,往往失于不匀;圆器和圆的琢器都在缸内蘸釉,又往往容易破碎。到清代时,经过改进,圆器小的仍在缸内蘸釉。琢器和大圆器用吹釉的方法:用径寸竹筒,截成七寸长,头上蒙细纱,蘸上釉来吹,看坯的大小和釉的等类,以分别吹的遍数,有从三四遍到十七八遍的。这种吹釉的方法,当然是一种较精细的技术,这样制造出来的瓷器,釉色自然匀称光泽,大器也不易碎。这种上釉法似乎明代已有，但大概要到清代，才普遍发展起来。

彩釉和花绘的技术，清代更比明代进步。清代的彩色复杂多样，花绘精致，新发明不少，如吹红、吹青、法青、抹金、抹银、彩水墨、浇黄五彩、黑地白花和描金、以及所谓"洋彩"、"珐琅画法"等等，都是新创的。现在先讲青花器皿，这方面清代在绘画上也许有不及明代之处，色料也不及明代来自远方的考究，但清代对于青花瓷器的色料，选炼制造是很精细的。明末制炼青料的方法，是先用炭火煅过，分别上、中、下的等级。煅过之后，用乳钵细研，然后调水作画。清代对于采取青料很注意，青料贩到镇上时，要先埋入窑地，煅炼三天，取出陶洗后才出卖，所以原料已很讲究。炼出的青料还需拣选，有专门的料户一行，分别青料的上、中、下等。最下等的青料，都是摒弃不用的。细瓷只用上等青料。青花画在生坯上，上面罩上一层微青色的白釉，烧出后花绘就成青翠色。在这里很注意火候，窑火烧得稍过，所画青花就要散漫。又清代画瓷的颜料是研乳得极细的，有专门的工人，每料十两为一钵，要研乳经月之后才能应用。清代的青料大概多是国产，但因制炼得好，画染的技术高，所以绘画虽有不及明代处（这是由于清代的绘画本来一般比明代进步较少，同时在清代青花瓷器的应用比明代更广泛，所以绘画不能太讲究），但是颜色，特别是它的精品，往往较明代更鲜艳，这也是技术的进步。清代的青花瓷器，由于行用极广，所以更讲究款式划一，这样精品固然可能较少，但款式一致也是一种进步。清代画青花瓷器的画工，分工是很细的。据说画的人只学画而不学染，染的人只学染而不学画，画的人，染的人，分类聚在一室，以成划一之功。甚至器上边线的青箍、底心的落款，都有专门工人。写生、仿古也各有不同。清代的青花瓷器多仿明代，但也有其自己的特色。单就青花瓷器而论，清代的技术和分工，已达高度水平了。

明代是青花瓷器最盛时期，花绘瓷器主要只有青花一种。单彩釉和五彩花绘瓷器，虽已开始发展，但发展得很不充分[②]。明末宋应星的《天工开物》讲陶瓷的部分，主要是讲"白瓷"和"青瓷"，对于青花很重视，但对于单彩釉和五彩花绘瓷器，就不加注意，只提到"紫霞色杯"和所谓"宣红"（注说"宣红"元末已失传，正德中历试复造出，那么所谓"宣红"当然不是宣德"祭红"，大概是指的钧窑红色，"钧"字因避万历讳改"宣"字）等，这就说明单彩釉和五彩花绘瓷器，在明代的发展还是有限的。到了清代，康熙窑已多单彩釉和五彩花绘，雍正期间更发展，到雍正末年唐英作《陶成纪事碑记》时，单彩釉和五彩花绘瓷器的种类已非常之多，仿古创新，几乎无所不备，特别是所谓"洋彩"瓷器，在那时已很盛行，虽说"五彩绘画，摹仿西洋"（也有摹仿东洋的，而且也有单彩釉的）；"所用颜料，与砒琅色同"；但并不是完全摹仿，没有创造的。康熙、乾隆年间所谓"砒琅洋彩"，实在是调和中西工艺的一种新工艺。画这种瓷器的工匠，都是"素习绘事"的高手，而且必须"熟谙颜料火候之性"。在唐英时候，官窑画彩瓷器的制造方法是：先造白胎瓷器，烧成后加彩，画彩后还须烧炼，以固颜色。有所谓"明炉"和"暗炉"，小件用明炉，口门向外，周围设炭火，把器放在铁轮上，下面用铁叉托着，送进炉中，旁用铁钩拨轮，使它旋转，"以匀火气"，到画料光亮为度。大件用暗炉，周围夹层贮炭火，下留风眼，将瓷器放在炉膛里，炉顶盖板，黄泥固封，烧一昼夜为度。这些方法，也是比较考究的[③]。

一般烧窑的方法，是把制成已上过釉的瓷器放在泥制的"匣钵"里（每匣大小器装置数目不同），然后入窑举火。烧窑的火候是应该特别注意的。根据明末的记载：窑上空十二个圆眼，名曰

"天窗";火候以十二时辰为足,先发"门火"十个时辰,火力从下攻上;然后从天窗掷柴烧两个时辰,火力从上透下。用铁叉取一器,以验火候,火候够了,然后止火。清代制瓷,对于火候更加讲究,瓷坯入窑时,把匣钵"叠累罩套",分行排列,中间疏散,"以通火路"。窑火有前、中、后之分:"前火烈,中火缓,后火微。"凡安放坯胎的,考量釉的软硬,以配合窑位。发火后随将窑门砖砌,只留一方孔,将柴投入,片刻不停,等窑内的匣钵作银红色时止火,"窨一昼夜始开"。从入窑到出窑,大致以三天为率,到第四天清晨开窑。以上根据《陶冶图说》所说。此外明、清时代烧窑的火候,还有许多讲究,如民窑烧器,分为九行,前行都是粗器,用以障火(《景德镇陶录》说"其左右火眼处,则用填白器拥燎搪焰"),三行以后才有好器,后三行又是粗器(见康熙《西江志》卷二七)④。官窑烧造,"重器一色,前以空匣障火"(同上)⑤。烧大器的方法,也有不同。大概从明代到清代乾隆时,掌握窑火的技术,也是有发展的。如《天工开物》说:"火以十二时辰为足";康熙《西江志》则说:大缸窑"溜火(小火)七日夜","然后起紧火二日夜","又十日窑冷方开"。"青窑(烧较小器)……溜火对日,紧火一日夜;……首尾五日可出器"⑥。但乾隆年间唐英作的《陶冶图说》却说:"其窑火有前、中、后之分,前火烈,中火缓,后火微。""计入窑至出窑,类以三日为率。"⑦似乎明代烧窑的方法本来比较简单,火候也不很足,到明清之际,烧窑的方法逐渐细密,火候也比较足;到雍正、乾隆间唐英督窑时,烧窑的方法又简化起来,而火候则能适度。如果我们的推测不错,这也说明技术的进步。烧窑技术的进步,是与制坯、上釉、作画等技术的进步相联系着的,只有坯制得好,釉上得好,画作得好,窑才能烧得好。明末的记载已说:"共计一杯工力,过手七十二,方克成器。"可见明代制瓷技术已很高明,分工已甚细,清代自然更有发展，制瓷的手工技术，到了清代，确已达高峰了。

又如明代烧龙缸等大器，屡有不成，清初也造不成功。经过康熙时代瓷器工艺的进步，到雍正、乾隆间唐英督窑时，就能比较有把握地烧造龙缸等大器了。当时人把这些归功于唐英个人，自然是不对的；这是劳动人民长期积累了经验技能，到这时候技术进一步发展，所以才有这种功效。还有"窑变"瓷器，过去多只是任其自然变幻而成，不能完全用人力来控制制造。到雍正、乾隆年间，也比较能用人力控制制造了。特别是钧窑瓷器的"窑变"，最难仿造，到这时候，也能经常仿造，而且制品超过旧制，还有新的发明。一般瓷器书上多说乾隆年间的瓷器最为美备，集瓷器的大成，这种说法是有相当根据的。嘉庆以后，瓷器手工业虽逐渐衰落，一般技术却并不曾失传，而且似乎逐渐普及了。本来官窑集中高等的技工，不惜工本来制造极精美的瓷器，在提高技术上有一定作用。到了后来，官窑衰落，技工四散，民窑逐渐吸收官窑的技术，就使高级技术普及。就技术的普及讲，清代后期似乎还超过前期。从清末到解放前，瓷器手工业虽极度衰落，但基本技术仍一般保存着，在某些方面，还有些发展。这都是劳动人民包括一部分技艺家的功绩。解放以后，政府大力提倡，发展瓷器工业，技术已大有进步。在社会主义的新时代，我们相信瓷器工艺也必然会有更高速度的进展。什么康熙、雍正、乾隆式的精制瓷器，在不久的将来，就会变成寻常的东西。新的瓷器，将百倍精美于旧瓷器。我们在这里敬祝瓷器工艺发展前途的无限！

---

① 除《陶冶图说》外，参看《景德镇陶录》卷一《取土》条："陶用泥土，皆须采石制炼，土人设厂采取，借溪流为水碓舂之，澄细淘净，制如砖石式，曰'白不'（"不"音敦，上声，盖景德镇人土音）。……"

② 明沈德符《敝帚斋余谭》："本朝窑器用白地青花,间装五色。"根据其他记载和遗物看来,明代瓷器确是青花独盛的。

③《南窑笔记·釉炉》条:"其制用桶匣为炉,腹间匣五六寸许,环砌窑砖以卫匣。砖之内为纳炭藏火之路。……有中小数种。入彩瓷匣中,泥封其顶,开一火眼,视瓷色之生熟。周围燃炭炙之,火遍于匣,而内瓷渐红,则彩色变动,斯为炉热之候。烧法必须遍火缓烧,渐次上顶,更无惊裂泛红之病。炉忌潮气,冲着色即剥落矣。计烧一日乃成。……近有明炉一种,出自西洋,其制用匣横卧,围砖炙炭,先烧匣红,而后用车盘,置瓷盘上旋转,渐次进入匣中,俟瓷色变即出炉,用他匣覆之,俟瓷冷透,揭匣出焉。此法只可用烧脱胎小件,且资人力费事,尤多坼裂之患。"此条可与本文上说参看。又《景德镇陶录》卷四:"镇有彩器……皆不用古法明、暗炉之制,但以砖就地围砌如井样,高三尺余,径围两尺,下留穴,中置彩器,上封火而已。谓之上炉,亦有候期。若问以明炉、暗炉,多不知为何。"据此,明炉、暗炉的制度,行用不广,不久就渐失传了。

④ 参看《南窑笔记·窑》条:"凡坯入窑,俱盛以匣。上下周围,俱满粗瓷卫火,中央十路位次,俱满细瓷。"

⑤ 参看《景德镇陶录》卷四:"自烧自造者,谓之烧圆窑……窑门前用空匣满排以障火,如昔厂官窑满法者。三行后始用坯器。尾后亦满粗器,以搪火焰。"

⑥ 康熙《西江志》所说,可能也是明制,但似乎较晚。参看《陶说》卷三《说明》、《造法》及《景德镇陶录》卷五《龙缸窑》条。

⑦《南窑笔记·窑》条:"火用文武,经一昼夜。瓷将热时,凡有火眼处极力益柴,助大之猛烈十余刻,名曰上烝。"又《景德镇陶录》卷四:"烧夫中又分紧火工、溜火工、沟火工。火不紧洪,则不能一气成熟;火不小溜,则水气不由渐干,成熟色不漂亮;火不沟疏,则中、后、左、右不能烧透,而生甋所不免矣。烧夫有泼水一法,要火路周通,使烧不到处能回焰向彼,全恃泼火手段。凡窑皆有火眼,照来焰泼去,颇为工巧。"

一九五八年十二月十日完成初稿

一九六〇年二月二十八日改定

中国资本主义萌芽问题

中国资本主义萌芽及资本主义生产关系问题是争论颇多的问题。本人认为资本主义萌芽和资本主义生产关系既不相同又有联系，资本主义萌芽从主要方面来说，就是手工业工场主和作坊主与手工业雇佣工人的生产关系；资本主义生产关系是资本家（资产阶级）和自由雇佣劳动者（无产阶级）的生产关系。手工业工场主和作坊主不能等同于资本家；手工业雇佣工人也不等同于自由雇佣劳动者。但两者又是有联系的，前者是后者的前驱、过渡；后者在前者基础上发展、成熟。

中国封建社会在鸦片战争前并不曾发展到末期，因此中国的资本主义生产关系在鸦片战争前并未真正出现，它的出现是外国资本主义侵入以后的事。因此本文着重于中国资本主义萌芽问题的探讨。

中国资本主义萌芽出现于何时？它的发展程度如何？向为学界争论不休的问题。中国资本主义萌芽出现的时间，从战国到明清皆有人主张；它的发展程度有主张极微弱的、极茁壮的、已成长为资本主义生产关系的。本人认为中国资本主义萌芽出现在明朝中后期，此时中国经济的主体仍是自然经济，资本主义萌芽极为微弱，内中尚含有相当的封建因素。

在鸦片战争以前的明清时代，中国确有手工业工场存在，但正式的手工业工场是很少的，生产力的发展还有相当的限度（如较高级的手工生产工具和手工机器一类的工具，基本上还不曾具备，分工协作也有很大的局限性）。至于生产关系方面，局限性就更

大了。从一般情况说来,这时候的雇佣工人还有很大的依附性,如
《明会典》卷一六九所载:同样犯罪,雇工须加"凡人"几等,而"家
长"可减凡人几等,在法律上雇主和雇工是很不平等的。甚至:

> 家长及家长之期亲,若外祖父母殴雇工人,非折伤勿论。

而且雇工还"属房主、地主挨查管束,不许收入乡甲"(吕坤《实政
录》卷五《乡甲约》)。在明代后期,规定:

> 官民之家凡倩工作之人,立有文券,议有年限者,以雇工
> 论;只是短雇,以凡人论。(《万历实录》卷一九四)

可见"雇工"和"凡人"其身份确是不同的。雇工须"立有文券,议
有年限";短雇工则没有这些,可以"以凡人论"。然则只有短雇工
才接近自由雇佣劳动者的身份,如果说短雇工和雇主之间的关系,
就是资本主义的萌芽,还差不多。但这种短雇工自然也和资本主
义社会中的无产阶级不同,因为他们的自由身份是暂时的,如果受
值多而变成长工,那就失去自由身份了。

在清代,和明代差不多,雇主和雇工的法律身份仍不平等(参
看道光五年《大清律例》卷二七至三〇),因为"雇倩佣工之人与有
罪缘坐为奴婢者不同,然而有主仆之分"(同上卷二七);但解除雇
佣关系后,雇工就变成"凡人"(同上卷二八):这说明当时的雇佣
关系是一种暂时性的主仆关系。根据经济研究所《刑部抄档》看,
长雇有文约和主仆名分;短雇无文约和主仆名分,然也有长雇而无
文约和主仆名分的。没有主仆名分的雇佣关系,可以"平等相
称"、"同坐共食"。大概清代的雇工身份要比明代的高些,而雇主
和雇工之间,法律身份也还不是完全平等的。

总而言之,鸦片战争以前的明清时代,雇工的身份是不完全自
由的,但已向自由方面发展,已经有"凡人"或"良民"身份的雇工
存在。特别是在手工业方面,据《万历实录》卷三六一载曹时聘的

奏章说：

> 臣所睹记：染房罢而染工散者数千人；机房罢而织工散者
> 又数千人：此皆自食其力之良民也。

这自然主要是指的雇工，在苏州一带已经不少。这种雇工与雇主
之间的生产关系，就是资本主义的萌芽。曹时聘又说：

> 吴民生齿最烦，恒产绝少，家杼轴而户纂组，机户出资，机
> 工出力，相依为命久矣。（同上）

严格说来，只有这种生产关系才是资本主义的萌芽。所谓"机
户"，就是手工工场主和作坊主；所谓"机工"，就是比较自由的手
工业工人。这种生产关系在万历年间已经出现"久矣"。但这还
不是资本主义生产关系，因为"机户"还只是工场或作坊的主人，
即行会手工业主，他们不但受行会的控制，而且"名隶官籍"（见明
清时代各地方志），他们本身的自由还有限，何况受他们雇佣的
人。他们雇佣的工人："计日受值，各有常主；其无主者，黎明立桥
以待唤。"可见都是短雇，如果变成长雇，就可能失去"良民"的身
份。而且这些雇工也受行会的控制。《古今图书集成·考工典》
卷一〇引《苏州府志》说：

> 若机房工作减，此辈衣食无所矣。每桥有行头分遣，今织
> 造府禁革，以其左右为利也。

由于当时的"机房工作"还有限，所以雇工会时常失业，在这种情
况下，为了免除竞争，就不可能没有行会的组织，这些雇工是受行
会控制的。原来苏州的机户和机工以圆妙观机房殿为行会会馆，
设置首领"行头"。康熙十二年被革除后，又改"行头"为"呈头"
（参看《苏州织造局志》卷七）。这种"呈头""恣意扰民，其名则
殊，其害则一"，所谓"民"就是指的机户和机工，行会和行头控制
机户和机工并且在官府、机户和机工之间垄断为利，所以被官府禁

革,但是这种行会和行头制度一直是存在的,这就阻碍了资本主义萌芽的发展,使机户和机工不能转化为资产阶级和无产阶级,资本主义生产关系的迟迟不能诞生,这也是一个原因。又机户"名隶官府"的制度,清初政府虽然已经把它废除,但后来机户和机工还是受织造府等机关控制的。官府和行会的双重压迫,自然更阻碍了资本主义萌芽的发展,使资本主义生产关系不能诞生。

根据我初步的考察,鸦片战争以前的明清时代,资本主义的萌芽,只主要出现于东南某些城市的丝织业中和景德镇等地的陶瓷业中,其他地方和其他行业,就不容易看出资本主义的萌芽来(矿冶等业中的雇佣劳动,更近于农奴式的劳动)。关于丝织业中的生产关系,已如上述,我们再看陶瓷业。陶瓷业中更少有工场手工业的出现,除了官府所设较大的工场以外,只是些大小作坊而已,作坊主中很少富人,《浮梁陶政志》说:

> 景德镇一隅之地,四方商贾贩瓷器者,萃集于斯;其业陶者,亦不皆土者也。庐舍稠密,烟火相望,其实无一富户,执役最为劳苦,重以官府之制造,往往疲于供应,盖民以陶利,亦以陶病久矣。

就此可见,这些作坊主并不是什么"资本家",他们"执役最为劳苦","疲于供应",简直是官府的奴仆,哪能说是"资本家"!他们也有行会的组织,见道光《浮梁县志》卷二一、同治《都昌县志》卷二及龚钺《景德镇陶歌》等书。至于工人方面,《景德镇陶录》卷四载:

> 陶户坯作人众,必用首领辖之,谓之坯房头,以便稽查口类出入雇人;其有众坯工多事,则令坯房头处平,有惰工坏作,亦惟彼是让。

像这样的工人,也很难说是"自由雇佣劳动者"。固然,近代工厂中也有所谓"工头"，但那时景德镇陶瓷业工人都是行帮中人，他们的"工头"就是行头，他们抵抗雇主的方法，也就是"知会同行罢工、罢市"（凌焘《西江视臬纪事》卷四）。而窑工的生活，据道光《浮梁县志》卷二一载沈嘉征《窑民行》说：

> 佣工依主人，窑户都昌叟，心向主人倾，力不辞抖擞；粝食充枯肠，不敢问齑韭……

则这种工人还是带有依附性的工人，所以他们的生活和农奴差不多。虽然如此，景德镇陶瓷业中的作坊主，至少一部分已脱离生产劳动（《扬州画舫录》所载的吴麐就是一例），而雇工的身份至少是流民，与奴仆性的雇工不同，所以记载上说：

> 官民窑户，每窑一座需工数十人，一有所拂，辄哄然停工，虽速须货不计也。（《浮梁县志》卷二）

如果是奴仆性或完全依附性的雇工，就不能这样。我们可以说：景德镇陶瓷业是有资本主义萌芽的，因为它已具有了脱离生产的作坊主与比较自由的雇佣工人，而且是很集中的商品生产。但比起丝织业来，它的资本主义的萌芽更要微弱，夸大景德镇陶瓷业中的资本主义的萌芽，比夸大苏州丝织业中的资本主义的萌芽，还要错误。

在棉织业里，除了很少一部分有像丝织业那样的工场和作坊存在，表现了资本主义的萌芽（如《白下琐言》卷八记载道光年间有人在常州和浙江等处雇觅织工来南京，在孝陵卫一带设机织布。又如1821年广州英商的信上说：广州织造棉布的老板和纺工之间，通常总是由老板供给纺工棉花二斤，收回棉布一斤。这也可能是工场和作坊的经营）。绝大部分都是家庭纺织业，属于农民副业的范畴（参看康熙《松江府志》卷五、《文献丛编》第三二辑苏州织造李煦奏折、乾隆《上海县志》卷一、光绪《青浦县志》卷二、光绪

《江阴县志》卷三〇、《锡金识小录》卷一：这些记载说明棉织业最发达的江苏，就是以家庭纺织业为主导的）。农民家庭生产出来的布匹，由商人收购，转贩各处，如褚华《木棉谱》载：

> 明季从六世祖赠长史公，精于陶猗之术，秦晋布商皆主于家，门下客常数十人，为之设肆收买，俟其将戒行李时，始估银与布，捆载而去，其利甚厚，以故富甲一邑。至国初犹然。近商人乃自募会计之徒出银采择，而邑之所利者，惟房屋租息而已。然都人士或有多自搜罗，至他处觅售者，谓之水客；或有零星购得，而转售于他人者，谓之袱头小经纪。

这段记载常被人们引作明清时代棉织业中有所谓"包买主"存在的证据，其实它只说明当时商人收购棉布的事实。当时棉布最大的产地是松江、上海一带，北方的大布商到那里收购棉布，本地商人作他们的中介，替他们收买；后来外地商人"自募会计之徒"来收买，本地商人也有收购棉布到别处去贩卖的，大商人外又有小商人。这些商人只是贩客，没有任何可靠的证据足以证明他们是"包买主"。在《锡金识小录》更有反证：

> 布有三等：一以三丈为匹曰长头，一以二丈为匹曰短头，皆以换花，一以二丈四尺为匹曰放长，则以易米及钱。坐估收之，捆载而贸于淮、扬、高、宝等处，一岁交易不下数十百万。

（卷一）

可见当时商人和生产者之间，所进行的还主要是以物易物的交易，锡产布不产棉，生产者用布匹去换棉花，商人贩花换布，从中操纵获利，这完全是商业行为，并不是开设什么场外的手工业工场。换句话说，这不是工业经营。生产的农民们主要是用布换米和钱，缴纳租税，补助农业收成的不足；至于换花，仍旧是为了织布（所织的布也有自用的）。所谓"坐贾"也就是"行商"，他们确都是贩客，不过交易额较大而已。又有人根据县志上的记载说苏州设有布庄,为各处客贩收布之处,而且布庄还替客贩漂染布匹,因此就认布庄主为"包买商",他在布庄中设有工场,而农民家庭就是手工业工场的场外部分,这种说法也是缺乏根据的:布庄收布加工——或者自己设作坊加工,或者到别的作坊里去加工(如顾公燮《消夏闲记摘抄》卷中的记载),这也没有什么稀奇,并不能证明当时有所谓"手工业工场场外部分"的存在。同时真正意义上的棉纺织业的"包买主",在文献里还没有发现(只有上引的广州英商的信,还可以勉强作为那时广州棉织业里有"包买主"的证据)。由此我们可以推断:在明清时代的棉织业里,资本主义的萌芽虽然也有,但成分很小。

此外,还有人引用下列一条记载来证明当时有"包买主"存在:

> 松江旧无暑袜店……万历以来,用尤墩布为单暑袜,极轻美,远方争来购之。故郡治西郊广开暑袜店百余家,合郡男妇皆以做袜为生,从店中给等取值,亦便民新务。(范濂《云间据目抄》卷二)

我们认为暑袜店只是店,不是包买主,更不是工场。"做袜为生"的"合郡男妇"也不是工场工人。这只是一种特殊的交易,说不上雇佣关系。譬如米店收买农民生产的米谷,米店主并不因此成为"包买主",他们和农民之间决不会发生什么雇佣关系。那末,袜店主收买袜,怎么会成为"包买主",怎么会构成雇佣关系呢?

总起来说,我们认为从明代中叶到鸦片战争的这段时期里,确已有资本主义的萌芽,它只是资本主义生产关系的前驱,并不就是资本主义生产关系的本身,而且这种资本主义的萌芽的发展,还很微弱有限。这时期不但没有正式的工业资本家和工业无产阶级,即使是包买主和场外雇佣工人,也很难看到。

在这里,我们还想指出的是:

首先,有了商品生产并不就是有了资本主义的萌芽,更不能认定它就是资本主义生产关系:我们知道商业和商品生产都有久远的历史。商业就是交换,它在原始社会末期就有,奴隶社会已曾有过相当发展的商业,在封建社会中,商业也是经常常有的,尤其是在中国封建社会中的某些王朝,商业还相当繁荣。但商业的发展无法决定社会的性质。

商业中交换的是商品,但并非所有的商品都是商品生产的产物。中国在战国秦汉时已有商品生产,此后商品生产还不断增长,我们不能因此说资本主义的萌芽已经产生。何况不容否认的是中国商品生产的商品在整个商业经济的商品中占的比例甚小。鸦片战争前,自然经济仍在中国经济中占着主导地位。确实,商品生产发达可以导致资本主义的萌芽,乃至资本主义生产关系的产生(资本主义性质的生产必然是商品生产),但它必须发达到相当的高度并能促使商业资本向工业资本转化,才能促使资本主义生产关系萌芽、成熟,导致社会性质的改变。在中国明清时代的丝织业、陶瓷业、棉织业和其他若干手工业中由于商品生产的发展,确实出现了资本主义的萌芽,只是它还受着诸多的封建主义的限制。因此,这萌芽是相当微弱的,我们不宜于将其夸大。当然,更不能夸大成资本主义生产关系的产生。

其次,不能把任何雇佣关系都说成资本主义萌芽,甚至说成是资本主义生产关系:我们认为,世界上一些国家在奴隶制时代已有人数不多的雇佣劳动者;中国在战国时代已有雇工,此后一直有雇工。我们知道,在中国文献上记载的所谓"雇"、"佣",有的并不是真正的雇佣关系,如明清时代矿冶业中的所谓的"雇佣工人",实质上只是变相的农奴或奴隶，他们在工头的监督下劳动，时常要受到野蛮的刑罚；有的是有依附性的雇佣关系，如汉代的制盐、冶铁、铸钱等业中的雇工就有很强的依附关系。就是在明清时代的大多数手工业中的雇佣工人，也多受行会、行头的控制，也不是真正的自由雇佣劳动者。尤其是长工，受到的人身控制更为严重。我们不能把以上的雇佣关系说成是资本主义萌芽。只有雇佣关系规模较大、雇工人数较多、进行着大量商品生产的手工工场和作坊（如苏州的丝织业、景德镇的陶瓷业），我们才可将其称为资本主义萌芽。即便如此，也不可忽略其中机户和机工、窑主和窑工所受官府、行会和行头的管制，不应将行业中资本主义萌芽成分夸大。

中国是一个农业为主的国家，因此想特别提一下农业生产中的雇佣关系。中国农业上的雇工，直到明清时代，还有极大的依附性，接近奴仆，绝大多数不能说是自由雇佣劳动者。曾有人引《醒世恒言》卷二九《卢太学诗酒傲王侯》一段话：

> 那卢柟田产广多，除了家人，雇工也有整百，每岁十二月中预发来岁工银，到了是日，众长工一齐去领银。

据此认为有整百雇工从事农业工作，是农业中的资本主义萌芽，也就是农业中的资本主义生产关系。事实上这种雇工和"家人"一样，都是奴仆的身份。《醒世恒言》本文中已明白告诉我们：这些雇工中有一个人和家人相打伤死，本地的知县官企图借此陷害卢柟，卢柟说：这个死的人"原系我家佣奴"，"即使是我打死，亦无死罪之律"。根据卢柟文集《蠛蠓集》中《上魏安峰明府辩冤书》说："柟以家长殴雇工至死，应徒律量罚谷千石。"可见这种雇工决不是自由身份。这种"雇佣关系"的存在，丝毫不能说明有资本主义的萌芽（鸦片战争以前的明清时代，在农业中有无资本主义的萌芽，我现在还不敢确断。但是在清代，农业中的雇工身份要比明代自由些,可能在清代农业中出现了最早的资本主义的萌芽)。

再次,并非任何手工业工场和大作坊都可以认为具有资本主义萌芽性质的:我们知道,在奴隶制时代,已有奴隶制性质的手工业工场;在封建时代,领主和官府也设有规模较大的手工业工场,同时还有私营的不具备自由雇佣劳动条件的手工业工场和较大的作坊,这些都不能认为是资本主义萌芽。要决定是否资本主义萌芽性质的手工业工场和大作坊,还是要看有无资本主义前驱的生产关系,即是否有经营商品生产的工场主或大作坊主和比较自由的雇佣劳动者。像明清时代苏州一带丝织业中的手工业工场和大作坊,才可说是资本主义的萌芽。有人把唐代还无法证明其劳动力性质的丝织业大工场和作坊,宋代受官府和行会严密控制的作坊,认为是资本主义萌芽。还有人认为在南宋末和元初已有隐约的资本主义萌芽。我们认为:这些说法都缺乏理论和史料的可靠证据。持后一种说法者常引的一条证据是元末徐一夔所著的《织工对》:

> 余僦居钱塘之相安里,有饶于财者,率居工以织,每夜至二鼓,一唱众和,其声欢然,盖织工也。……且过其处,见老屋将压,杼机四五具,南北向列,工十数人,手提足蹴,皆苍然无神色。……工对曰:日佣为钱二百缗,吾衣食于主人,而以日之所入养吾父母妻子。……(工)乃曰:吾艺固过于人,而受值与众工等,当求倍直者而为之佣,已而他家果倍其直佣之。
> (《始丰稿》卷一)

"饶于财者,率居工以织",说明商业资本已有些投向手工业了;"日佣为钱二百缗"、"以日之所入养吾父母妻子",说明工人所拿的工资是"日佣"并以此养家;"他家果倍其直佣之",说明这种雇佣劳动已相当自由。但是,由"杼机四五具"、"工十数人"可见作坊的规模不大（唐宋时代，早有超过此种规模的作坊），而从"衣食于主人"一语，可以窥见雇工的依附性。因此，我们尚不能据此一条史料证明元代已有资本主义的萌芽。我们却在明代的法律中，可看到雇工的身份明明近于奴仆，即使是短雇，恐怕也要到明代后期，身份才比较自由。所以如果把封建时代的任何手工业工场和大作坊都认为是资本主义萌芽，是很有问题的。

　　总之，在对中国封建经济，尤其是资本主义萌芽最可能出现的手工业进行详细的分析后，我们的结论是：中国在鸦片战争以前并未产生真正的资本主义生产关系，但明清时代在若干手工业行业中，确有微弱的资本主义萌芽存在。这微弱的资本主义萌芽是在中国经济中长期、缓慢发展而形成的。